Aguinaldo
et
les Philippins

PAR

HENRI TUROT

PRÉFACE PAR JEAN JAURÈS

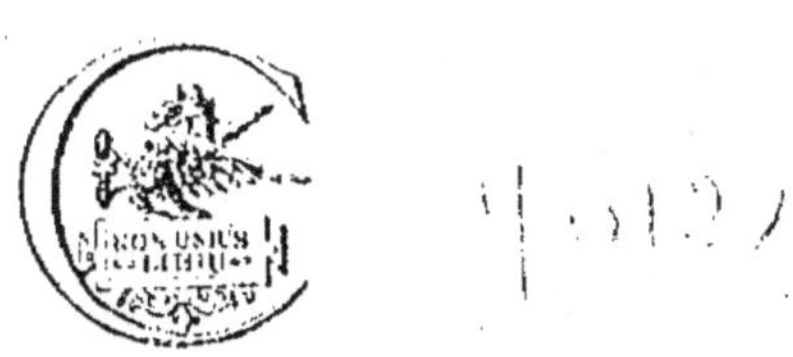

PARIS

LIBRAIRIE LÉOPOLD CERF

12, RUE SAINTE-ANNE (I)

1900

LIBRAIRIE LÉOPOLD CERF

12, RUE SAINTE-ANNE, PARIS (I)

EXTRAIT DU CATALOGUE GÉNÉRAL

AULARD (F.-A.), *professeur à la Sorbonne.* — **La Société des Jacobins. Recueil de documents pour l'histoire du club des Jacobins.** Six volumes in-8° avec table. Le volume . . . . 7 fr. 50

BOUVIER (Félix). — **Les premiers Combats de 1814.** Un volume in-18. Prix . . . . 3 fr. 50

— **Bonaparte en Italie,** ouvrage couronné par l'Académie française. Un volume in-8°. . . . . . 7 fr. 50

DUSSIEUX (L.), *professeur honoraire à l'école militaire de Saint-Cyr.* — **Lettres intimes de Henri IV,** édition in-18. Un volume. Prix. . . . . 3 fr. 50

— **Le Siège de Belfort,** avec 15 gravures, plans ou portraits. Le volume. Prix. . . . . 1 fr.

FOLEY (Charles). — **(Gens de partout.) La Course au mariage.** Un volume in-18 . . . . . . 3 fr. 50

— **(Gens de province.) Guerre de femmes.** 2ᵉ édition, un volume in-18. . . . . 3 fr. 50

— **Jolies Ames.** Un volume in-18. . . . . 3 fr. 50

— **Saynètes galantes.** Un vol. élégant. Prix . 5 fr.

FRARY (Raoul). — **Manuel du Démagogue,** 2ᵉ édition. Un volume in-18 . . . . 3 fr. 50

— **Le Péril national,** ouvrage couronné par l'Académie française, 7ᵉ édition. Un volume in-18. . . . 3 fr. 50

Le Colonel FROCARD et Capitaine PAINVIN. — La guerre au Transvaal. Un vol. in-18. 3 fr. 50

LACROIX (Sigismond). — **Actes de la Commune de Paris pendant la Révolution.** Un vol. grand in-8°. Prix . . . . 7 fr. 50

MANEUVRIER (Édouard). — **L'Éducation de la Bourgeoisie sous la République,** 3ᵉ édition. Un volume in-18 . . . . 3 fr. 50

LES HOMMES DE RÉVOLUTION

———

AGUINALDO ET LES PHILIPPINS

AGUINALDO

ET LES PHILIPPINS

PAR

Henri TUROT

Préface par Jean JAURÈS

PARIS

LIBRAIRIE LÉOPOLD CERF

12, RUE SAINTE-ANNE, 12

1900

PRÉFACE

Le livre substantiel et vivant de Turot vient bien à son heure. Au moment même où l'opinion américaine est appelée à régler la destinée des Philippines, il est bon qu'en tous pays la conscience publique soit informée exactement du magnifique effort d'indépendance du peuple Philippin. A coup sûr la passion impérialiste et la puissance des intérêts capitalistes aux Etats-Unis ne céderont pas au vœu de la conscience humaine éclairée en tous les pays par les sincères amis de la paix et du droit. Pourtant il y a aujourd'hui une solidarité morale des peuples ; et, d'un pays à l'autre, il y a d'inévitables répercussions d'opinion et de sentiment. Il n'est point paradoxal de dire que les Philippins vaincus seront mieux traités si tous les pays civilisés connaissent et admirent leur héroïque combat pour la liberté.

Turot a étudié ce drame dans les documents :

et de plus il est allé aux Philippines mêmes, pendant la lutte. Un frémissement de sympathie immédiate et de douloureuse colère se mêlent à son récit.

Et comment n'être pas ému par ce drame, par cette terrible déception d'un peuple qui semble trouver une nouvelle et définitive sujétion dans son effort même vers la liberté? Depuis des siècles ces populations intelligentes et fières, qui ont bien des traits d'analogie avec le Japon, étaient placées sous la domination étouffante des moines et des généraux espagnols. Epiées dans le mouvement le plus secret de leurs pensées, détournées systématiquement par leurs éducateurs de la science exacte et vivante et égarées en des subtilités théologiques, leurs maîtres espéraient user leur inquiétude d'esprit; soumises à un régime perpétuel d'inquisition, de torture et de terreur, dépouillées par des fonctionnaires prévaricateurs de presque tout le fruit de leur travail, elles n'ont cessé, surtout depuis un siècle, de manifester par des soulèvements héroïques l'énergie de leur vie intérieure. Les jeunes gens les plus aisés allaient en Europe ou dans ces grands ports chinois où déjà la pensée européenne a pénétré, et ils revenaient aux Philippines avec le désir passionné de semer la liberté et le droit en cette terre ardente, stérilisée par l'ombre du moine. La vie et la mort de Rizal sont à coup sûr un des épisodes les plus émouvants de l'histoire des hommes. Il se pénètre en Europe de toute la science moderne : il revient aux Philippines non pour les soulever, mais pour tenter auprès de leurs maîtres un suprême effort pour ouvrir leur esprit aux nécessités nouvelles. Mais il est saisi, jugé, fusillé : et avant de mourir, dans la nuit même qui précède son supplice, pendant que sa fiancée pleure agenouillée près de la porte de sa cellule, il écrit une poésie admirable où l'amour de la liberté se confond avec je ne sais quelle adoration panthéistique de la terre et du ciel. Turot a eu raison de nous donner le détail de ce drame : la vie et la mort de Rizal laissent dans les âmes une sorte de frisson sacré, et il paraît impossible que le peuple qui a suscité de tels dévouements, ne soit pas enfin libre.

Mais quelle ironie cruelle dans les événements ! La guerre éclate, à propos de Cuba, entre les États-Unis et l'Espagne. Les Philippins peuvent croire que le moment est venu pour eux de l'indépendance nationale. Les États-Unis semblent d'abord les encourager. Mais

bientôt les Philippins s'aperçoivent que les
Etats-Unis entendent tout simplement substituer
leur domination à celle de l'Espagne. Et ils sont
obligés de s'avouer avec désespoir qu'ils vont
rester sujets et que de plus ils ont été dupes de
ceux qui prétendaient les libérer. Être délivrés
de l'Espagne et pourtant n'être pas libres, le
prophète qui aurait annoncé aux Philippins ce
destin étrange aurait meurtri en eux toutes les
fibres du cœur.

Turot a pour le chef philippin Aguinaldo, qui
après avoir combattu la tyrannie espagnole
combat la déloyauté américaine, une profonde
sympathie. Peut-être cette sympathie si élevée
lui cache-t-elle un peu quelques-unes des fautes
commises par Aguinaldo. Il semble bien qu'il
s'est un peu témérairement confié aux Etats-
Unis. Il n'a demandé aucun engagement écrit,
il n'a pris aucune précaution. Il devait bien savoir pourtant que les intérêts capitalistes gouvernaient la politique des Etats-Unis et que de
puissants syndicats sucriers demandaient l'annexion. Peut-être aussi Aguinaldo, dans les projets
de Constitution provisoire qu'il a formulés, se
donne-t-il un rôle trop ouvertement dictatorial
qui prête aux polémiques de la presse américaine.

Mais ces réserves ne sauraient diminuer l'admiration qui est due au courage. Elles ne sauraient atténuer la faute commise par les Etats-Unis.

Il serait vain à cette heure d'espérer que l'opinion américaine sera tout entière ramenée à une politique plus équitable. Même si la candidature de M. Bryan triomphait, ce n'est pas une entière indépendance qui serait accordée aux Philippins, mais une autonomie conditionnelle et limitée. Il n'y a pas dans le monde un seul homme conscient du droit de l'humanité qui ne fasse le vœu que les Etats-Unis n'abusent point de leur puissance. Ils peuvent réparer bien des choses en assurant aux Philippins un régime de liberté civile et de liberté politique, en développant parmi eux l'instruction, la science, l'activité économique.

Le capitalisme aveugle et égoïste le permettra-t-il ?

JEAN JAURÈS.

AGUINALDO ET LES PHILIPPINS

CHAPITRE I

UNE RACE D'HOMMES LIBRES

Les héros obscurs. — Aguinaldo. — Ses origines et sa naissance. — Les races aux Philippines. — Tagals et Japonais. — La jeunesse d'Aguinaldo. — Sa popularité. — Aguinaldo et Washington.

Depuis bientôt deux ans nous assistons au spectacle le plus tragique et le plus passionnant qu'il soit possible d'imaginer : la lutte étrange et sans merci d'un petit peuple pauvre, mal armé, décimé par de longues insurrections et une guerre récente, contre une grande République qui peut lever sur son sol des milliers de combattants et sortir de son trésor des millions de dollars.

1

Et il se trouve, qu'après de longs jours de continuelles alarmes et de combats acharnés, c'est la grande République qui paraît lasse et découragée, tandis que le petit peuple semble plus alerte, plus vaillant, plus entêté que jamais dans sa volonté de vivre indépendant.

Si bien qu'on se reprend à espérer dans la justice immanente des choses et qu'on se croit mieux fondé à affirmer que le sentiment d'une juste cause peut donner aux hommes qui la défendent l'héroïsme et l'endurance nécessaires à venir à bout des pires obstacles, à résister aux plus formidables assauts.

Que de dévouements obscurs, que de héros inconnus auxquels l'histoire, toujours injuste, n'apportera même pas, hélas! l'aumône d'un peu de gloire. Combien de vaillants et modestes soldats de la liberté seront tombés sur les champs de bataille, sans que jamais leurs noms puissent être vénérés par les générations futures. Combien auront arrosé de leur sang le sol de la patrie, combien auront jusqu'à la mort, lutté pour l'indépendance de leur pays, qui resteront ensevelis dans l'éternel oubli.

C'est à ceux-là, c'est à cette foule anonyme des prolétaires philippins, c'est à toutes ces victimes du devoir accompli que veulent aller au début de cet ouvrage, notre salut fraternel, notre hommage respectueux.

Quelle que soit l'issue de la lutte présente, leurs efforts n'auront pas été vains.

Sans doute nous sommes loin d'en avoir fini avec de telles aventures et bien des pages de l'histoire de l'humanité seront vraisemblablement encore déshonorées par le récit des crimes commis contre les peuples épris de liberté. Pourtant les opprimés auront tour à tour donné au monde de tels exemples de vaillante opiniâtreté; Crétois, Cubains, Philippins et Boers auront fait payer si cher aux agresseurs une victoire tardive, que peut-être ils éviteront à d'autres les mêmes périls et les mêmes épreuves.

Aussi est-ce un devoir, pour ceux auxquels une heureuse fortune permit d'être témoins, de faire connaître et les faits trop souvent ignorés, et les hommes qui méritent certes mieux qu'un vague et confus souvenir.

Tel est, ainsi caractérisé en quelques mots, le but de ce modeste livre où j'essaierai de rappeler les grandes lignes de l'Insurrection des Philippines, de la guerre engagée contre les États-Unis et de faire ressortir, parmi la complexité des événements, la grande et noble figure d'Aguinaldo.

Tous les lecteurs en savent déjà certainement assez pour éprouver à l'égard de l'infatigable révolutionnaire une sympathie profonde : mais à mieux le connaître ils apprendront encore à l'aimer davantage.

***

Innombrables sont les hommes célèbres dont on ignorera toujours sans doute le vrai pays d'origine et la date exacte de naissance : presque inévitablement des polémiques s'élèvent à ce sujet et les historiens sont le plus souvent condamnés à demeurer incertains devant les documents contradictoires.

Alors qu'on peut facilement, d'ordinaire, établir la filiation d'un simple citoyen, dire en quelle ville ou en quelle bourgade il vit le jour, fixer l'époque certaine de sa naissance, on se heurte tout à coup à des difficultés sans nombre si ce citoyen devient fameux. Aussitôt il est revendiqué par plusieurs cités et, la légende s'en mêlant, on finit bientôt par se débattre en pleine obscurité et confusion.

Emilio Aguinaldo y Famy ne semble pas devoir échapper au sort ainsi réservé à tant de personnages illustres.

D'aucuns le font naître à Imus (province de Cavite, en 1871 : d'autres à Kault le 22 mars 1869. Les uns disent qu'il est de pure race tagale, les autres déclarent qu'il est métis d'Espagnol et de Tagale. Ces derniers cessent toutefois de s'entendre sur la qualité de son père : c'était un général, disent quelques-uns : c'était un jésuite, déclarent quelques autres.

La vérité est beaucoup plus simple et voici les renseignements que j'ai recueillis aux Philippines, chez des Tagals amis intimes d'Aguinaldo :

Don Emilio Aguinaldo y Famy est né le 29 mars

1869 dans le bourg de Kauit, province de Cavite (Iles Philippines).

Son père, don Carlos Aguinaldo, était principal de ce bourg et y exerçait les fonctions de première autorité locale et municipale; sa mère se nommait Trinidad Famy. C'étaient de riches cultivateurs très honorés et respectés de leurs voisins.

Aucun événement notable ne signala la jeunesse du héros philippin, sinon la variole dont il souffrit à l'âge de deux ans; pendant cette maladie il reçut les soins vigilants de son père qui, prophétiquement, disait son fils destiné par Dieu à donner de la gloire aux Philippines.

Aguinaldo commença à étudier à l'école publique de son pays natal; il continua à l'Ecole normale de Manille, dirigée par les jésuites. Il ne put malheureusement terminer ses études, car ses parents avaient subi des revers de fortune et il se voyait obligé, très jeune encore, à gagner sa vie. Il voyagea, portant des marchandises d'un point à un autre, traversant des mers orageuses en de fragiles *Paraos*. Navigateur intrépide, rompu à la lutte contre les éléments, dès sa jeunesse son âme devait acquérir ce tempérament d'acier et ce désir de grandeur qui se traduisent dans ses actes quand il agit de lui-même.

Au physique, Aguinaldo présente bien les traits caractéristiques du type tagal : les cheveux en brosse, noirs, épais et durs, le teint olive, les yeux légèrement en amande, les sourcils arqués, le nez un peu épaté, les lèvres épaisses, on retrouve chez lui l'origine malaise de tous les individus de sa race : et rien ne saurait mieux nous préparer à l'étude de ce caractère qu'une courte mais indispensable digression sur les questions de races aux Philippines.

A cet égard j'ai trouvé des indications précieuses dans un volume fort rare, édité en 1781, et dont l'auteur, M. Le Gentil, fut, en 1761, chargé par l'Académie royale dés Sciences d'une mission dans les mers des Indes « à l'occasion du passage de Vénus sur le disque du Soleil ».

M. Le Gentil a passé de longs mois aux Philippines et il s'est renseigné avec grand soin aux meilleures sources : nous pouvons donc accepter ses conclusions avec quelque confiance.

D'après lui, on peut réduire à trois classes différentes les habitants que les premiers conquérants espagnols rencontrèrent aux Philippines en y abordant (1521).

La première classe était composée de ceux qui gouvernaient comme seigneurs absolus : ceux-là étaient policés à leur façon. La seconde classe était constituée par de noirs et barbares montagnards. La troisième classe n'était ni si barbare ni si policée, comprenant des gens paraissant aimer le commerce et vivant de préférence dans les plaines.

Tous les vieux historiens castillans présument que les différents peuples habitant les îles tirent leur origine des diverses nations qui les environnent.

« En effet, ajoute M. Le Gentil, si on considère les traits du visage de ces insulaires, la forme de leur corps, leur maintien et leur couleur, on y croit voir les marques évidentes de métis japonais, chinois et d'autres de race indienne ou malabarde : c'est une chose de fait que j'ai bien examinée. »

Signalons en passant une singulière affirmation rapportée par un religieux franciscain, origine probable d'une légende qui a couru le monde, celle des hommes à queue.

« On assure, dit ce franciscain, qu'il y a dans l'île de Mindoro une caste d'hommes qui ont une petite queue comme les singes : plusieurs religieux en furent témoins et l'ont assuré; et il n'y a pas longtemps qu'à notre contre-côte de Valer on trouva une femme qui avait une queue comme me l'a affirmé le missionnaire qui était présent : on n'a jamais pu vérifier l'origine de cette caste, si ce n'est qu'elle est de race juive. »

Il va sans dire qu'on ne peut accorder la moindre créance à cet étrange racontar du religieux franciscain, qui ne peut certifier l'existence de ces hommes et de ces femmes à queue, mais qui n'en affirme pas moins le plus sérieusement du monde leur origine judaïque.

Je ne l'enregistre que pour fixer, je le répète, le point de départ probable d'une légende qui a fait son chemin, car sur tous les continents nouvellement explorés certains voyageurs ont cru voir, eux aussi, des hommes à queue.

Revenons maintenant à de plus sérieuses constatations. M. Le Gentil signale deux sortes principales de métis, les métis provenant de l'union d'un Chinois et d'une Indienne, les métis provenant d'un Japonais et d'une Indienne.

Ces dernières unions durent être manifestement très fréquentes, car on est frappé, en arrivant aux Philippines, de la ressemblance des indigènes avec les Japonais.

Il y a entre les uns et les autres, non seulement des analogies physiques, mais aussi de caractéristiques affinités morales : cela explique la sympathie très grande qui unit les deux peuples et qui se manifesta de part et d'autre pendant tout le cours des récentes insurrections et de la guerre actuelle. A maintes reprises les Philippins envoyèrent des émissaires au Japon pour essayer d'obtenir une intervention.

Les hommes d'Etat japonais ne se crurent pas en mesure de lutter directement avec les Etats-Unis, mais Aguinaldo n'a peut-être pas encore tout à fait renoncé à l'espoir d'obtenir satisfaction de ce côté et il compte, avec quelque raison, sur la pression de l'opinon publique au Japon.

Japonais et Tagals ont en tous cas une commune origine, car les uns et les autres descendent des

Malais : c'est du moins une conviction bien arrêtée chez les Tagals. Une tradition est établie chez eux de père en fils, savoir que les Malais passèrent à Bancé et que de Bancé, ils sont allés peupler Manille et son district, qu'ils prirent le nom de Tagalog, Tagalog étant le même mot que Tagag-log, ce qui signifie en malais « habitants sur les bords d'une rivière ».

Et puisque nous sommes en train de fixer des étymologies, signalons aussi celle de l'île de Luçon.

Cette appellation, d'après certains auteurs espagnols, lui aurait été donnée par les Chinois et les Japonais qui commerçaient aux Philippines avant l'arrivée de Magellan. Ces auteurs expliquent ainsi l'origine du mot : « La nourriture des gens du pays est le riz cuit dans l'eau sans autre assaisonnement : on l'apprête tous les jours à chaque repas et les insulaires ne pilent que ce qu'il leur en faut quotidiennement ; ils se servent pour cela de mortiers de bois qu'ils appellent en leur langue « lofongs ». Ces mortiers sont si communs qu'on ne voit pas une petite case sans qu'il y en ait plusieurs. Les premiers navigateurs qui ont abordé à Manille ayant vu une si grande quantité de ces pilons auront sans doute demandé comment cela s'appelait, et sur la réponse des insulaires, ils auront baptisé les îles, *Iles des Lofong* ou *Luzons* par corruption. »

Je me garderai bien de reprendre pour mon compte et d'accueillir sans réserve une déduction aussi fantaisiste : mais il en est de cette étymologie comme de beaucoup d'autres : les explications données sont presque toujours plus ou moins étranges et celle-là en vaut une autre.

Nous voici bien loin d'Aguinaldo, semble-t-il, et pourtant nous avons pu faire en chemin quelques constatations utiles. Nous avons établi que dès le XVI° siècle, les Tagals constituaient une caste relativement policée, en tous cas indépendante. Jamais ils ne furent esclaves, et on comprend avec quelle impatience ils supportèrent le joug espagnol et la tyrannie des moines.

Aguinaldo paraît donc avoir l'âme d'un révolté, sur laquelle ne pesait point l'influence néfaste d'une servitude atavique. Et cela a son importance. Les anciens esclaves, les descendants d'esclaves ont toujours plus de difficultés à redresser l'échine : j'en eus l'impression très forte, lors de mon séjour au Cambodge, par exemple.

Les Cambodgiens sont de beaux hommes, grands, bien découplés et forts. Ils ont les cheveux coupés ras et l'allure virile, ce qui fait un contraste frappant avec les Annamites minuscules, à l'aspect efféminé, aux longs cheveux roulés en chignon.

Et pourtant les Cambodgiens ont des attitudes serviles ; ils prennent sans cesse les postures les plus humbles, le corps profondément incliné et les mains jointes : c'est que, depuis longtemps, ils ont l'habitude de l'esclavage, tour à tour violentés qu'ils furent par les Siamois et les Annamites.

Ces derniers, au contraire, ont infiniment plus de dignité dans l'attitude, plus de fierté dans le maintien : c'est qu'ils traversèrent des siècles sans se laisser asservir.

Il en va de même pour les Tagals, je le répète, et le long et tragique effort qu'ils viennent d'accomplir pour la sauvegarde de leur indépendance témoigne suffisamment qu'ils appartiennent à la race des hommes libres.

Hélas ! nous verrons plus tard ce qu'était devenue la liberté des Philippines entre les mains espagnoles, mais nous constaterons aussi que jamais les insulaires n'acceptèrent avec résignation le sort auquel les condamnait la brutalité des conquérants.

Toujours ils aspirèrent à l'émancipation définitive, et Aguinaldo, plus qu'aucun de ses compatriotes, la souhaitait avec ardeur : tout jeune il sut montrer quelle était sa hâte d'échapper à toute tutelle.

A vingt et un ans c'était déjà un jeune homme sérieux et vaillant, ce qui le fit choisir comme cabeza de Barangay (électeur) et, à vingt-six ans, il fut, à l'élection populaire, nommé capitaine municipal, chef du village.

En ces différentes charges il montra du zèle, de l'intelligence, de la droiture et surtout un grand amour du bien public. Aussi fut-il très estimé de ses supérieurs espagnols, très aimé de ses concitoyens, et très mal vu par les moines et les gardes civils qui, toujours, ont été les ennemis des Philippins honorés et intelligents.

A cette époque, la grande société du Katipunan [1] reconnut les excellentes qualités d'Aguinaldo et le nomma chef de la zone nord de Cavite ; en cet emploi son amour civique gagna promptement plus de relief ; il augmenta le nombre des affiliés.

Inutile de dire que les membres du Katipunan étaient en toutes circonstances menacés et persécutés par les autorités civiles et religieuses : à peine affilié, Aguinaldo eut à subir des vexations auxquelles il résolut d'échapper par l'exil et il alla s'installer à Hong-Kong au milieu d'un important groupe de jeunes hommes, qui avaient presque tous fait en Europe de fortes études et rapportaient, de leur séjour en Occident, la volonté opiniâtre de conquérir la liberté ou de mourir pour elle.

C'est dans ce cercle d'hommes jeunes, instruits, enthousiastes, qu'Aguinaldo put achever son éducation morale et intellectuelle : c'est là qu'il put se former une âme très vaillante et un caractère très ferme, et qu'il se prépara au rôle prépondérant que devaient lui assigner les circonstances.

Nous allons le voir à l'œuvre ; nous pourrons le

1. Société de franc-maçonnerie.

juger à loisir par ses actes, par ses écrits et au fur et à mesure que nous avancerons dans cette étude, nous comprendrons mieux la popularité sans bornes dont il jouit et nous verrons se justifier l'apologie un peu pompeuse mais vraiment très méritée que faisait, au lendemain de la proclamation de l'Indépendance, la *Republica Filipina*.

L'article est intitulé : « Washington et Aguinaldo »; il mérite d'être reproduit :

« Aujourd'hui, dit le journal philippin, commence pour les Philippines une nouvelle ère : aujourd'hui l'on proclame leur indépendance. A l'occasion de cette fête civique, symbole de notre liberté conquise, couronnement de nos efforts, dans ce jour-ci, peuple, ouvre tes bras pour embrasser tous les autres peuples.

» Peuples ! Nous sommes vos frères !

» Une figure géante pour ses grandes vertus apparaît aujourd'hui sur le Sinaï de la grandeur avec cette majesté olympienne, avec cette grandeur du libérateur. C'est Émile Aguinaldo.

» Hosanna ! Hosanna ! Ce fut lui qui leva à Cavite le drapeau de la Liberté ; qui groupa autour de lui les enfants de la révolution ; qui raffermit les esprits de tous ceux qui avaient conscience de la dignité du citoyen ; qui inaugura devant le monde entier notre histoire et qui, avec son sang, traça dans les premières pages une véritable épopée.

» O mânes de nos morts, aujourd'hui le chœur

de nos hosannas se confond avec le vôtre, là sur les hauteurs.

» Lorsque le tourbillon des passions sera calmé et que l'impartialité, la sérénité du jugement auront pris le dessus, l'histoire placera le nom d'Aguinaldo à côté de celui du fondateur de la grande fédération américaine, Georges Washington. La gloire des deux est pareille : leurs qualités morales ont beaucoup de ressemblance, de même que leur modération dans les assemblées politiques.

» C'est pour cela que dans l'apothéose d'aujourd'hui ils nous apparaissent l'un à côté de l'autre ayant à leurs pieds le temps et autour de leur front une espèce d'auréole, le reflet du sourire de Dieu.

» L'un et l'autre sont issus de famille très modeste. Tous les deux ont senti depuis leur jeunesse les frémissements d'un patriotisme sans bornes et si le génie n'a pas marqué de son aile les pensées de Washington et celles d'Aguinaldo, tous les actes, cependant, de leur vie s'inspirent à une praticité et à une intégrité qui satisfont aux exigences de leur mission. Il est difficile de mener à bonne fin une entreprise héroïque sans trébucher jamais, sans qu'il y ait un crime, sans commettre une faute quelconque, en n'ayant d'autre ambition que le bonheur de la patrie et sans autre satisfaction que celle du devoir accompli.

» Tous les deux ont été mus par leur patriotisme. Qu'importe que les connaissances scientifiques de Washington aient été des plus médiocres, de même qu'elles sont fort restreintes chez Aguinaldo ? Et que tous les deux sont modestes ! La destinée les a placés bien haut, au-dessus de deux grands peuples et cependant pas la moindre vanité.

» Washington a mené à bonne fin une guerre juste avec l'aide de la France et de l'Espagne ; Aguinaldo a achevé une autre guerre aussi juste que la première avec l'aide de la République Nord-Américaine.

» Philippins, groupons-nous et ainsi groupés demandons au ciel qu'enfin brille l'iris de paix sur cette patrie chérie. »

Le morceau a de l'allure, malgré son style un peu trop ampoulé : il témoigne en tous cas de l'enthousiasme que sut soulever Aguinaldo autour de lui, et de la confiance qu'il inspire à ses partisans. Aurait-il pu sans cela entreprendre et faire durer si longtemps la lutte gigantesque dont nous allons essayer de retracer ici les phases les plus importantes ?

CHAPITRE II

LES ÉTAPES DE L'INDÉPENDANCE

Courte histoire des Philippines. — La découverte par Magellan, en 1521. — Invasion des ordres religieux. — La tyrannie des moines. — Leur révolte contre l'autorité civile et les archevêques. — Anarchie qui en résulte. — Nombreuses insurrections. — L'île de Mindanao. — Difficultés de la conquête. — Les juramentados.

On ne saurait pénétrer brusquement dans l'histoire des Philippines à l'époque précise qui nous intéresse le plus, et force nous est, pour bien comprendre les événements contemporains, de revenir en arrière et de rappeler, le plus hâtivement possible, les grandes lignes de l'occupation espagnole depuis l'arrivée de Magellan jusqu'à l'explosion dernière qui coûta à l'Espagne la perte de sa plus belle colonie.

En parcourant, sans trop s'attarder, la suite des événements nous y découvrirons d'ailleurs les causes lointaines de la dernière insurrection, et les motifs de l'instabilité d'une domination qui remplaça toujours la véritable énergie par la violence, la force et la fermeté par la brutalité et l'exaction.

C'est le 10 mars 1521 que Magellan, en venant des Mariannes, aperçut les îles auxquelles il donna d'abord le nom de Saint-Lazare : il débarqua à Mindanao et y planta la croix de pierre par laquelle il prenait possession de la Terre nouvelle.

Quelques semaines après, Magellan et ses compagnons furent massacrés par les naturels de l'île de Mactan.

Cinq expéditions successives, organisées par les Espagnols, eurent le même sort et pendant quarante ans la mauvaise fortune resta fidèle aux armes des conquérants.

Mais en 1564 une sixième escadre, placée sous les ordres de Lopez de Legazpi partit du Mexique et aborda à Cébu le 27 avril 1565.

Plusieurs années, Lopez de Legazpi travailla à étendre sa domination : en 1571 seulement il devint maître de l'île de Luçon et y jeta les bases de la ville qui fut Manille.

Bientôt les Espagnols eurent à lutter contre des coups de main organisés par les Chinois.

En 1574, un pirate nommé Li-ma-hou essaya de s'emparer de Manille avec deux mille Chinois : ils furent mis en déroute.

En 1603, un nouveau complot fut tramé par les Chinois qui rêvaient d'exterminer tous les Européens et de s'emparer des îles. Le complot fut dénoncé par une femme tagale mariée à un Chinois et la répression fut terrible. Tous les Espagnols, aidés des Tagals, se ruèrent sur les Célestes et plus de vingt mille d'entre eux périrent dans cet affreux carnage.

On signale encore, en 1636, une troisième insurrection chinoise qui, elle aussi, fut noyée dans des ruisseaux de sang.

Entre temps, Manille eut à se défendre contre un coup de main des Japonais et en 1609 contre une tentative de débarquement des Hollandais ; et la prospérité de la ville n'aurait cessé de grandir si, dès cette époque, n'avaient éclaté, entre le pouvoir civil et le pouvoir religieux, des dissentiments qui se manifestèrent souvent d'une façon tragique.

Lorsque les Espagnols eurent découvert les Philippines, le pape, qui disposait alors à son gré de toute la terre découverte et à découvrir, donna au roi d'Espagne les îles nouvellement trouvées, mais à une condition, savoir : que Sa Majesté planterait et entretiendrait à ses frais dans les îles la religion catholique. Vous pensez si religieux de tous ordres tinrent à faire exécuter au pied de la lettre la bulle pontificale : innombrables furent les pieux émigrants qui se précipitèrent à la curée.

Les premiers furent les Augustins qui arrivèrent en 1565, y fondèrent de nombreux couvents et fournirent des sujets à plus de cinquante cures dans la seule province de Manille.

Les Pères de la Compagnie de Jésus parurent aux Philippines en 1581 : ils s'y multiplièrent rapidement, eurent bientôt huit collèges répandus dans les îles et desservirent une trentaine de cures. Mais, par mille intrigues et manœuvres sournoises, les Augustins finirent par les obliger à disparaître, à rentrer à la métropole et ils héritèrent de leurs dépouilles.

Les Dominicains fondèrent une maison à Manille en 1587 : bientôt elle renferma une cinquantaine de religieux et fournit des desservants à une douzaine de cures.

Les Récollets arrivèrent à leur tour en 1605 et bâtirent un superbe couvent où plus de deux cents religieux pouvaient vivre à l'aise.

L'ordre hospitalier de Saint-Jean-de-Dieu eut permission du roi en 1627 d'envoyer des religieux à Manille. Enfin les Franciscains déchaussés parurent en 1677 et se multiplièrent eux aussi avec une prodigieuse rapidité.

Tous ces ordres se partagèrent les provinces et y régnèrent bientôt en maîtres souverains et M. Le Gentil, dont j'ai déjà cité le témoignage, s'exprime à ce sujet avec une prudence qui n'exclut pas une certaine franchise :

« Si le gouverneur est absolu aux Philippines, dit-il, les ordres religieux y forment un corps qui n'est pas moins puissant; maîtres des provinces, ils y gouvernent pour ainsi dire en souverains; ils sont si absolus qu'aucun Espagnol n'ose aller s'y établir; s'il voulait le faire, il n'y arriverait qu'après avoir surmonté de grandes difficultés et levé les plus grands obstacles ; mais il serait toujours en guerre, les moines lui feraient tant de chicanes, lui chercheraient tant de disputes, lui susciteraient tant d'affaires, qu'à la fin il serait forcé de s'en aller; de cette façon, les Pères restent les maîtres du terrain et ils sont plus absolus aux Philippines que n'est le roi lui-même.

» En 1763, un alcade de Manille, zélé pour le bien public, avait fait élargir un chemin royal à 2 ou 3 lieues de la ville et fait planter des arbres sur les bords, des deux côtés, ce qui faisait un très bel effet et facilitait l'apport des denrées à Manille ; les Pères de la Compagnie intentèrent d'abord un procès à l'alcade et, voyant que l'affaire ne tournait point à leur avantage, firent abattre les arbres par les Indiens et rétablirent le chemin comme il était auparavant : on dut s'incliner.

» Selon une ordonnance du roi, renouvelée plus de cent fois, il était ordonné aux religieux d'enseigner le castillan aux jeunes Indiens; mais jamais Sa Majesté ne fut obéie et jamais cette ordonnance ne fut exécutée. On voit des écoles publiques à une demi-lieue de Manille, mais on se garde bien de leur apprendre le castillan ; la langue principale que l'on veut qu'ils parlent bien et lisent bien, c'est la langue de leur pays. Aussi allez à une lieue de

Manille, on ne vous entend presque plus si vous ne parlez la langue du pays; c'est encore pire dans les provinces.

» De cette façon les moines sont les maîtres des Indiens; un grand abus, qui suit de là, est que les Espagnols même ne peuvent prendre aucune connaissance de l'état de ces provinces; il n'y aurait pas de sûreté pour eux de voyager s'ils n'étaient connus des religieux et s'ils ne portaient pas avec eux des recommandations de ceux de Manille; ces recommandations sont infiniment préférables aux ordres que le gouvernement pourrait donner aux alcades ou à ces religieux : ceux-ci ne les recevraient probablement point et les alcades, qui ont eux-mêmes besoin de se ménager les moines, ne répondraient que faiblement aux ordres du gouverneur.

» Avec toutes les recommandations possibles, il arrive encore que le moine chargé de la peuplade par où vous voyagez vous laisse rarement parler seul aux Indiens. Lorsque vous parlez en sa présence à quelque Indien qui entend un peu le castillan, si ce religieux trouve mauvais que vous conversiez trop longtemps avec ce naturel, il lui fait entendre dans la langue du pays, de ne point répondre en castillan, mais dans sa langue. L'Indien obéit et si vous n'êtes pas au fait de cette pratique, n'ayant point compris ce que le religieux a dit, vous ne devinez pas sa politique. »

Telles sont les constatations que fît, en 1761, un voyageur français : la situation n'avait point changé plus de cent ans après, car les mêmes choses me furent racontées lors de mon récent passage aux Philippines.

Non seulement, d'ailleurs, les moines étaient complètement insurgés contre les pouvoirs civils, mais ils ne reconnaissaient pas davantage l'autorité de l'archevêque de Manille, qui s'est toujours vu refuser par eux le droit de visite.

En 1767 l'archevêque Roxo, quoique devenu gouverneur et capitaine général des îles, ne put soumettre les moines : il écrivit au roi que les brefs du pape, les cédules de Sa Majesté seraient toujours sans force et sans vertu et que le seul moyen de parvenir à régler cette affaire était d'ordonner spécialement au général de chaque ordre en Europe de mander à leurs moines d'admettre la visite de l'archevêque. Cette lettre n'eut, bien entendu, aucun résultat.

Le successeur de Roxo, à son arrivée à Manille, écrivit à toutes les communautés qu'il se disposait à visiter son diocèse et qu'il s'était muni à cet effet des plus grands pouvoirs. Il avait bulles, brefs du pape et ordres de la Cour. Les moines n'en persistèrent pas moins à lui refuser le droit de visite.

Nous voyons ainsi les moines en révolte ouverte, d'une part contre les gouverneurs et les divers représentants de l'autorité civile ; d'autre part contre l'archevêque de Manille. Pour augmenter encore l'anarchie que produisait nécessairement un pareil état de choses, il y avait aussi lutte presque continuelle entre le gouverneur et l'archevêque.

Tantôt c'était le gouverneur qui, maître de l'audience royale, faisait emprisonner l'archevêque; tantôt c'était, par ordre de l'Inquisition, le gouverneur qui était arrêté et envoyé prisonnier à Mexico.

En 1719 il y eut des faits plus graves encore. Le 11 octobre de cette année des conjurés partirent du couvent des Augustins et allèrent directement au palais où ils trouvèrent le gouverneur sans gardes. Un des conjurés le frappe d'un coup de couteau, un autre l'achève d'un coup de poignard tandis qu'un religieux exhortait à la mort la malheureuse victime.

Le fils du gouverneur était alors à la citadelle; ayant entendu du bruit et ayant vu beaucoup de monde dans la rue, il monte à cheval et vole au secours de son père : il est arrêté et tué par les premiers séditieux qu'il rencontre.

Ces deux assassinats accomplis, l'archevêque s'empressa de se faire proclamer gouverneur par ceux dont il avait armé la main.

Quelques années plus tard, un autre gouverneur, M. Arandia, fut empoisonné par un religieux franciscain qui s'en vanta hautement (1759).

C'est en cet état de division que les Anglais

trouvèrent les Philippines lorsqu'en 1762 ils vinrent mettre le siège devant Manille.

Le 22 septembre ils pénétrèrent dans la baie; le 9 octobre suivant, Manille était prise et livrée au pillage.

Tandis que l'archevêque Roxo restait à Manille et mettait son autorité au service des vainqueurs, le lieutenant-gouverneur Anda se jeta dans les provinces et soutint pendant quinze mois une guerre sans répit contre les Anglais, qui étaient sur le point d'être chassés quand fut signée la paix entre l'Espagne et l'Angleterre.

Cette même année les Chinois se soulevèrent de nouveau et furent massacrés par milliers; ceux qu'on épargna furent exilés en masse.

Et maintenant, à partir de cette époque, les insurrections vont se succéder les unes aux autres rendant de plus en plus précaire la domination espagnole. L'oppression qui pesait sur la colonie devenait de plus en plus intolérable et les indigènes se plaignaient par-dessus tout de la tyrannie du haut clergé et des ordres monastiques.

Les Philippines nourrissaient le clergé le plus nombreux du monde; les congrégations avaient dépouillé les indigènes de la plus grande partie du sol et prélevaient sur les cultivateurs des redevances écrasantes, alors qu'elles-mêmes échappaient aux impôts. Ceux des Philippins qui avaient acquis de l'instruction se trouvaient aux prises avec une censure qui perpétuait les vexations de l'Inquisition. Ajoutez à cela les malversations des fonctionnaires, les abus de pouvoir, les dénis de justice et vous comprendrez combien durent être nombreux les soulèvements insurrectionnels.

Les plus ardents furent ceux de 1812, 1820, 1823, 1837, 1843, 1848, 1872, 1880, 1887, 1891, 1894.

En 1823, c'est le choléra qui fournit aux colères indigènes l'occasion de se déchaîner. Il y eut une véritable Saint-Barthélemy des étrangers et le sang coula à flots dans les rues de Manille.

L'insurrection de 1837 fut très importante : elle était dirigée par le pâtre Apolinario de la Cruz, soi-disant pape des Philippines et roi des Tagals, lequel fit croire à ses partisans que la Vierge était sa maîtresse et que de ces amours devait naître le premier empereur philippin.

L'insurrection dura près de quatre ans : Apolinario, enfin vaincu, fut fusillé avec deux mille de ses compagnons.

En 1872, l'insurrection ne fut pas moins terrible et l'Espagne dut envoyer aux Philippines des troupes de renfort pour remplacer les troupes indigènes, qui avaient fait cause commune avec les insurgés. Des religieux furent compromis et trois moines durent être fusillés.

Les campagnes de 1880, 1887, 1891, et 1894 auxquelles collaborèrent les généraux Correro, Weyler et Blanco eurent toutes pour but la conquête si difficile des îles de Mindanao et de Jolo.

Il faut croire que pareilles expéditions étaient fructueuses, car on n'a pas oublié quelle fortune le général Weyler, le conquérant tortionnaire de Cuba, rapporta de son passage aux Philippines.

Weyler avait passé trois ans dans ce commandement et son traitement annuel était de 200,000 francs. Sur cette somme, d'assez lourdes dépenses s'imposaient : ce qui n'empêcha pas l'intègre général de déposer à son retour, tant dans les banques de Londres que dans celles de Paris, une somme que ses compatriotes estiment à 12 ou 15 millions de francs.

Toucher 600,000 francs en trois ans et économiser 15 millions : c'est là un de ces tours de force que seul un fonctionnaire espagnol pouvait réaliser.

Si encore Weyler avait réellement obtenu la soumission de Mindanao, l'Espagne aurait pu fermer les yeux sur les profits accumulés par le vainqueur : mais jamais l'île de Mindanao ne fut réellement conquise. Cette résistance de Mindanao pendant plusieurs siècles vaut d'ailleurs d'être racontée.

L'île de Mindanao forme à elle seule un véritable petit empire. Hérissée de montagnes inaccessibles, couverte de rochers volcaniques, coupée de gorges infranchissables, elle forme, par la nature même de son sol, une sorte d'antre impénétrable dans lequel nulle force civilisée n'a pu jusqu'ici s'aventurer.

Une partie des habitants, notamment la confédération des Illanos, descendants des anciens Maures, ont conservé le caractère farouche et indomptable de leurs ancêtres ; ils ont gardé les mœurs et les coutumes des tribus guerrières, un sultan est à leur tête.

Aux îles Jolo et Soulou se trouvent également des Maures, aux instincts non moins féroces et qui, de tout temps, pratiquèrent la piraterie.

Tout ce que purent faire les Espagnols, ce fut d'établir un fort à Sambanangam, dans une baie de Mindanao, mais ils ne purent jamais étendre leur domination sur l'intérieur. En 1639 pourtant, ils furent sur le point de réussir, mais à cette époque eut lieu à Manille un soulèvement des Chinois. Les Espagnols durent quitter Mindanao pour courir au secours de leur capitale. Le sultan en profita pour démolir le fort, s'emparer des canons et renvoyer les moines : et la piraterie put alors se développer de plus en plus.

Comme leurs coreligionnaires d'Algérie avant 1830, longtemps les Moros écumèrent les détroits de la Sonde et de San Bernardino, razziant les villages chrétiens soumis à l'Espagne, capturant hommes et femmes, les uns pour ensemencer leurs rizières et pêcher l'huître perlière, les autres pour peupler leurs harems.

Une expédition fut organisée contre eux en 1849 : mais elle n'eut aucun résultat. En 1858, la reine d'Espagne espéra mettre fin à la piraterie en payant tribut au sultan de Soulou : l'illusion fut de courte durée, et, en 1876, on dut de nouveau faire campagne contre les redoutables indigènes. Cette fois le sultan fut vaincu et dut permettre l'occupation de Soulou, sa capitale.

Mais dans cette ville jamais les Espagnols ne furent en sécurité, tant était irréductible la haine de ces mahométans. La secte des Juramentados était surtout terrible : elle se composait de fanatiques qui se vouaient à une mort certaine en faisant vœu de tuer autant de chrétiens qu'ils en rencontreraient. Leurs prêtres, au préalable, leur assuraient une entrée d'emblée au paradis de Mahomet s'ils succombaient en accomplissant l'œuvre de sang.

Le docteur J. Montano, chargé en 1886 par le ministre de l'instruction publique d'une mission scientifique aux Philippines, fut témoin, à Soulou, des tristes exploits de plusieurs de ces juramentados.

« Je me trouvais, a-t-il raconté, sur la place du Marché, lorsque j'entends des coups de fusil, puis des cris confus, puis, plus rien, un silence de mort ; le marché se vide et je me trouve seul sur la place déserte, à quelques pas de deux factionnaires qui s'adossent à une case en armant leurs remingtons. A ce moment, une femme accourt, échevelée, suivie d'un Soulouan salé comme un peigne et tellement pâle qu'il paraît vert ; il tient à la main un kriss dégouttant de sang. La femme me crie : los juramentados! et, lancée comme un boulet de canon, me renverse en passant ; deux coups de feu passent au-dessus de ma tête ; je me relève et vois tomber le juramentado atteint à la poitrine ; mais il se relève à son tour et s'élance, le kriss levé, sur les factionnaires ; transpercé par une baïonnette, il se tient encore debout, essayant d'atteindre le soldat qui le maintient au bout de son fusil ; l'autre factionnaire recharge son arme et abat définitivement cet enragé. Une grêle ce coups de fusil éclate de tous côtés : en passant dans la grand'rue, je vois quelques hommes gisant dans une mare de sang ; au milieu de la chaussée, trois juramentados, le front haut, le kriss levé, s'avancent résolument à la rencontre d'un peloton de soldats philippins. Les remingtons s'abaissent ; quand la fumée du peloton est dissipée, les trois juramentados sont étendus en ligne, la face contre terre. Enfin, nous sommes délivrés de nos agresseurs. »

On comprend que de pareils gaillards rendent une conquête difficile : en 1896 le maréchal Blanco était encore aux prises avec eux quand éclata l'insurrection tagale à laquelle nous voici enfin revenus après un long détour.

CHAPITRE III

LA DOMINATION ESPAGNOLE

L'insurrection de 1896. — Causes principales du soulèvement. — Les exactions des fonctionnaires et des moines. — La perception des impôts. — Les cruautés de l'instruction judiciaire. — Diffusion des idées nouvelles. — Rôle de la jeunesse studieuse. — Rizal. — La persécution dont il est l'objet. — La mort d'un poète. — Ses dernières strophes.

Au début du Mémoire qu'écrivit Aguinaldo sur les événements des Philippines [1] l'auteur s'exprime brièvement en ces termes sur les causes de l'insurrection de 1896 :

« L'Espagne, dit-il, a tenu les Philippines sous sa domination pendant plus de trois cent cinquante ans. Durant toute cette période, la tyrannie, les agissements coupables et les abus des moines et de l'administration civile et militaire exaspérèrent la population indigène. Poussée à bout, elle tenta un

1. *La Vérité sur la Révolution des Philippines*, par Emilio Aguinaldo. (*Revue des Revues*, 15 mars 1900.)

effort suprême pour secouer le joug odieux autant qu'écrasant. »

Aguinaldo fut infiniment moins laconique lorsque, en juillet 1897, il lança une proclamation comme général en chef des forces révolutionnaires. Dans ce document il se fait avec véhémence l'écho des colères populaires et résume, sur un ton passionné, tous les griefs de ses compatriotes : il convient de citer le morceau tout entier.

      « Citoyens,

» Du haut de ces montagnes toujours fidèles à notre liberté, où nous inaugurons la nouvelle ère de la lutte acharnée contre la tyrannie, nous nous adressons à tous ceux qui abritent dans leur cœur des sentiments nobles et généreux, à tous les hommes libres partisans de l'Honneur, de la Dignité et de l'Amour de la Patrie.

» Sans distinction de races, nous faisons appel à tous les partisans de notre honneur national, Philippins, Asiatiques, Américains et Européens, car nous pâtissons tous dans ce pays. A vous tous qui souffrez s'adressent les cris d'un peuple tyrannisé : unissez vos efforts aux nôtres et régénérons une Patrie avilie ! Nous n'exceptons pas même l'Espagnol, car des nobles Espagnols, libres de préjugés et convaincus de la justice de notre cause et de la noblesse de nos aspirations, combattent parmi nous.

» Assez de souffrances ! A nous, cœurs généreux !
Aux armes, citoyens ! Revendiquons les droits
d'un peuple entraîné à la dégradation et qui pleure
l'avilissement de ses enfants.

» Regardez nos autels souillés par les prêtres
espagnols qui ont fait, des objets les plus sacrés du
culte, l'objet d'un marchandage dévergondé. Sans
se soucier nullement de ses devoirs de charité et
d'humanité, ni même des convenances sociales, et
se guidant seulement de leur infâme passion de l'or,
ils traitent les pauvres avec mépris et seuls les
riches jouissent des bienfaits de la religion chré-
tienne.

» Contemplez le triste spectacle de notre famille
et de notre foyer. Nos tyrans, tout en se vantant
de leur humanité, nous dépouillent, et nous volent
les fruits de la terre fécondée avec le sang de nos
ancêtres. Malheur à la famille aisée et riche !
Malheur aux parents des jeunes filles honnêtes !
Malheur à celui qui a cherché à s'instruire. Hélas !
l'honnêteté chez la femme, l'instruction chez
l'homme et la richesse chez tous, sont des crimes
qui, aux yeux des Espagnols, doivent être punis
avec le bannissement, l'emprisonnement ou l'exil.

» Les pots de vin sont à l'ordre du jour dans
notre administration, de laquelle sont exclus les
indigènes, les seuls capables de connaître les
besoins du pays. La liberté des citoyens est à la
merci du dernier agent du gouvernement. L'en-

seignement, monopolisé par des prêtres ignorants, est rempli de principes erronés du moyen âge. La presse est soumise à la censure gouvernementale. Partout ne règnent que l'ignorance, le vol, l'immoralité et la corruption.

» Les protestations indignées et les réclamations par les voies pacifiques, n'ont obtenu que le mépris et le silence. Quel cas a-t-on fait de la juste pétition de bannir les prêtres des îles Philippines? Quel résultat a-t-elle donné la longue campagne entreprise par la presse pour avoir nos représentants dans la Chambre des Députés? Tous ceux qui se sont adressés au gouvernement espagnol ont été récompensés avec le blâme, le ridicule, l'exil et la saisie de leurs propriétés.

» Assez de scandales! Aux armes, enfants de la Patrie!

» Guidés par le Bien Public, nous aspirons à notre Liberté et à notre Indépendance.

» Nous voulons une Loi unique et sans privilèges, qui soit la garantie de tous les citoyens sans distinction de classe.

» Nous aspirons à être gouvernés par les hommes les plus capables et les plus dignes par leurs mérites personnels, sans tenir compte ni de leur naissance ni de leur race.

Nous voulons bannir à jamais les prêtres de notre pays et que désormais n'y existe aucun couvent ni aucun lieu de corruption ni d'immoralité.

Nous exterminerons les partisans de cette Théocratie qui a fait de notre malheureux pays une autre Espagne inquisitoriale, avec toutes ses horreurs.

» L'ordre et la justice seront sévèrement observés sous notre Drapeau.

» Injustement privés de notre nationalité, nous, enfants de la Liberté, montrerons au monde entier que nous sommes dignes d'avoir une Patrie et un Gouvernement propres, comme nous avons un idiome propre.

» Nous protestons énergiquement contre les infâmes calomnies et les criminelles accusations de nos ennemis. Nous sommes des fils dévoués, prêts à sacrifier nos vies et nos fortunes au Salut de la Patrie, au bien-être de nos frères et à la Régénération de nos enfants.

» Viva Filipinas libre !

» EMILIO AGUINALDO.

» Philippines, juillet 1897. »

À l'aide de ce formidable réquisitoire nous pouvons maintenant dégager avec plus de facilité les causes d'une insurrection qui devait mettre fin à la domination espagnole.

Combien étaient justifiées les récriminations ardentes d'Aguinaldo, nous avons pu déjà nous en rendre compte dans le chapitre précédent : c'est le moment, maintenant, d'y insister davantage.

Au retour d'un voyage aux Philippines, le docteur Ponto de Guimaraes fit de l'administration espagnole un tableau saisissant, qui montre jusqu'à quel point étaient cyniquement pressurés les malheureux indigènes. L'auteur s'exprime ainsi :

Les rouages du gouvernement espagnol aux Philippines sont des plus compliqués. Le gouvernement central, dont le siège est à Manille, a à sa tête un gouverneur général nommé pour trois ans, aux appointements de 200,000 francs par an. Ce gouverneur est assisté d'un nombreux état-major et de deux assemblées appelées : Direction générale de l'Administration civile et Conseil administratif. Quant à la division du pays, elle est tout ce qu'il y a de plus baroque, au moins en apparence, car des mesures ont été prises en vue de comprimer, sans être incessamment gêné par les lois, jusqu'à la moindre velléité d'indépendance de la part des habitants. La colonie comprend des provinces civiles, des provinces militaires et des provinces mixtes participant à la fois des deux régimes. Chaque province est administrée par un gouverneur, dont le traitement varie de 7,500 à 10,000 francs par an. Il va sans dire que chaque gouverneur s'offre, tout comme le gouverneur général, le luxe d'un véritable état-major, payé naturellement par les contribuables. On comprend les avantages d'un pareil système pour pressurer les malheureux insulaires. Et ici se place l'invention de la cédule personnelle, qui est un véritable chef-d'œuvre d'escobarderie fiscale.

Toute personne habitant la colonie et ayant dépassé l'âge de dix-huit ans doit posséder une cédule personnelle, qui sert comme papier d'identité et comme passe-port dans toute l'étendue de l'Archipel. Sans cédule, on ne peut voyager. Il y en a de prix divers, depuis 7 fr. 50 jusqu'à 125 francs, et elles doivent être renouvelées chaque année. Les personnes qui paient une cédule annuelle inférieure à 17 fr. 50, doivent en outre quinze jours de travail gratuit au profit du gouvernement — ce qui est assimilable à notre système de prestation — ou un supplément d'impôts de 37 fr. 50.

Ces sommes peuvent évidemment paraître peu considérables. Mais si l'on veut bien réfléchir que les femmes y sont assujetties comme les hommes et qu'on se trouve dans un pays où les salaires journaliers oscillent entre 0 fr. 25 et 2 fr. 50, l'aspect de la question change. La majeure partie des indigènes est complètement hors d'état d'acquitter cet impôt.

Ah! l'impôt aux Philippines! Quel Homère viendra à bout de dénombrer ces taxes de toute espèce, plus iniques, plus vexatoires les unes que les autres, affamant celui qui possède quelque chose, condamnant à mort celui qui vit du travail de ses mains! Un indigène a engraissé un bœuf ou

un porc pour sa nourriture et il veut tuer son porc
ou son bœuf : il lui faut pour cela une autorisation
et, bien entendu, l'autorisation se paie. A-t-il un
cheval ? Impôt ! Quelques cocotiers ? Impôt ! Veut-
il, de ses noix de coco, extraire un peu d'huile ?
Pour fabriquer de l'huile il faut une licence et pour
avoir licence il faut payer l'impôt. Il existe des
impôts annuels sur les poids et mesures, sur les
magasins et les boutiques, sur les propriétés fon-
cières, sur les industries diverses, sur les spiritueux.
Les Chinois ont l'honneur peu enviable de payer un
impôt spécial.

On comprend parfaitement que le recouvrement
de ces myriades d'impôts ne laisserait pas que de
présenter quelques difficultés si le gouvernement
espagnol n'avait imaginé un merveilleux système
de comptabilités individuelles et collectives qui vaut
la peine d'être examiné de près. Chaque ville, de
même que chaque village de quelque importance,
est pourvu d'un diminutif de gouverneur qui porte
le titre également réduit de Gobernadorcillo. C'est
toujours un indigène ou un métis et surtout
l'homme le plus riche de la localité ; on lui accorde
quelque autorité sur les habitants de sa ville ou de
son village et cela suffit à en faire un ferme pilier
de la domination espagnole. Autour du gobernadorcillo gravitent ses lieutenants, Cabezas de Barangay, sortes d'alcades ou conseillers municipaux
qui ont le droit de porter une canne comme emblème

de leur dignité. Chacun de ces cabezas est chargé de percevoir l'impôt de cinquante ou soixante familles avec cette clause particulière qu'en cas de non paiement, il doit faire les fonds lui-même. Les cabezas sont donc responsables envers le gobernadorcillo, mais ce dernier est de même responsable envers le gouvernement de la colonie. Si les contribuables n'ont pas le sou et si les cabezas eux-mêmes sont insolvables, le gobernadorcillo n'a d'autre ressource que de démissionner après avoir, au préalable, vendu sa dernière chemise pour payer l'impôt. Il y a même quelque chose de plus fantastique encore. Un ancien gobernadorcillo demeure, sa vie durant, responsable de la gestion de son successeur dans son emploi. Est-il, pour une cause ou pour une autre, dans l'impossibilité d'acquitter des dettes, qui pourtant ne sont pas siennes, ses biens sont saisis et vendus au profit du Trésor, et l'infortuné est lui-même emprisonné ou déporté par mesure administrative. On aperçut un jour dans les rues de Siquijor une procession de quarante-quatre de ces fonctionnaires indigènes. On leur avait tout pris, maison, bétail, terres, et on les exilait ensuite à Bohol, parce qu'ils ne pouvaient payer des sommes dues par leurs concitoyens et variant de 10 à 210 francs.

De pareils procédés sont peu faits pour imposer à ces pauvres hères des sentiments de justice, de probité et d'équité. Aussi, sachant qu'ils seront pressurés par le gouvernement, les gobernadorcillos et quelquefois même les cabezas tondent à ras le menu peuple qu'ils sont chargés d'administrer. Malgré cela, le gouvernement colonial encaisse annuellement 45 millions environ, dont 25 proviennent de l'impôt direct, 10 des douanes et le reste de la loterie officielle, qui règne là comme en Espagne.

Voilà ce que paie le peuple aux Philippines: Que lui donne-t-on en retour? Bien peu de chose, en vérité. La justice est à celui qui peut la payer. Les écoles n'existent que dans les villes les plus importantes et encore en nombre tout à fait insuffisant. Les travaux publics sont ajournés d'année en année, et les fonds qui leur étaient destinés s'égarent, soit dans les poches des fonctionnaires, soit dans les coffres de l'Etat espagnol. Pas de routes praticables, pas de ponts. C'est la misère économique dans ce qu'elle a de plus affreux.

Ce n'est pas tout : qui ne pouvait payer l'impôt était astreint au travail forcé; or l'impôt personnel, le tributo, avait été porté par des augmentations successives, de un douro par tête à 12 : de 5 à 60 francs ! les exactions des percepteurs, qui attendaient avec impatience, comme tous les fonctionnaires, le jour où ils auraient assez amassé pour retourner vivre en Espagne, rendaient cet impôt plus lourd encore. Nous avons vu plus haut comment le général Weyler, après trois ans de séjour aux Philippines, rapportait une douzaine de millions escroqués aux contribuables et aussi un peu au budget de la colonie. De sorte que malgré ces ressources le trésor était encore le plus souvent en déficit.

Alors fut remise en exercice et étendue une ancienne loi qui imposait aux débiteurs de l'Etat l'obligation de travailler pour lui jusqu'à extinction de la dette. Nulle excuse n'était valable : ni la maladie, ni la pauvreté. L'Eglise, elle aussi, prélevait sa part sur le travail forcé: elle prit ce système à son profit. Dès lors, l'indigène fut dans l'impossibilité de payer les impôts qui augmentaient sans cesse et il dut travailler pour l'Eglise et pour l'Etat, n'ayant droit qu'à la nourriture : du riz, à la boisson: de l'eau, à l'abri : une misérable paillotte. C'était purement et simplement la mise en esclavage des malheureux Philippins.

Mais ce n'était pas assez pour les Espagnols de pressurer ainsi et de réduire au servage les infortunés indigènes, il fallait encore, pour satisfaire aux instincts de cruauté des oppresseurs, l'organisation d'un monstrueux régime de terreur et de torture. Sur tout le territoire, les pueblas (villages) étaient livrés à la brutalité sans pareille de la garde civique qui se livrait à toutes les exactions, à tous les attentats contre les personnes et contre les biens.

Ce serait mal connaître les dignes émules des bourreaux de Monjuich si on doutait de l'ingéniosité avec laquelle ils surent organiser la répression et faire fonctionner ce que, par dérision, ils appelaient la justice!

Veut-on avoir une idée de ce que pouvait être une instruction judiciaire aux Philippines? Il faut lire le tragique épisode que rapporte Rizal dans son admirable ouvrage : *Noli me tangere* [1].

Noli me tangere n'est pas un roman mais un tableau saisissant de la vie aux Philippines. Si les noms des personnages sont d'emprunt, Rizal nous informe dans la préface que les faits sont d'une rigoureuse exactitude.

L'auteur décrit une scène d'instruction judiciaire : il s'agit d'arracher à un malheureux prisonnier l'aveu d'un prétendu complot et le nom des complices imaginaires.

Tarsilo, la victime, est amenée devant l'alferez et on le somme de nommer ses complices. Comme il se tait :

— Qu'on le bâtonne jusqu'à ce qu'il crève ou qu'il avoue! crie l'alferez exaspéré.

Aussitôt un garde, armé d'un jonc, commence sa triste tâche.

Tout le corps de Tarsilo se contracta, un rugissement étouffé, prolongé, se laissa entendre malgré le mouchoir qui lui fermait la bouche; il baissa la tête, ses effets se tachèrent de sang.

1. *Noli me tangere* (Au pays des Moines), par Jozé Rizal, traduction de MM. Henri Lucas et Ramon Sempau.

Bientôt le malheureux, exténué de douleur, se tut et attendit que ses bourreaux se lassassent. Enfin, le soldat haletant laissa tomber son bras ; pâle de colère, sombre, l'alferez fit un geste et ordonna qu'on détachât la victime.

— Au puits ! dit-il.

Les Philippins savent ce que cela veut dire ; en tagal, ils le traduisent par *timbaïn*. Nous ne savons qui a inventé ce procédé d'instruction judiciaire, mais nous croyons qu'il doit être assez ancien.

Au milieu du patio du tribunal s'élève la pittoresque margelle d'un puits, faite grossièrement de pierres vives. Un rustique assemblage de bambous en forme de manivelle sert pour tirer l'eau visqueuse, sale, puante. Des vases cassés, de la vidange, d'autres ordures s'y mélangent ; mais ce puits est comme la prison : il est là pour recueillir ce que la société rejette comme mauvais et inutile, l'objet qui y tombe, quelque bon qu'il ait été, est désormais perdu. Cependant il ne se bouchait jamais ; parfois on condamnait les prisonniers à le creuser davantage, à l'approfondir, non parce que l'on croyait retirer un profit quelconque de cette punition, mais à cause des difficultés que le travail présentait : le prisonnier qui y était une fois descendu y gagnait une fièvre dont régulièrement il mourait.

Tarsilo contemplait d'un regard fixe tous les préparatifs des soldats : il était très pâle, ses lèvres tremblaient à moins qu'elles ne murmurassent une prière. L'orgueil de son désespoir semblait avoir disparu ou tout au moins s'être affaibli ; il baissa sa tête jusque-là altière et regarda le sol, résigné à souffrir. On l'emmena à côté de la margelle ; le malheureux lança un regard d'envie vers le monceau de cadavres, un soupir s'échappa de sa poitrine.

— Parle donc, lui redit le gobernadorçillo ; n'importe comment tu seras pendu, mais au moins meurs sans souffrir.

Le bâillon lui fut enlevé, puis on lui lia les pieds. Il devait être descendu la tête en bas et rester quelque temps sous l'eau comme on le fait pour le seau, seulement l'homme reste plus longtemps.

L'alferez s'éloigna pour chercher une montre et compter les minutes.

Pendant ce temps, Tarsilo était suspendu, sa longue chevelure ondoyant à l'air, les yeux à demi-fermés :

— Si vous êtes chrétiens, si vous avez du cœur, supplia-t-il à voix basse, descendez-moi rapidement et faites en sorte que ma tête cogne contre une pierre et que je meure... peut-être un jour vous verrez-vous comme moi !

L'alferez revint et présida à la descente montre en main.

— Lentement ! lentement ! cria-t-il, et surtout prenez garde.

La manivelle tournait lentement ; Tarsilo frottait et s'écorchait contre les pierres saillantes et les plantes immondes qui croissaient entre les crevasses. Puis la manivelle s'arrêta, l'alferez comptait les secondes.

— Montez! commanda-t-il sèchement au bout d'une demi-minute.

Le bruit argentin et harmonieux des gouttes retombant dans l'eau annonça le retour du supplicié à la lumière. Cette fois, comme la pesanteur du contre-poids était plus grande, il monta avec rapidité. Les cailloux, les débris de pierre arrachés des parois tombaient en crépitant.

Le front et la chevelure couverts de fange bourbeuse, la figure remplie de blessures et d'écorchures, le corps mouillé et dégouttant, il apparut aux yeux de l'assemblée silencieuse, le vent le faisait trembler de froid.

— Veux-tu avouer? lui demanda-t-on.

— Prenez soin de ma sœur, murmura le malheureux.

La manivelle de bambou grinça de nouveau et le condamné redescendit, l'alferez compta une minute.

Quand Tarsilo remonta, ses membres étaient contractés, violacés. Il dirigea un regard sur ceux qui l'entouraient et maintint ouverts ses yeux injectés de sang.

— Veux-tu avouer? lui demanda encore l'alferez avec ennui.

Tarsilo secoua négativement la tête ; on le redescondit pour une troisième fois. Ses paupières se fermèrent peu à peu, ses pupilles continuaient à regarder le ciel où flottaient quelques nuages blancs; il plia le cou pour voir le plus longtemps possible la lumière du jour, mais promptement il s'enfonça dans l'eau et ce voile infâme lui cacha le spectacle du monde.

Une minute se passa, de grosses bulles d'air montaient à la surface.

— Il a soif, dit quelqu'un en riant.

Cette fois ce ne fut qu'au bout d'une minute et demie que l'alferez fit un signe.

Les membres de Tarsilo n'étaient plus contractés; les paupières entr'ouvertes laissaient voir le fond blanc de l'œil; de la bouche sortait une bave sanguinolente; le vent soufflait froid, mais déjà son corps ne frémissait plus.

Tous pâles, consternés, se regardaient en silence. L'alferez fit un signe pour qu'on le détachât et pensif s'éloigna quelques instants. A plusieurs reprises on appliqua sur les jambes dénudées du supplicié le feu d'un cigare; le feu s'éteignit, mais la chair n'eut pas un frisson.

— Il s'est asphyxié lui-même! murmura un soldat; regardez comme il s'est retourné la langue, on dirait qu'il a voulu l'avaler!... »

La simplicité tragique de ce récit fait frissonner et la sobriété du style fait ressortir davantage encore l'horreur de la scène.

Qu'on rapproche ce supplice de ceux imaginés par les bourreaux de Monjuich, qu'on se rappelle les souffrances épouvantables endurées par les prisonniers de la forteresse, les ongles arrachés, les lèvres tailladées, les poignets brisés, les pieds tordus, la soif exaspérée par l'absorption obligatoire de morue salée, qu'on se souvienne.aussi des monstrueuses tueries de Cuba, de la terreur organisée à la Havane par des généraux massacreurs, on retrouvera partout les manifestations identiques de cette impitoyable férocité que dépose dans les âmes le fanatisme religieux.

Les inquisiteurs d'Espagne ont laissé derrière eux leurs traditions infâmes et Torquemada a gardé, à notre époque encore, de zélés disciples, qui suivent consciencieusement les exemples du maître.

Les Philippins en savent quelque chose, eux qui subirent pendant tant de siècles les effroyables cruautés des prêtres et des moines.

Nous venons de voir les douceurs de l'administration civile : celle-ci ne fit qu'imiter les exemples et même les enseignements donnés par les religieux.

Il n'y a qu'à lire dans les livres consacrés par les Franciscains à l'histoire des Philippines de quelle façon les religieux apprécient les caractères et la moralité des indigènes et les moyens recommandés pour leur inspirer le respect des pratiques de l'Eglise : on est immédiatement fixé sur le régime institué dans les îles, par les divers ordres que nous avons vus se précipiter sur la colonie et y pulluler avec une redoutable rapidité.

« On peut dire, proclame un de ces pieux historiens, que le génie de ces naturels est un enchaînement, un labyrinthe de contrariétés et de contradictions ; ils sont en même temps orgueilleux et humbles, hardis pour entreprendre les crimes, lâches et poltrons comme des enfants pour autre chose, cruels et compatissants, paresseux et mous ; ils croient facilement à des bagatelles et à mille contes puérils ; ils sont très difficiles et même inconstants sur la doctrine sacrée dont on ne cesse cependant de leur répéter la vérité ; ils font voir beaucoup d'inclination et d'empressement pour aller à l'église les jours de fêtes et solennités ; mais pour ouïr la messe les jours de préceptes, pour se confesser et communier lorsque la Sainte Eglise l'ordonne *il faut employer le fouet et les traiter comme des enfants à l'école.* »

Il est surprenant en vérité qu'avec des arguments aussi irrésistibles les indigènes aient continué de se montrer aussi peu enclins à « la doctrine sacrée ».

On ne leur ménageait pourtant point les coups de fouet et M. Le Gentil, dans l'ouvrage que nous avons déjà cité, a constaté l'usage de cet instrument de correction dans les provinces.

« C'est, dit-il, un abus qui règne dans les provinces. Les religieux donnent le fouet aux filles et aux femmes avec un martinet, même en présence de leur mari, sans que celui-ci ose rien dire. A Manille, cela ne se pratique pas ; les religieux n'y sont pas si absolus que dans les provinces, et d'ailleurs on peut bien parfois n'y pas ouïr la messe le dimanche sans que cet acte d'irréligion vienne aux oreilles des religieux et des curés.

» J'ai connu particulièrement à Manille plusieurs officiers de troupe. Quoique Espagnols ils osaient publiquement se révolter contre cet usage ridicule; d'autres l'approuvaient.

» Quelquefois les religieux ou padres ont leurs exécuteurs et l'église est le lieu de la scène. Voici à cet égard un fait dont un hasard singulier m'a procuré la connaissance.

» A une petite lieue de Manille est une paroisse que l'on nomme Las Peas ; elle est desservie par un prêtre séculier ; elle a une assez petite église, bâtie de bambous et couverte de paille ; c'est un endroit charmant et on y va souvent dîner en partie de plaisir ou bien s'y promener dans l'après-midi. Un dimanche, don Andréa Roxo et sa femme Dona Ana Roxo m'engagèrent à y aller dîner avec eux : don Roxo avait épousé la fille du marquis de Villa-Madiana, commandant des troupes à Manille qui devait venir nous rejoindre dans l'après-dînée. Comme je me promenais vers les quatre à cinq heures du soir avec M. et Mme Roxo dans la campagne, fort près du village, nous aperçûmes beaucoup de monde assemblé à l'entrée de ce même village et nous avançâmes pour savoir ce que ce pouvait être ; c'était une femme qui, ce jour-là, n'avait pas ouï la messe, et on la conduisait à l'église pour avoir le fouet : elle était menée par un exécuteur. Celui-ci avait un grand martinet sur l'épaule qui lui descendait jusqu'au milieu du dos. Le padre était derrière et suivait une foule d'Indiens et surtout d'Indiennes que l'on obligeait d'assister à la cérémonie pour leur enseigner de ne point manquer à la messe. Mme Roxo, voyant ce spectacle, fut touchée de compassion : elle nous quitta, fendit la foule et parvint jusqu'au padre ; elle lui demanda grâce pour cette femme et l'obtint.

» Sur ces entrefaites arriva le marquis de Villa Mediana ; d'aussi loin que nous l'aperçûmes, nous allâmes au-devant de lui ; nous ayant demandé d'où nous venions, Mme Roxo lui raconta ce qui venait de se passer. Mais le marquis, loin d'approuver la générosité de sa fille, prit un visage sévère et la blâma en ma présence ; il lui dit en termes formels qu'elle avait eu grand tort, qu'elle serait cause d'un plus grand mal ; que cette femme ne manquant pas de récidiver et peut-être plusieurs fois, la faute et le péché retomberaient sur elle qui avait demandé la grâce. »

Les moines, on le voit, avaient toute licence de se livrer à leurs cruelles fantaisies et ce n'est pas auprès des autorités militaires que les indigènes pouvaient chercher protection.

Sur cette question il faudrait citer tout entier *Noli me tangere,* le beau livre de Rizal dont nous avons déjà parlé : c'est un long et puissant réquisitoire contre le régime odieux auquel étaient soumis ses compatriotes.

Je ne pense pas d'ailleurs que le point soit controversé et tous ceux qui sont allés aux Philippines peuvent porter témoignage : tous ont pu constater des faits de tyrannie et de cruauté ou entendre tout au moins à cet égard les doléances unanimes des Philippins.

Beaucoup d'entr'eux auraient accepté le régime espagnol, si les moines n'y avaient été prépondérants : nombreux encore sont les Tagals qui conservent un certain attachement à l'Espagne. Ce sont les plus empressés à proclamer leur haine des congrégations.

Cette haine si justifiée — nous aurons l'occasion de la vérifier encore plus d'une fois par la suite — fut donc la principale cause des insurrections successives, de celle de 1896 notamment.

Une troisième cause, non la moins intéressante, doit enfin être dégagée : elle se trouve très nettement indiquée dans les déclarations que fit à un de nos confrères le général Polaviéja, à son retour des Philippines :

« La cause du soulèvement, dit-il, est claire à

mon avis. L'ouverture du canal de Suez a facilité, dans une mesure qu'on ne saurait dire, l'éveil politique des peuples de l'Extrême-Orient. Les idées de liberté, d'indépendance, de nationalité dont nous nous servons ici presque quotidiennement étaient choses nouvelles pour ces peuples, ils ont réfléchi sur ces idées et en ont déduit les conséquences. La grandeur soudaine du Japon, la renaissance de cet Etat profondément nationaliste, l'éclat de ses victoires ont eu dans le moindre village de l'Asie orientale maritime un retentissement extraordinaire. Les indigènes de Manille ont voulu imiter les exploits des Japonais et voilà la raison de leur soulèvement. »

Le féroce général Polavieja s'est bien gardé, on le comprend, de faire la moindre allusion aux causes que nous avons analysées plus haut.

Mais sans aller jusqu'à attribuer au percement du canal de Suez une influence si décisive sur les événements d'Extrême-Orient, on doit constater que l'éveil des idées de liberté, d'indépendance, de nationalité fut une des forces les plus essentielles des mouvements révolutionnaires.

Tous les Tagals un peu fortunés envoyaient leurs fils faire des études sérieuses dans les grandes capitales européennes. Pendant plusieurs années, ces jeunes gens vivaient au contact de notre civilisation, constataient les progrès que fait, malgré tous les obstacles, notre monde moderne : ils appréciaient fort le respect de la liberté individuelle, si relatif soit-il, dont jouissent les peuples occidentaux ; ils sentaient dès lors se développer en eux, le goût de la liberté et de l'indépendance.

Avec la ferveur des néophytes, ils entraient volontiers en relations avec les hommes les plus avancés des pays où ils vivaient ; dans les groupes politiques, dans les cercles d'études sociales, ils entendaient parler d'émancipation ; ils écoutaient, le cœur bouleversé, l'âme tenaillée, flétrir la tyrannie, sous quelque forme qu'elle se traduise ; ils apprenaient ainsi que la résignation est un crime équivalant à la complicité et que tout homme conscient doit être un révolté contre les puissances de réaction et d'oppression.

Songez-vous à ce que pouvait être alors dans ces âme juvéniles le bouillonnement des pensées tumultueuses, concevez-vous la colère généreuse qui devait les faire frémir, avez-vous une idée de leur indignation impatiente, quand, au retour des lointains continents, où ils avaient connu la liberté, ils retrouvaient sur leur sol natal les mêmes abus, les mêmes injustices qui leur semblaient déjà inacceptables avant l'initiation décisive.

Comment leurs échines, qui avaient pu librement se redresser pendant plusieurs années, auraient-elles appris de nouveau à s'assouplir et à se ployer ? Comment ces cerveaux tout imprégnés de science récemment acquise auraient-ils pu consentir

à subir l'affreuse domination de la foi aveugle, in-
consciente? Comment ces hommes, épris de liberté,
auraient-ils pu redevenir esclaves?

Dès 1886, ce mouvement d'idées était déjà bien
puissant et Rizal, dans *Noli me tangere,* fait expliquer à un de ses personnages la transformation qui
s'était produite parmi les jeunes hommes revenus
des Universités d'Europe. Il faut encore reproduire
cette page quasi prophétique.

La conversation s'est engagée entre un vieillard
perspicace que sa sagesse fait traiter de fou et
qu'on a surnommé par dérision le philosophe, et un
jeune moine sceptique.

«— Le pays d'aujourd'hui n'est plus le pays d'il y
a vingt ans ! s'écrie le philosophe.

— Le croyez-vous ? demanda D. Filipo.

— Ne le voyez-vous pas? répondit le vieillard en
se redressant sur sa couche. Ah! c'est que vous
n'avez pas vu le passé et que vous n'avez pas étudié l'effet de l'immigration européenne, de l'introduction des nouveaux livres, des voyages de la jeunesse en Europe. Examinez et comparez : il est
vrai que la royale et pontificale Université de Santo
Tomas existe encore avec son sapientissime cloître
et que quelques intelligences s'y exercent encore à
formuler des distinguos et à utiliser les subtilités
de la scolastique; mais où voyez-vous maintenant
cette jeunesse de notre temps imprégnée de méta-
physique, d'instruction archéologique qui, l'encé-

phale torturé, mourait en sophistiquant dans un recoin de province, sans avoir achevé de comprendre les attributs de l'*ente*, sans avoir résolu la question de l'*essencia* et de l'*existencia*, concepts élevés sans doute, mais qui nous faisaient oublier les choses essentielles, notre propre existence, notre propre entité ? Voyez l'enfance d'aujourd'hui ! Pleine d'enthousiasme à la vue des plus larges horizons, elle étudie l'histoire, les mathématiques, la géographie, la littérature, les sciences physiques, les langues, toutes matières dont nous n'entendions parler qu'avec horreur comme autant d'hérésies ; le plus libre-penseur de notre époque n'hésitait pas à les déclarer inférieures aux catégories d'Aristote et aux lois du syllogisme. L'homme a compris enfin qu'il est homme ; il renonce à l'analyse de son Dieu, à pénétrer l'impalpable, à expliquer ce qu'il n'a pas vu, à donner des lois aux fantômes créés par son cerveau ; il comprend que son héritage est le vaste monde dont la domination est à sa portée ; las d'un travail inutile et présomptueux, il baisse la tête et examine ce qui l'entoure. Voyez maintenant comment naissent nos poètes ; les muses de la nature nous révèlent peu à peu leurs trésors et commencent à sourire pour nous enhardir au travail. Les sciences expérimentales ont déjà donné leurs premiers fruits : seul le temps les perfectionnera. Les nouveaux avocats se modèlent suivant la nouvelle philosophie du droit ; quelques-uns commencent à briller au milieu des ténèbres qui entourent notre tribune et annoncent un changement dans la marche des temps. Ecoutez ce que dit la jeunesse, visitez les centres d'enseignement, de nouveaux noms résonnent sous les voûtes de ces cloîtres où nous n'entendions citer que ceux de saint Thomas, de Suarez, d'Amat, de Sanchez et autres idoles de mon temps. En vain, du haut de la chaire, les moines clament contre la démoralisation, comme les vendeurs de poisson au marché contre l'avarice des acheteurs, sans vouloir remarquer que leur marchandise est désormais passée et hors d'usage ! En vain les couvents étendent leurs ramifications, leurs tentacules, pour étouffer partout l'ère nouvelle qui court ; les dieux s'en vont ; les racines de l'arbre peuvent affaiblir les plantes qui s'appuient sur lui, elles sont impuissantes contre les autres êtres qui, comme l'oiseau, montent triomphants vers les cieux.

» Le philosophe parlait avec animation, les yeux brillants.

— Cependant, le germe nouveau est bien faible ; si tous s'y efforcent, le progrès si cher acheté peut encore être étouffé, objecta D. Filipo incrédule.

— L'étouffer ! Qui ? L'homme, ce nain infime, étouffer le progrès, le fils puissant du temps et de l'activité ? Quand l'a-t-il pu ? Le dogme, l'échafaud et le bûcher tentèrent de l'arrêter, de le repousser. *E pur si muove*, disait Galilée quand les dominicains l'obligeaient à déclarer que la terre était immobile ; c'est aussi la devise du progrès humain. On violentera quelques volontés, on sacrifiera quelques individus, qu'importe : le progrès poursuivra sa route et le sang de ceux qui sont tombés fertilisera le sol d'où s'élèveront de nouveaux rejetons. Voyez ! la presse, si rétrograde qu'elle veuille être, fait aussi sans le vouloir un pas en avant ; les dominicains eux-mêmes n'échappent pas à cette loi ; ils imitent les jésuites, leurs irréconciliables ennemis, ils donnent des fêtes dans leurs couvents, élèvent de petits théâtres, composent des poésies, parce que, comme ils ne manquent pas d'intelligence bien que se croyant au xvᵉ siècle, ils comprennent que les jésuites ont raison s'ils veulent encore prendre part à l'avenir des peuples jeunes qu'ils ont instruits.

— Selon vous, les jésuites vont avec le progrès ? demanda étonné D. Filipo, pourquoi donc les combat-on en Europe ?

— Je vous répondrai comme le fit un ecclésiastique ancien, répliqua, en reposant sa tête sur l'oreiller, le philosophe dont la physionomie reprit son air moqueur. Il y a trois manières de marcher avec le progrès : devant, à côté et derrière ; les premiers le guident, les seconds le suivent, les derniers sont entraînés : c'est de ceux-là que sont les jésuites. Ils auraient bien voulu diriger le mouvement, mais comme ils le voient puissant, animé de tendances contraires aux leurs, ils capitulent, préférant suivre qu'être écrasés ou que rester au milieu de la route, seuls, dans l'ombre. A l'heure actuelle, aux Philippines, nous suivons la marche générale avec au moins trois siècles de retard : à peine commençons-nous à sortir du moyen âge : aussi les jésuites qui, en Europe, sont la réaction, vus d'ici, représentent le progrès ; les Philippines leur doivent leur instruction naissante, l'introduction des sciences naturelles, âme du XIX⁰ siècle, de même qu'elles doivent aux dominicains le scolasticisme, mort maintenant, en dépit de Léon XIII, car il n'y a pas de pape qui puisse ressusciter ce qu'a condamné le sens commun... Mais où allons-nous, demanda-t-il en changeant de ton. Ah ! nous entrons en ce moment dans une période de lutte ; vous entrez, devrais-je dire, car notre génération appartient déjà à la nuit, nous nous en allons. La lutte est entre le passé qui s'accroche, se cramponne avec des malédictions au vacillant château féodal, et l'avenir dont le chant de triomphe s'entend au loin dans les splendeurs d'une naissante aurbre et qui, des pays lointains, nous apporte la bonne nouvelle... Qui donc doit tomber et s'ensevelir sous les ruines de ce qui s'écroule ?

» Le vieillard se tut et voyant que D. Filipo le regardait pensif, il sourit et reprit :

— Je devine presque ce que vous pensez.

— Vraiment ?

— Vous pensez que je puis très bien me tromper, dit-il en souriant tristement ; aujourd'hui, j'ai la fièvre et je ne suis pas infaillible : *homo sum et nihil humani a me alienum puto*, disait Térence ; mais quelquefois on se permet de rêver ; pourquoi ne pas agréablement rêver aux dernières heures de la vie ? Et puis, je n'ai jamais vécu que de songes ! Vous avez raison ; je rêve ! nos jeunes gens ne pensent qu'aux amours et aux plaisirs : ils dépensent plus de temps et se donnent plus de travail pour tromper et déshonorer une fille que pour concourir au bien de leur pays ; nos femmes, pour s'occuper de la famille et de la maison de Dieu, oublient leur propre famille et leur propre maison : nos hommes n'ont d'activité que pour le vice, d'héroïsme que dans la honte ; l'enfance se réveille dans la routine et les ténèbres, la jeunesse vit ses meilleures années sans idéal, et l'âge mûr, stérile, ne sert qu'à corrompre la jeunesse de son exemple... Je me réjouis de mourir... *claudite jam rivos, pueri.*

— Voulez-vous quelque médicament ? demanda D. Filipo pour changer le cours de la conversation en voyant s'assombrir le visage du malade.

— Ceux qui meurent n'ont pas besoin de médicaments ; mais bien ceux qui restent. Dites à D. Crisostomo qu'il vienne me voir demain ; j'ai des choses très importantes à lui dire. D'ici quelques jours je m'en irai. Les Philippines sont dans les ténèbres.

» Quelques minutes après, D. Filipo, grave et pensif, quittait la maison du malade. »

On ne pouvait mieux déterminer sous forme d'argumentation, tantôt serrée et puissante, tantôt ironique et mordante, l'état d'âme de la jeunesse instruite et impatiente.

Ailleurs, c'est un homme du peuple émancipé par la douleur qui s'écrie :

« Sans la liberté pas de lumière ! Vous ne voyez pas la lutte qui se prépare, vous ne voyez pas le nuage à l'horizon ; le combat commence dans la sphère des idées pour descendre dans l'arène qui se teindra de sang ; écoutez la voix de Dieu, malheur à ceux qui voudront résister ! l'Histoire ne leur appartient pas.

» Ne voyez-vous pas comme tout s'éveille? Le sommeil a duré des siècles, mais un jour la foudre tombe et la foudre, au lieu de détruire, appelle la vie ; et voici que de nouvelles tendances aujourd'hui séparées s'uniront un jour, guidées par Dieu. Dieu n'a pas manqué aux autres peuples, il ne manquera pas non plus au nôtre ; sa cause est la cause de la Liberté ! »

Enfin, c'est un autre qui, exaspéré par les persécutions, perdant brusquement tout espoir d'obtenir justice par la conciliation et la persuasion, clame ses colères devant ses compatriotes frémissants :

« Maintenant les revers ont arraché le bandeau de mes yeux ; la misère et la solitude de ma prison m'ont instruit ; je vois aujourd'hui,l'horrible cancer qui ronge cette société, qui s'accroche à ses mains et qui doit être violemment extirpé. Ils m'ont ouvert les yeux, m'ont fait voir la plaie et me forcent à être criminel. Et puisqu'ils l'ont voulu je serai flibustier [1], mais flibustier véritable ; j'appellerai tous les malheureux, tous ceux qui, dans leur poitrine, sentent battre un cœur, tous ceux qui m'enviaient moi-même.... non je ne serai pas criminel, il ne l'est jamais celui qui lutte pour sa patrie, au contraire. Pendant trois siècles nous leur avons demandé leur amour, nous brûlions du désir de les appeler nos frères ! Comment nous ont-ils répondu ? Par l'insulte et la moquerie en nous déniant même la qualité d'êtres humains. Il n'y a pas de Dieu ! il n'y a pas d'espérance, il n'y a pas d'humanité, il n'y a rien que le droit de la force !

. . . .

» Non ! ne pas me venger serait un crime ; non ! ce serait lâcheté, puérilité de gémir et de pleurer quand il y a du sang et de la vie, quand le mépris s'unit à l'insulte et au défi ! J'appellerai ce peuple ignorant, je lui ferai voir ses misères, je lui montrerai qu'on ne le traite pas fraternellement ; il

1. Les Espagnols appelaient *flibustiers* aux Philippines non seulement les malandrins qui couraient la brousse et se livraient au vol et au pillage, mais ils donnaient le même qualificatif à tous les citoyens qui manifestaient quelque velléité de révolte et aspiraient à la liberté.

n'y a que les loups qui se dévorent et je leur dirai que contre cette oppression se lève et proteste le droit éternel de l'homme à conquérir sa liberté ! »

Ainsi parlait Rizal par la bouche de ses personnages imaginaires et on comprend ce qu'un tel langage pouvait produire sur des âmes déjà si bien préparées à la révolte, ce qu'une telle semence pouvait faire germer de moissons fécondes sur ce sol généreux où vibraient tant d'énergies déjà éveillées.

Dès lors, nous avons successivement dégagé, autant qu'on le peut faire dans la complexité infinie des mobiles humains, les causes principales de la révolution qui se prépare ; nous avons vu les oppresseurs tyranniques et rapaces multiplier les actes de brutalité et de prévarication ; nous avons compris à quel degré d'arbitraire, de cruauté et d'exploitation était arrivé le régime espagnol ; nous avons écouté les justes récriminations des victimes contre la servitude imposée par les moines ; nous avons entendu les sourds grondements de l'orage, les cris d'abord isolés puis de plus en plus nombreux des opprimés qui veulent secouer le joug, nous avons constaté l'éveil des intelligences et les sursauts des consciences pénétrées par les premières lueurs de la vérité. Les temps étaient proches où l'effervescence longtemps contenue devait soudain tout bouleverser et où d'un bout à l'autre de l'archipel, les hommes allaient se dresser à la voix d'Aguinaldo pour briser leurs chaînes et essayer de réaliser le rêve que formulait Rizal.

Celui-ci, hélas ! a payé de sa vie le crime d'avoir rêvé tout haut : il fut une des premières victimes de l'insurrection qu'il nous faut raconter. Mais nous avons déjà si souvent prononcé son nom qu'il paraît nécessaire, nous écartant un peu de l'ordre chronologique des événements, de faire immédiatement connaître davantage aux lecteurs l'éminent patriote, le grand poète, le vaillant écrivain qui servit aussi utilement son pays, la plume à la main, que d'autres avec des armes meurtrières.

José Rizal [1] était de pur sang tagal : il naquit en 1862 dans le pueblo de Calamba et fit ses études à l'Atenco municipal de Manille. C'est là que, dès l'âge de treize ans, il composa un mélodrame en vers *Junto al Pasig* qui lui valut d'être sacré poète par ses premiers admirateurs. Quelque temps après, une *Ode à la jeunesse Philippine* lui mérita le premier prix dans un concours littéraire.

Mais bientôt le jeune homme, devinant tout ce que lui laissait ignorer l'enseignement expurgé des jésuites, impatient de connaître toutes les vérités et de s'initier au prodigieux mouvement scientifique

1. Beaucoup de détails sur la vie et les œuvres de José Rizal m'ont été fournis par mon confrère Henri Lucas qui, en outre, m'a facilité singulièrement ma tâche par les traductions et un certain nombre de documents intéressants. Je lui adresse ici l'expression de ma vive gratitude. H. T.

du monde moderne, partit pour l'Espagne où il prit rapidement ses grades de docteur en médecine et de licencié en philosophie ès lettres.

De Madrid il commence une tournée à travers l'Europe et visite tour à tour Paris, Bruxelles, Londres, Gand, Berlin, Heidelberg et Wilhemsfeld, travaillant sans relâche à se perfectionner dans l'étude des langues. En quatre ans il était arrivé à en connaître dix parmi lesquelles le latin, le grec, l'hébreu et le japonais.

C'est en 1886 qu'il publia à Berlin *Noli me tangère*, l'ouvrage remarquable auquel nous avons déjà fait tant d'emprunts.

Son but, en l'écrivant, est expliqué avec infiniment de calme et de dignité dans la courte et belle préface que voici :

« A MA PATRIE.

» L'histoire des souffrances humaines nous révèle l'existence d'un cancer dont le caractère est tel que le moindre contact l'irrite et réveille les douleurs les plus aiguës. Chaque fois qu'au milieu des civilisations modernes j'ai pu l'évoquer, soit pour m'accompagner de tes souvenirs, soit pour te comparer aux autres pays, ta chère image m'est apparue comme rongée par un hideux cancer social.

» Désirant ta santé qui est notre bonheur et

cherchant le meilleur remède à tes souffrances, je ferai avec toi ce que faisaient les anciens avec leurs malades : ils les exposaient sur les marches du temple pour que tous ceux qui venaient adorer la Divinité leur proposassent un remède.

» Aussi m'efforcerai-je de décrire fidèlement ton état, sans atténuations ; je lèverai une partie du voile qui cache ton mal, sacrifiant tout à la vérité, même l'amour de ta gloire, mais, comme ton fils, aimant passionnément jusqu'à tes vices, jusqu'à tes faiblesses.

» Europe, 1886.

» José Rizal »

Par ce livre tout vibrant, comme on l'a vu, de patriotisme, d'amour de la liberté, de foi en l'avenir, de généreuse colère contre la tyrannie, Rizal avait voulu re connaître à l'Europe les misères des Phili es, le régime odieux auquel elles étaient soumises : mais il avait aussi souhaité réveiller les consciences endormies de ses compatriotes et porter un coup décisif aux congrégations dont il dénonçait les monstrueux abus.

Ce coup, il ne pouvait lui convenir de le frapper hors de portée des ennemis et bravement, en 1887, un an après la publication de l'ouvrage, Rizal revenait à Manille prendre la responsabilité de son œuvre.

Un an il lutta contre la meute hurlante des moines exaspérés ; un an il fut en butte à toutes les dénonciations, toutes les calomnies, tous les outrages et s'embarqua enfin, en 1888, pour le Japon, d'où il gagna les Etats-Unis.

Quelques mois après il vint se fixer à Londres.

C'est de là qu'il adresse à un de ses amis une lettre curieuse publiée par la *Gazette de Cologne*, lettre où il raconte les épreuves auxquelles il fut exposé pendant son séjour à Manille et où il donne des détails intéressants sur le retentissement qu'eut *Noli me tangere* [1] parmi ses amis et ses ennemis.

Voici ce document :

« J'ai reçu votre amicale lettre du 12 mars, retour des Philippines. Car j'ai quitté mon pays le 3 février ; j'ai voyagé, depuis, en Chine, au Japon, en Amérique, et je suis arrivé ici à la fin du mois dernier. J'y passerai probablement une couple d'années, J'espère que nous nous reverrons peut-être l'année prochaine : j'irai en Belgique chercher une nouvelle patrie (provisoire), je remonterai alors le Rhin, à partir de Rotterdam, et viendrai sûrement vous visiter, vous et votre famille, au milieu de laquelle

---

1. Le titre donné par Rizal à son livre lui fut évidemment inspiré par ses études de médecine. *Noli me tangere* est le nom donné à certains ulcères répugnants sur lesquels on ne saurait sans danger porter la main. C'est pour avoir mis le doigt sur les ulcères qui déshonoraient sa patrie que Rizal connut le martyr.

j'ai passé de si douces et si cordiales journées.

» C'est à cause de mon livre que j'ai dû quitter mon pays : le gouverneur m'a fait appeler pour m'en demander un exemplaire ; les prêtres étaient très excités. On voulait me poursuivre, mais on ne savait comment s'y prendre, tout ce que j'ai écrit étant historique, vrai et fidèle ; l'archevêque voulait m'anathématiser, etc. Je vis ici dans une excellente, famille. J'écris un nouveau livre. Le public des Philippines a fait un très bon accueil à *Noli me tangere,* l'édition est complètement épuisée. Le gouvernement et le clergé l'ont sévèrement interdit ; on ne l'en lit que davantage.

» Le récit de mon retour serait trop long à faire, et trop difficile à comprendre pour ceux qui ne connaissent pas de près ce que c'est que la vie aux Philippines. Ma famille m'empêchait d'accepter à dîner chez n'importe qui, de peur qu'on m'empoisonnât. Amis et ennemis me lisaient: ceux-ci brûlaient les exemplaires de mon livre, ceux-là les payaient jusqu'à 50 dollars l'un. Les libraires ont gagné beaucoup d'argent. Moi seul je n'ai rien gagné. Tous les prêtres réclamaient mon bannissement, mais le gouverneur leur répondait qu'ils n'avaient qu'à me déférer à la justice, qui dirait s'il y avait quelque chose à me reprocher. C'est pourquoi, afin de donner quelque tranquillité à mes parents, je quittai le pays.

» Me voici de nouveau sur une terre libre,

respirant la libre atmosphère de l'Europe. Mes compatriotes m'estiment heureux d'avoir pu revenir vivant des Philippines. Je pense au plongeur de Schiller : j'ai vu des choses horribles, des monstres m'ont étreint dans leurs anneaux, mais avec l'aide de Dieu, me voici de nouveau à la surface !

» Mais je recommencerai ! »

De 1888 à 1891, Rizal habita successivement Londres, Paris, Gand et Madrid. Dans cette dernière ville, partageant sa vie entre ses travaux littéraires et des œuvres de polémique, il mena une vigoureuse campagne en faveur de sa patrie, essayant de faire comprendre à l'Espagne que des réformes étaient nécessaires si l'on voulait éviter une catastrophe. Car, à cette époque, Rizal croyait encore sincèrement à la possibilité d'une entente avec l'Espagne : il aurait accepté volontiers la Métropole, si celle-ci avait daigné accorder à sa colonie d'Extrême-Orient un régime tolérable ; il ne fut naturellement pas écouté.

Mais Rizal n'était pas de ceux qu'on peut décourager, et puisqu'on refusait d'écouter sa voix à Madrid, il résolut, bravant tous les périls, d'aller porter ses avertissements à ceux-là mêmes qui avaient la charge de gouverner les Philippines.

De Hong-Kong, où il vient d'arriver, il adresse la lettre suivante au général Despujol, alors capitaine général des îles :

« Si Votre Excellence croit que mes faibles services puissent lui être utiles pour lui indiquer les maux du pays et l'aider à cicatriser la plaie ouverte par les récentes injustices, qu'elle le dise et, confiant dans votre parole de gentilhomme, certain que vous ferez respecter mes droits de citoyen, je me mettrai immédiatement aux ordres de Votre Excellence qui verra et jugera la loyauté de ma conduite et la sincérité de mes engagements. Si elle repousse mon offre, Votre Excellence saura ce qu'elle fait, mieux que personne; mais j'aurai dans l'avenir la conscience d'avoir fait tout ce que je devais faire, sans cesser de rechercher le bien de ma patrie, la conserver à l'Espagne par une politique solide, basée sur la justice et la communauté des intérêts. »

La réponse se fit attendre quelques mois, mais elle vint, et Despujol, en donnant sa parole de garantir la sécurité et la liberté de Rizal, l'engageait vivement à se rendre à Manille.

Malgré les instances de ses amis qui prévoyaient un piège, le poète s'embarqua en juillet 1892 et quelques jours après mit le pied sur le sol natal.

Ce Despujol, auquel Rizal venait ainsi d'accorder sa confiance, était le même homme qui, plus tard, en qualité de gouverneur de Barcelone, devait présider aux tortures de Monjuich. On pense ce que pouvait valoir la parole d'un pareil monstre.

Aussi Rizal, à peine débarqué, fut-il aussitôt arrêté et déporté pour un temps illimité à Dapitan, dans l'île de Mindanao.

Là, malgré les persécutions et les menaces, l'âme vaillante de Rizal semble s'être pleinement épanouie, et son activité redouble. Tantôt il se laisse aller à ses rêveries de poète et chante avec ferveur les charmes et la splendeur de la nature qui l'entoure; tantôt il se plonge avec assiduité dans des études scientifiques et prépare un traité philologique sur la langue tagale; tantôt il se livre avec passion à des œuvres philanthropiques, fonde des écoles gratuites et une clinique ophtalmologique où les malades pauvres sont soignés sans bourse délier, où les riches arrivent de tous les points de l'Extrême-Orient.

En dépit de la surveillance dont il est l'objet, il paraît être alors à la période la plus heureuse de son existence : entouré de la vénération de tous, il songe à se créer une famille et s'éprend d'une jeune fille d'origine irlandaise avec laquelle il échange l'anneau des fiançailles.

Sans doute, c'est à cette fiancée, alors imaginaire, qu'il songeait déjà lorsqu'il écrivait ces lignes exquises où le poète révèle son âme délicate et sensible, son cœur tout plein de tendresse passionnée; c'est à elle que s'adressait d'avance cette douce chanson d'amour qu'il put murmurer plus tard à l'oreille de son amante, par une de ces chaudes nuits des tropiques aux troublantes senteurs :

« En Allemagne, à la chute du jour, lorsque trop rarement les trilles variés du rossignol venaient charmer mon oreille, c'était ta présence qui inspirait le céleste chanteur. Si j'ai pensé à toi ! La fièvre de ton amour donnait une âme aux brouillards et réchauffait les glaces de ces pays du Nord. En Italie, le beau ciel azuré, par sa limpidité et par sa profondeur, me parlait de tes yeux, les gracieux paysages me redisaient ton sourire, comme les campagnes d'Andalousie, embaumées d'aromes, peuplées de souvenirs orientaux, remplies de couleur et de poésie, m'entretenaient de ton amour.

» Dans les nuits de lune, de cette somnolente lune d'Europe, je me demandais, voguant dans une barque sur le Rhin, si je ne pourrais pas tromper ma fantaisie pour te voir apparaître, entre les peupliers de la rive, assise sur un rocher, ou bien chantant au milieu des ondes, dans le silence de la nuit, comme la jeune fée des consolations, chargée d'égayer la solitude et la tristesse de ces vieux châteaux ruinés. J'errais par les bois peuplés de ces fantastiques créatures, filles de poètes, remplis de mystérieuses légendes des générations passées. Je prononçais ton nom, je croyais te voir dans la brume s'élevant du fond de la vallée, je croyais t'écouter dans le murmure des feuilles ; et quand les paysans, revenant du travail, faisaient entendre au loin leurs refrains populaires, il me semblait que ces accents s'harmonisaient avec mes voix intérieures, qu'ils chantaient pour toi, qu'ils donnaient une réalité à mes illusions et à mes rêveries.

» Parfois, je me portais dans les sentiers des montagnes et la nuit qui, là-bas, descend très lentement, me trouvait encore vaguant, cherchant mon chemin entre les pins, les hêtres et les chênes ; si quelque rayon de lune se glissait entre les branches touffues, je croyais te voir au milieu du bois comme une ombre vague, tour à tour paraissant à la lumière et se cachant dans les épaisses ténèbres des profonds taillis ! »

Combien de ceux qui traitent aujourd'hui les Tagals de barbares et de sauvages seraient capables d'écrire une page d'une pareille fraîcheur sentimentale, d'une poésie aussi charmante ?

Donc, Rizal était à la veille de goûter les joies infinies d'une union longtemps souhaitée quand il fut à nouveau cruellement frappé par le sort.

C'est au milieu d'août 1896 que se manifestèrent les signes avant-coureurs de l'insurrection prochaine et le maréchal gouverneur Blanco crut pouvoir réprimer les menées révolutionnaires par des arrestations nombreuses.

Vers la fin d'août, Rizal, encore une fois arrêté à Dapitan, fut transféré à Manille et embarqué sans plus tarder à bord du paquebot *Isla de Panay*, qui devait le conduire à Madrid, où il serait mis à la disposition des ministres de la guerre et des colonies.

Dès son arrivée à Barcelone, le 6 octobre, il fut traité comme un prisonnier dangereux et traîné à la citadelle de Monjuich où il retrouvait Despujol, le général félon qui, quatre ans auparavant, avait manqué à la parole donnée.

Despujol avait reçu les instructions précises des moines haineux qui, à travers les mers, poursuivaient Rizal de leurs impitoyables rancunes. Comprenant qu'un procès était impossible, qu'aucune preuve sérieuse n'aurait pu être invoquée, le général bourreau trouva le plus sûr moyen de perdre son prisonnier et le réexpédia à Manille.

Le 23 octobre, Rizal débarquait à nouveau sur le sol des Philippines et se voyait aussitôt incarcéré au fort de Santiago.

Peut-être le poète aurait-il eu la vie sauve si le maréchal Blanco, relativement humain, avait gardé le pouvoir; mais celui-ci fut bientôt remplacé par le général Polaviéja, une bête fauve qui devait aux Philippines se montrer le digne émule de Weyler à Cuba.

A Polaviéja, il fallait du sang, et celui de Rizal allait bientôt couler.

C'est la fiancée du poète qui va nous apporter son témoignage sur le simulacre de procès intenté à Rizal et sur la façon tragique dont fut exécutée la sentence le 30 décembre 1896 :

« Le monde entier, dit-elle, connaît la dérision du procès qui fut intenté à Rizal. Non seulement il n'y avait contre lui aucune preuve, mais même aucun grief articulé. On lui reprochait son livre, rien que son livre, et les officiers espagnols qui composaient le conseil de guerre ne l'avaient même pas lu pour la plupart. Ils rendirent néanmoins un arrêt de mort, bien que Rizal n'ait cessé de protester de son innocence.

» Il devait être exécuté le lendemain au lever du soleil. C'est alors que je demandai à l'épouser, et si on m'y autorisa, c'est dans l'espoir que cette séparation ajouterait aux tortures du martyr.

» Le mariage fut célébré par un moine le soir même de l'arrêt du conseil de guerre. Je passai toute la nuit en prières à genoux devant la porte de la prison où mon mari était enfermé. Quand l'aube parut, les portes s'ouvrirent, et Rizal sortit entouré des soldats qui devaient le fusiller. Il avait les mains liées derrière le dos et marchait d'un pas ferme. On le conduisit à la Luneta, la promenade favorite des habitants de Manille, dont on a fait, depuis l'insurrection, le lieu des exécutions capitales. Quand il fut parvenu au lieu du supplice, le lieutenant espagnol, qui commandait le peloton, lui demanda : « Rizal, où voulez-vous qu'on tire ? » « Droit au cœur, répondit mon mari d'une voix ferme. — Impossible ! réplique le lieutenant ; il n'y a que les condamnés de haut rang qui aient le droit d'être fusillés de cette manière. Vous serez fusillé dans le dos ! » Il y eut un moment de silence, puis

les détonations partirent, et la victime d'un des
plus odieux forfaits de l'Espagne tomba mortellement frappée. « Viva Espana ! », crièrent les soldats. Et je criai, moi : « Vivent les Philippines !
Mort à l'Espagne ! »

» Je demandai le corps de mon mari, il me fut
refusé. Mais je fis le serment de venger sa mort.
Avec un revolver et un poignard, je gagnai le
camp des rebelles. On me promit de m'aider dans
ma tâche, et on me donna un fusil Mauser pris aux
troupes espagnoles. Maintenant les Philippins vont
enfin secouer un joug détesté, je suis suprêmement
heureuse ! »

Celle qui écrivit si sobrement ces lignes fré-
missantes de noble colère était bien digne d'être la
compagne du poète qui, la nuit précédant son exécution, tandis que sa femme sanglotait à la porte de
la prison, composa les strophes sublimes qu'on va
lire et fit à sa patrie les suprêmes adieux que
voici [1] :

Adieu, patrie, adieu, pays chéri du soleil,
Perle de la mer d'Orient, notre Éden perdu.
Je vais, joyeux, te donner ma triste et sombre vie,
Et fût-elle plus brillante, plus fraîche, plus fleurie,
Je la donnerais encore pour toi, je la donnerais pour ton
[bonheur.

1. J'ai reçu d'un jeune avocat de La Rochelle, qui signe de son
pseudonyme André Mérys, une adaptation en vers français de ces
dernières strophes de Rizal. Je crois faire plaisir aux lecteurs en

Sur les champs de bataille, dans les délices des luttes,
D'autres s'offrent tout entiers, sans hésitation, sans remords :
Qu'importe le lieu du sacrifice, les cyprès, le laurier ou le lys,
L'échafaud ou la rase campagne, le combat ou le supplice
                                          [cruel,
L'holocauste est le même quand le réclament la patrie et le
                                          [foyer.

Je me meurs au moment où je vois se colorer le ciel
Quand surgit enfin le jour derrière la cagoule endeuillée de
                                          [la nuit ;
S'il te faut de la pourpre, pour teindre ton aurore,
Prends mon sang, épands-le à l'heure propice
Et que le dore un reflet de sa naissante lumière !

———————

reproduisant ici cette pièce inspirée par une admiration émue pour
le poète-martyr.

ADIEUX DE RIZAL A SA PATRIE.

A Monsieur Henri Turot.

Adieu, Patrie, adieu ! Je te donne ma vie,
Perle des mers, ma triste vie en souriant ;
Je voudrais, la cueillant plus fraîche et plus fleurie,
Eden perdu, pays du soleil, ô Patrie,
T'apporter le bonheur en la sacrifiant.

Un autre, succombant dans l'ardeur des batailles,
S'offrira sans regret, sans remords, tout entier :
Mais qu'importent le lieu, l'heure, les funérailles,
Lauriers, lys ou cyprès, échafaud ou mitrailles,
Lorsqu'on meurt à l'appel du Pays, du Foyer !

Et je pars à l'instant où vient l'aube nouvelle
Soulever le manteau de crêpe de la nuit.
Puisqu'il faut, pour te faire une aurore plus belle,
La pourpre de mon sang, prends-la donc, puisse-t-elle
Se dorer d'un reflet du jour qui déjà luit !

Mes rêves d'enfant à peine adolescent,
Mes rêves de jeune homme déjà plein de vigueur;
Furent de voir un jour, joyau de la mer orientale,
Tes yeux noirs séchés, ton tendre et doux front relevé,
Sans pleurs, sans rides, sans stigmates de honte.

Songe de ma vie entière, ô mon âpre et brûlant désir !
Salut ! te crie mon âme qui va bientôt partir !
Salut ! oh qu'il est beau de tomber pour que ton sol soit libre,
De mourir pour te donner la vie, de mourir sous ton ciel
Et de dormir éternellement sous ta terre enchantée !

Sur mon sépulcre si tu vois poindre un jour
Dans l'herbe une simple, une humble fleur,
Approche-la de tes lèvres et y embrasse mon âme,
Que je sente sur mon front descendre dans la tombe glacée
Le souffle de sa tendresse, la chaleur de ton haleine.

———————

Enfant, adolescent, jeune homme à l'âme prompte,
J'ai rêvé de te voir un jour, joyau des mers,
Levant ton tendre front sous le joug qui le dompte,
Effacer de ce front les rides et la honte
Et de tes grands yeux noirs tarir les pleurs amers.

O Pays bien-aimé, vers qui volait mon rêve,
Salut ! Rizal demain meurt pour ta liberté !
Salut ! Oh qu'il est beau le destin qui s'achève
En une telle fin sous ton ciel, sur ta grève,
Dans l'éternel sommeil sous ton sol enchanté !

Si tu vois sur ma tombe un jour dans l'herbe épaisse
S'ouvrir une humble fleur, en signe du passé
Baise en elle mon âme et donne-moi l'ivresse
De sentir ton haleine et ta chaude tendresse
Descendre sur mon front dans mon tombeau glacé !

Laisse la lune m'inonder de sa lumière tranquille et douce,
Laisse l'aube épanouir sa fugace splendeur,
Laisse gémir le vent en long murmure grave,
Et si quelque oiseau, sur ma croix, descend et se pose,
Laisse l'oiseau chanter son cantique de paix.

Laisse l'eau des pluies qu'évapore le brûlant soleil,
Remonter pure au ciel emportant ma clameur.
Laisse un être ami pleurer ma fin prématurée,
Et, par les soirs sereins, quand une âme pour moi priera,
Prie aussi, ô patrie, prie Dieu pour mon repos.

Prie pour tous ceux qui moururent sans joie,
Pour ceux qui souffrirent d'inégalables tourments.
Pour nos pauvres mères gémissant leur amertume,
Pour les orphelins et les veuves, pour les prisonniers qu'on
[torture
Et puis aussi pour toi qui marche à la rédemption finale.

Que la lune me verse une douce lumière !
Laisse l'aube allumer en hâte le matin ;
Laisse gémir du vent la plainte familière ;
Si quelque oiseau parfois se pose sur ma pierre,
Laisse l'oiseau chanter son cantique divin.

Laisse au brûlant soleil la pluie évaporée
Remonter pure au ciel en y portant mes cris ;
Laisse un ami pleurer ma fin prématurée ;
Et par les calmes soirs, lorsqu'une âme inspirée
Priera pour moi, prie avec elle, ô mon Pays !

Tu prieras pour tous ceux qui moururent sans joie,
Pour tous ceux que punit un injuste tourment,
Nos mères, l'orphelin, la veuve, triste proie
Du deuil, le prisonnier que la torture broie,
Et tu prieras pour toi, pour l'affranchissement.

Quand, dans la nuit obscure, s'enveloppe le cimetière,
Et que seuls, les morts abandonnés y veilleront,
Ne trouble pas le repos, ne trouble pas le mystère ;
Si parfois tu entends un accord de cythare ou de psaltérion,
C'est moi, chère patrie, c'est moi qui te chanterai !

Et quand ma tombe, de tous oubliée,
N'aura plus ni croix, ni pierre qui marque sa place,
Laisse le laboureur y tracer un sillon, la fendre de sa houe,
Et que mes cendres, avant de retourner au néant,
Se mélangent à la poussière de tes pelouses !

Lors, peu m'importe que tu m'oublies,
Je parcourrai ton atmosphère, tes rues,
Je serai pour ton oreille la note vibrante et limpide,
L'arome, la lumière, les couleurs, le bruit, le chant aimé,
Répétant à jamais le principe de ma foi.

———————

Quand l'ombre de la nuit voilant le cimetière,
Les morts abandonnés veilleront en secret,
De leur profond repos respecte le mystère ;
Si parfois retentit la cithare légère,
O mon Pays, c'est moi, moi qui te chanterai !

Lorsqu'un jour nulle croix sur ma pierre oubliée
Ne dira plus la tombe où je dors enfermé,
Que par le laboureur la terre soit fouillée,
Afin qu'avant d'être au néant éparpillée
Ma poussière se mêle à ton sol bien-aimé !

Ma cendre ainsi pourra voler par l'atmosphère ;
Et si l'oubli te vient de qui mourut pour toi,
Je revivrai du moins dans la chaude lumière,
Les couleurs, les parfums, la chanson douce et fière
Qui redira toujours la cause de ma foi.

Patrie idolâtrée, douleur de mes douleurs,
Chères Philippines : écoute l'ultime adieu :
Je laisse tout ici, ma famille, mes amours,
Je m'en vais où il n'y a ni esclaves, ni bourreaux, ni tyrans,
Où la foi ne tue pas, où celui qui règne est Dieu !

Adieu, parents, frères, parcelles de mon âme,
Amis de mon enfance, du foyer perdu.
Rendez grâce ! je me repose après le jour pénible.
Adieu, douce étrangère, mon amie, ma joie,
Adieu, êtres aimés, mourir c'est se reposer !

Ayant ainsi chanté, Rizal mourut en paix et donnant à ses compatriotes le grand exemple d'une vie tout entière consacrée à la cause de la liberté. Ils le comprirent d'ailleurs, et Rizal a laissé dans la mémoire des Philippins un ineffaçable souvenir. On ne parle de lui que les larmes aux yeux, et un autre grand poète, Paterno, que nous verrons jouer plus

---

Douleur de mes douleurs, ô ma chère Patrie,
A tout ce que j'aimais écoute mon adieu :
Où je vais, il n'est plus ni lâche tyrannie,
Ni bourreaux, ni captifs, l'injustice est bannie,
Nul ne meurt pour sa foi, celui qui règne est Dieu.

Adieu, frères, parents, parcelles de mon âme,
Amis de mon foyer désormais vide et clos !
Adieu, douce étrangère, ô chère et pure flamme,
O ma joie ! Il est temps, et la paix me réclame.
A tous adieu ! La mort c'est l'éternel repos.

D'après Rizal.
JACQUES-ANDRÉ MÉRYS.

tard un rôle politique prépondérant, célébra ainsi
son martyr :

> Sur la Luneta que le plaisir a formée
> Entre les vagues de la mer et les belles fleurs
> Tel qu'un nid d'amour pour la jeunesse
> Se dresse l'autel du Rizal héroïque.
>
> Qu'elle était noble cette tête qui se livre
> Au supplice des oppresseurs infâmes.
> Quel matin de célestes clartés
> Eclaira sa mort digne d'envie !
>
> L'Iris se lève et teint les nuages de feu
> En couronnant les tempes
> De Rizal le martyr qui mourut en criant :
>
> « O ma patrie, de ta splendeur l'heure est arrivée,
> » Un soleil, derrière moi, répand la liberté.
> » Moi, je suis l'aurore de la Rédemption ! »

Peut-être trouvera-t-on que j'abuse de la citation :
mais, en vérité, quel meilleur moyen de faire connaître les hommes que de les montrer agir et de
laisser entendre leurs voix ? Le simple exposé d'un
fait précis, la lecture d'un document authentique,
valent mieux, à mon sens, au point de vue historique, que les commentaires les plus éloquents. Et
le lecteur me saura gré, j'imagine, de m'être volon-
tairement effacé pour laisser le plus souvent possible la parole à ceux-là mêmes qui vécurent les
événements dont nous nous préoccupons.

CHAPITRE IV

MOINES ET GÉNÉRAUX

Les causes immédiates de l'insurrection. — Discours d'officiers. — Les premières journées. — Les horreurs de la répression. — Le trou de la mort. — La cruauté de Polavieja. — Les exécutions de Manille. — Dans la province de Cavite. — Le traité de Biak-Na-Bato.

Nous avons, dans le chapitre précédent, étudié les causes plus ou moins lointaines de l'insurrection et nous avons constaté qu'il suffisait d'une étincelle pour mettre à feu et à sang l'archipel des Philippines où l'oppression espagnole et la tyrannie monacale avaient mis à bout la patience et la résignation des indigènes.

L'exaspération fut portée à son comble par les impudentes paroles que prononcèrent, dans un banquet de corps, des officiers de l'armée espagnole. Tous ceux qui parlèrent dans ce banquet préconisèrent une politique « d'extermination de ces bêtes sauvages dans leurs terriers » et déclarèrent qu'il ne fallait faire aucun quartier mais « détruire jusqu'au dernier ces infâmes gredins ».

Presqu'au même moment. arrivait de Madrid l'ordre d'augmenter les impôts déjà si écrasants. Dès que la nouvelle fut connue, les cabezas de barangay, collecteurs d'impôts responsables — nous l'avons vu plus haut — s'enfuirent, et du 26 au 31 août la révolution éclata dans la province de Manille et de Cavite.

« Ce fut, dit Aguinaldo, en ces jours mémorables que les habitants de Balentavack, Santa Messa, Kalookan, Kyroit, Novelito et San Francisco de Malabar se soulevèrent contre les Espagnols et proclamèrent l'indépendance des Philippines. Pendant les cinq journées qui suivirent, les autres villes de la province de Cavite se joignirent à la rébellion contre le gouvernement espagnol, quoiqu'il n'y eût pas d'entente pour une révolte générale. Les derniers qui entrèrent dans le mouvement ne firent qu'imiter le noble exemple de ceux qui avaient pris l'initiative. »

Les premières troupes indigènes qui furent opposées aux insurgés firent cause commune avec eux, ce qui leur fournit un certain nombre de fusils et de munitions. Mais l'armement des Tagals consistait surtout en sabres-baïonnettes, couteaux, massues, revolvers, arcs, flèches et bolos. Le bolo est un poignard de 18 pouces de long avec une lame en acier massif, fort mal aiguisé, fort peu tranchant, mais capable de faire, dans une lutte corps à corps, de terribles blessures.

Tel était l'irrésistible élan des troupes révolutionnaires indisciplinées mais ardentes, que les Espagnols, peu préparés à un aussi brusque assaut, durent reculer précipitamment et que le maréchal Blanco fut obligé de prendre des mesures rapides. Il décréta l'état de siège, demanda d'urgence des renforts à Madrid, fit venir de Jolo et de Mindanao toutes les forces disponibles et organisa la résistance.

Quand l'arrivée des renforts permit aux troupes royales de reprendre l'offensive, les moines siégèrent dans les cours martiales qui jugèrent les rebelles prisonniers et les condamnèrent à peu près universellement à mort.

Toutes les tortures de l'inquisition furent remises en vigueur et les Tagals connurent les horreurs du « Trou de la mort ».

Le « Trou de la mort » est un cachot infect, creusé dans les fondations des remparts qui dominent le fleuve Pasig. Depuis plus de cent ans, ce cachot avait été abandonné. Il était à demi plein d'eau corrompue et infesté de rats, de serpents et de vermine de toute espèce. C'est là qu'on enferma des prisonniers. Le lieutenant qui les gardait fit clore pendant la nuit l'unique trou par lequel quelques bouffées d'air respirable pouvaient encore pénétrer. Le lendemain tous étaient morts ! je me trompe, une des victimes survécut et s'échappa de cet enfer : c'est elle-même que nous allons entendre raconter les détails de cet horrible épisode.

« En août, dit Tung-Tao [1], je faisais à cheval, avec un détachement d'une centaine de mes métis, une reconnaissance dans la forêt aux abords de Manille. J'avais près de moi mes frères Tung-Illin et Tung-Dow. Nous nous heurtâmes à un détachement de cavalerie espagnole plus nombreux que le nôtre et dûmes battre en retraite. Elle nous était coupée par une colonne d'infanterie. Nous luttions corps à corps, buttant sur les blessés, aveuglés par la fumée, quand je perdis connaissance, frappé d'un coup de sabre à la tête. Lorsque je revins à moi, nombre de mes hommes gisaient morts ; les autres déchiraient leurs vêtements en lanières pour panser leurs blessures. En face, assis sur le cadavre d'un cheval, quatre Espagnols fumaient. Je leur demandai un peu d'eau à boire. Ils me refusèrent avec des rires insultants, et l'un d'eux, se levant, vint à moi et me rejeta par terre d'un coup de poing au visage. Je ne dis rien... Un métis se tait, mais se venge.

» Les frères étaient garrottés à mes côtés. En tout, nous étions soixante-dix prisonniers. Les plus grièvement blessés furent achevés sur place à coups de bâton. On ne me tua pas parce que, étant un chef, les inquisiteurs me réservaient une mort

---

1. Ce récit est emprunté à l'ouvrage de M. Tarrida del Marmol, *Les Inquisiteurs d'Espagne*, Paris, 1897.

plus lente et plus affreuse. Liés deux à deux, nous fîmes notre entrée à Manille attachés à la queue des chevaux. »

Tung-Tao raconte ensuite qu'une centaine d'autres prisonniers attendaient sur la place. Le convoi, composé de cent soixante-dix hommes, fut conduit, sous bonne escorte, à un donjon adossé aux fortifications et auquel donnait accès une porte étroite et doublée de fer. Au centre du plafond, une trappe à barreaux de fer permettait de surveiller l'intérieur. L'air manquait dans cet espace restreint : les prisonniers étouffaient et se tassaient près de la porte pour respirer, à tel point que l'entrée en était obstruée. Ce que voyant, les bourreaux fermèrent la porte. Mais, au-dessus des victimes, la trappe s'ouvrit, donnant passage au corps d'un blessé, puis d'un autre, et d'autres encore, une dizaine environ, auxquels ils durent faire·place, resserrant encore leurs rangs. Quelques heures après, la porte s'ouvrit. Une bouffée d'air respirable pénétra dans la prison, mais les malheureux qui, agonisant dans l'atmosphère empestée, tentèrent de se rapprocher de l'issue, furent repoussés à coups de sabre.

On emmena le frère d'Han-Kai, l'un des plus braves chefs métis de Batabgas. Une heure plus tard, on le rejetait par la trappe ; il avait les yeux arrachés et la plante des pieds brûlée. En reconnaissant son frère, Han-Kai avait poussé un cri de rage. Hissé sur les épaules de ses compagnons, il atteignit l'un des barreaux de la trappe et s'y cramponna. Un lieutenant espagnol veillait et se pencha pour lui faire lâcher prise ; mais Han-Kaï, de son bras libre, l'étreignit par le cou et l'étouffa. Cependant des soldats arrivèrent et hachèrent de coups de sabre les bras et les mains de Han-Kaï qui retomba tout sanglant et la gorge ouverte entraînant avec lui le cadavre du lieutenant.

Les prisonniers continuaient à râler dans leur caveau sans air. On n'ouvrit la porte que le lendemain matin. Cinquante-quatre Philippins étaient morts asphyxiés tandis que les autres, en proie au délire, s'achevaient mutuellement, cherchant dans la mort la cessation de leurs intolérables souffrances. Quant à Tung-Tao, témoin, acteur et narrateur de ce drame épouvantable, il feignit d'être mort. On le crut tel et on le jeta dans le charnier où s'empilaient les cadavres. Quand la nuit vint il sortit, se traîna jusqu'au port et réussit à se cacher à bord d'un navire en partance pour Hong-Kong.

Il faut dire, à l'honneur du maréchal Blanco, que de telles infamies se passaient à son insu et qu'il les blâma sévèrement lorsqu'il en eut connaissance.

Le maréchal n'avait point une âme de bourreau et rêvait au contraire de pacifier l'archipel en montrant une certaine douceur et un louable esprit de conciliation.

L'insurrection avait établi son quartier général dans la presqu'île de Cavite : le maréchal s'était efforcé de l'attaquer par deux côtés à la fois : une colonne sous les ordres du général Rios devait marcher de Cavite sur Noveletta ; la seconde, commandée par le général Aguirre, devait se diriger à l'est de Calamba vers Talisay et Silang.

La première colonne fut repoussée et le maréchal Blanco essaya d'entrer en pourparlers avec l'armée révolutionnaire.

Aguinaldo se déclarait prêt à déposer les armes aux conditions suivantes : représentation des Philippines au Parlement Espagnol ; réforme du système d'impôts dans les îles ; diminution du pouvoir civil des moines et rappel en Espagne des fonctionnaires les plus éhontés parmi les prévaricateurs. Le maréchal trouvait ces conditions acceptables et avait promis de les transmettre à Madrid en insistant pour qu'elles soient bien accueillies : tout faisait donc prévoir une solution satisfaisante et une pacification prochaine.

Mais le sang n'avait point suffisamment coulé au gré des moines toujours insatiables et ils entreprirent contre Blanco une campagne de mensonges et de calomnies qui devait réussir. Le 31 octobre, l'archevêque de Manille et les supérieurs des communautés religieuses adressaient au procureur des dominicains à Madrid le télégramme que voici ; « Situation grave. Rébellion s'étend. Apathie Blanco inexplicable. Pour conjurer péril nommer autre chef. Opinion unanime. Archevêque, supérieurs. »

En même temps l'*Imparcial* recevait cette dépêche :
« Si gouvernement ne prend pas mesures énergiques destituant Blanco et nommant par télégramme un autre général, situation insoutenable.
Plus de 25,000 rebelles armés. Insurrection augmente province Batangas. Province Cavite entièrement soulevée. Espagnols prennent fuite et se
réfugient à Manille. Prions *Imparcial* avertir la
Reine. »

Autant de mots, autant de mensonges impudents
car nous venons de voir au contraire qu'à cette
époque l'insurrection était concentrée dans les
environs de Cavite, et que des pourparlers de paix
étaient engagés.

Mais les dépêches de l'Archevêque et des Supérieurs n'en produisirent pas moins leur effet : sous
la pression des Ordres, sous la menace d'une
campagne de presse, M. Canovas del Castillo,
toujours disposé d'ailleurs aux mesures brutales,
révoqua le maréchal Blanco et lui donna pour
successeur le général Polaviéja.

Avec celui-ci les cruautés reprirent ou plutôt
continuèrent avec une nouvelle violence.

On massacra les indigènes sans relâche et la
Luneta, le champ d'exécution, devint de plus en
plus à la mode : c'est là que la haute société espagnole vient se délecter à la vue des souffrances des
suppliciés. Une journée d'exécution est considérée
comme une journée de réjouissance publique à

l'usage du grand monde. La fête est annoncée avec fracas par les journaux qui en donnent le programme avec un luxe inouï de détails. Il y a toujours une musique militaire qui prête son concours et les bâtiments publics sont ornés de drapeaux: les bâtiments à l'ancre sont pavoisés. Cela se passe généralement le matin à la fraîche ; des centaines de dames du meilleur monde et des messieurs élégants, tous en grande toilette, honorent l'exécution de leur présence. Les spectateurs, debout dans leurs voitures, font sauter les bouchons de champagne en attendant que l'heure sonne. Puis, quand le lieutenant qui commande le peloton a abaissé son sabre et que la fusillade retentit, les dames agitent leurs mouchoirs et leurs ombrelles en signe de joie.

Le peloton d'exécution se compose de cinq hommes placés à environ 10 mètres du condamné. Jadis on employait principalement à cette odieuse besogne les soldats indigènes. Mais ceux-là étaient du fond du cœur avec les insurgés et pour ne pas assumer la responsabilité de la blessure mortelle, ils visaient soit à la jambe, soit au bras. Cela, bien entendu, ne faisait qu'ajouter à l'horreur du supplice. Il y eut une séance où furent exécutés treize membres d'une société secrète révolutionnaire. Pas un de ces treize malheureux ne fut tué à la première décharge. Dans la majorité des cas, il en fallut trois ou quatre et même une fois cinq avant que le chirurgien déclarât que le supplicié avait cessé de vivre. Quand le dernier fut bien mort, on donna le signal et la musique militaire se mit à jouer la polka la plus gaie de son répertoire.

Mais la plus épouvantable exécution dont on ait gardé le souvenir est sans contredit celle qui eut lieu au mois de novembre 1897. Le condamné était un enfant de dix-huit ans. A la première décharge, il tomba sur le sol, mais il n'était pas blessé mortellement. Une seconde décharge fut faite à une distance moindre, et accentua simplement son agonie. Cette seconde décharge fut suivie d'une troisième. Le chirurgien-major fit aussitôt un signe que le chef de musique interpréta faussement, car il commença une musique joyeuse pendant que le régiment, croyant tout fini, défilait pour regagner sa caserne. Le chirurgien donna aussitôt à l'un des hommes du peloton l'ordre de recharger son fusil, de l'introduire dans la bouche du pauvre enfant et de faire feu. Cet ordre fut exécuté, et cette fois, le crâne vola en menus morceaux. La justice espagnole était satisfaite.

Tels sont les faits que raconte un témoin, le docteur Guimaraès. Ils sont confirmés par le *North China News* qui ajoute que, à Nueva-Ecija, 6,000 indigènes ont été massacrés pour éviter les frais de transport aux prisons de Manille et que, pour économiser même les balles, on les précipita par groupes dans le fleuve, où ils se noyèrent.

Le *Daily Mail* affirme, de son côté, qu'il est démontré que tous les suspects ont été soumis à la torture et que les aveux arrachés au milieu d'épreuves atroces eurent immédiatement pour effet des arrestations et des exécutions.

Enfin, les journaux japonais parlent de prisonniers asphyxiés par la fumée dans les cachots, d'enfants égorgés, de femmes violées, de riches indigènes torturés pour obtenir d'eux la révélation du lieu où était caché leur trésor.

C'est ainsi que le général Polaviéja s'efforçait de faire aimer le régime espagnol.

Pendant que ses bourreaux opéraient à Manille, lui-même organisait une campagne dans la province de Cavite. Il avait à sa disposition 17.000 hommes de troupes métropolitaines et 19.000 hommes de troupes insulaires ; de ces 36.000 hommes, 30.000 occupaient les quatre provinces de Manille, Cavite, la Lagune et Batangas.

Au mois de février 1897, il commençait les opérations que lui-même raconte en ces termes[1] :

« En ce moment les rebelles tenaient toute la province de Cavite. De Manille, on voyait les villages de la côte occupés par l'ennemi. Cette province forme une sorte de quadrilatère compris entre la mer, les monts de Sangay et le fleuve Japote. Les rebelles en avaient fait un énorme camp retranché.

---

1. *Revue encyclopédique*, novembre 1899.

Les bords de la mer, les cimes des monts, les rives du Japote avaient été fortifiés suivant les règles de l'art militaire. De plus, des monts de Sungay coulent vers la mer de petits fleuves parallèles profondément encaissés et qui constituent tout autant de lignes de défense. Là, les rebelles étaient les maîtres incontestés. Il fallait sans retard agir, je simulai une attaque de front sur la ligne du Japote inférieur. Pour mieux abuser l'ennemi, je me mis moi-même à la tête des troupes qui attaquèrent ce point et je me fis appuyer par l'escadre. Les rebelles crurent que je commettais la faute de m'engager à fond précisément à l'endroit où leurs forces étaient le plus redoutables ; ils dégarnirent leurs autres positions. Dans le même temps, le général Lachambre descendait droit au Sud, le long de la lagune de Bay, tournait le Japote, attaquait brusquement Silang et l'emportait (19 février) ; les Espagnols eurent là 15 tués et 120 blessés ; les insurgés laissèrent plus de 500 des leurs sur le terrain. Le général Lachambre remonte alors vers la mer, prend à revers la ligne retranchée du Japote, se met en communication avec moi-même et tous deux alors, d'un commun effort, emportons la ligne. La porte était ouverte. Imus, village où avaient reflué de toutes parts les rebelles vaincus, le cœur de l'insurrection, est alors attaqué. Le 25 mars nous l'occupons (les Espagnols avaient eu 25 tués et 130 blessés). Successivement, tous les

villages de la province, Noveletta, Bicanayan, Cavite, Viéjo, San-Francisco de Malabar, où sont tués
500 insurgés, Santa-Cruz tombent entre nos mains.
Les rebelles s'enfuient vers la montagne : leur force
était détruite ! »

Le général tortionnaire travestit grossièrement
la vérité et il n'avait pas reconquis la moitié de
la province de Cavite quand il quitta le commandement, en avril 1897 ; Aguinaldo réclame comme
des victoires de son côté les batailles d'Imus et de
Noveletta.

Les troupes révolutionnaires étaient alors sous
les ordres d'Emilio Aguinaldo, de son frère Crispulo Aguinaldo, Andres Bonifacio et Bergammo. Le
premier défendait particulièrement les lignes du
Japote, Crispulo et Bonifacio opérant à Imus,
tandis que Bergammo tenait à Silang.

Les quatre généraux défendaient pied à pied le
sol de leur patrie et infligeaient à plusieurs reprises
des revers retentissants aux troupes espagnoles.
C'est alors que, découragé, atteint d'une maladie de
foie et des fièvres paludéennes, Polaviéja dut demander son rappel, ayant éprouvé que la férocité
dans la répression, la cruauté à l'égard des adversaires désarmés ne tiennent pas lieu de valeur militaire dans des combats même disproportionnés.

Le vieux général Primo de Rivera lui succéda le
23 avril 1897, et Aguinaldo reconnaît lui-même
dans ses mémoires que le nouvel adversaire qu'on

lui opposait se rendit bientôt maître de toute la province de Cavite. En mai, ses lieutenants s'emparaient successivement de Mendez, Bailen, Maïc et Maragondon. Mais Aguinaldo ne se laisse point cerner ; il se glisse entre le Japote et la lagune de Bay, franchit le Pasig, gagne le Nord de la province de Manille, disperse ses troupes dans les provinces de Bulacan, Pampanga, Panganisan et établit son quartier général dans la région montagneuse, sauvage et inexplorée de Biak-Na-Bato, où il forme, à la fin de mai 1897, le gouvernement républicain des Philippines. L'insurrection n'était pas vaincue, elle n'avait fait que changer le théâtre de ses opérations.

Pendant ce temps, l'agitation grandissait à Manille même et les colons et fonctionnaires commençaient à s'apercevoir qu'on ne viendrait pas à bout par la violence d'une insurrection si vigoureusement dirigée. On commença d'envoyer à Madrid des conseils de modération et Primo di Rivera lui-même engagea fortement le gouvernement à entrer dans la voie de la conciliation.

M. Canovas del Castillo, instruit par les événements de l'inanité de sa politique brutale, écouta volontiers ces avis et dès le mois d'août il préparait un projet de réformes : le poignard d'Aguillillo l'empêcha d'y apposer sa signature.

Le projet fut repris par M. Castellano qui autorisa Primo de Rivera à commencer les négociations avec Aguinaldo.

Celui-ci raconte ainsi les pourparlers qui durèrent de longs mois[1] :

« Don Pedro-Alexandre Paterno (désigné par le gouverneur général espagnol comme seul médiateur pour discuter les conditions de la paix) visita plusieurs fois Biak-Na-Bato, en vue d'arriver à une entente sur les termes du traité. Après des négociations qui durèrent plus de cinq mois, pendant lesquels on pesa avec le plus grand soin chaque clause, l'arrangement fut définitivement conclu et signé le 14 décembre 1897. En voici la teneur dans ses principales stipulations :

» 1º Je serais, conjointement avec tous ceux de mes collaborateurs qui voudraient me suivre, libre d'habiter le pays étranger que je choisirais. Ayant désigné Hong-Kong comme lieu de ma résidence, il fut convenu qu'une indemnité de 800.000 dollars mexicains me serait payée en trois versements : le premier, soit 400.000 dollars, quand toutes les armes se trouvant à Biak-Na-Bato auraient été remises aux autorités espagnoles ; ensuite 200.000 dollars, quand le chiffre des armes ainsi livrées serait de 800 ; le dernier versement devant s'effectuer quand ce chiffre atteindrait 1.000 et que le *Te Deum* aurait été chanté dans la cathédrale de Manille en actions de grâces pour le rétablissement de la paix. La dernière moitié de février fut fixée

1. *Mémoires d'Aguinaldo.*

comme date extrême pour la remise complète des armes.

» 2º Le total de l'indemnité devait être payé personnellement à moi en me laissant la faculté de disposer des fonds à mon entière discrétion, et de m'entendre avec mes coopérateurs et les autres insurgés.

» 3º Avant l'évacuation de Biak-Na-Bato par le reste des forces insurgées, le capitaine général Primo di Rivera y enverrait deux généraux de l'armée espagnole qui seraient gardés comme otages par mes coopérateurs restant dans la place jusqu'à mon arrivée à Hong-Kong avec quelques-uns de nos compagnons et jusqu'au premier paiement en mes mains (400.000 dollars).

» 4º Il fut aussi convenu que les congrégations religieuses seraient expulsées des Philippines et qu'on y établirait un gouvernement autonome politique et administratif, mais, sur la demande expresse du général Primo di Rivera, on n'insista pas sur cette clause dans la rédaction définitive du traité, le général ayant soutenu que ces concessions exposeraient le gouvernement espagnol à de sévères critiques et même au ridicule.

» Le général Primo di Rivera effectua le premier paiement de 400.000 dollars pendant que les deux généraux donnés comme otages étaient retenus à Biak-Na-Bato.

» Quant à nous, révolutionnaires, nous remplîmes nos engagements de rendre nos armes qui s'élevaient à plus de 1.000 pièces, comme chacun le sait, les journaux de Manille en ayant publié le compte. Mais le capitaine général Primo de Rivera ne s'acquitta pas aussi loyalement que nous de ses obligations. Les autres versements n'eurent jamais lieu ; les moines ne subirent aucun empêchement dans leurs actes de tyrannie et d'oppression ; on ne prit aucune mesure pour les expulser et pour séculariser les ordres religieux ; les réformes demandées ne furent pas inaugurées, quoique le *Te Deum* eût été chanté. »

Comment l'Espagne, en manquant avec autant de déloyauté à des engagements solennels, pouvait-elle espérer ramener le calme dans sa colonie? Par quel fatal aveuglement se préparait-elle, au lendemain de si terribles troubles, de nouvelles et plus néfastes épreuves ?

CHAPITRE V

LA DUPLICITÉ IMPÉRIALISTE

Négociations d'Aguinaldo avec les Etats-Unis. — Entrevue avec le commandant du *Petrel*. — Les conventions avec le consul Pratt et le consul Wildman. — Souvenirs personnels. — La bataille de Cavite. — Une victoire facile. — La duplicité de l'amiral Dewey. — Comment on change d'opinion. — La proclamation du général Merritt.

Aguinaldo venait d'éprouver la mesure de la loyauté espagnole : il avait une idée de la bonne foi qui préside, en général, aux relations des nations prétendues civilisées avec les peuples qualifiés par elles de sauvages et de barbares.

Mais l'expérience du jeune chef révolutionnaire était encore incomplète, et les événements n'avaient point encore détruit en lui toutes les illusions si tenaces dans les âmes généreuses. Les représentants les plus autorisés des Etats-Unis allaient se charger de compléter la tâche commencée par les généraux espagnols : Aguinaldo ne tarderait pas à connaître

toute la duplicité, toute la fourberie, toute l'hypo-
crisie que peuvent apporter certains hommes au
service d'appétits insatiables et d'ambitions malsaines.

A vrai dire, Aguinaldo est excusable de ne pas
avoir éprouvé de défiance au début de ses relations
avec la République américaine. Bien d'autres que
lui ont été dupes des déclarations humanitaires qui
se firent si bruyantes, alors que se préparait la
guerre contre l'Espagne. On s'imaginait généralement que la prospérité financière des Etats-Unis
les mettait au-dessus de certaines nécessités éco-
nomiques auxquelles le vieux monde est acculé ; on
croyait que, comprenant à merveille les bienfaits
de la paix pour eux si fructueuse, les Américains
partaient en guerre seulement émus par les souffrances des Cubains : on se rappelait certaines in-
terventions au Mexique en 1866, au Venezuela en
1875, et on arrivait à penser que vraiment les
Etats-Unis avaient le respect du droit des peuples
et une généreuse tendance à prendre le parti du
faible et de l'opprimé.

Que d'illusions ! La prospérité, au lieu de garantir
les Américains contre de nouvelles ambitions, n'a
fait que grossir les appétits. La fièvre de l'or s'est
emparée de la nation, comme elle s'empare des
individus. Les millionnaires ne se montrent-ils pas
les plus rapaces, les plus avides, les plus impitoyables dans la poursuite de nouvelles richesses ?

Mais ces réflexions sont faciles après coup : elles ne pouvaient venir à l'esprit d'Aguinaldo à l'heure où consuls, généraux, amiraux, rivalisaient d'ingéniosité pour tendre à sa juvénile loyauté le plus détestable des pièges.

Nous l'avons vu dans le chapitre précédent : Aguinaldo s'était engagé, par le traité de Biak-Na-Bato, à prendre la route de l'exil : avec quelques compagnons, il résolut de se fixer à Hong-Kong.

Il était à peine installé depuis quelques mois dans la colonie anglaise que de graves événements allaient de nouveau le faire sortir de sa retraite.

Dans les premiers jours de 1898, la situation se tendait de plus en plus entre les Etats-Unis et l'Espagne, et on attendait à tout instant une déclaration de guerre d'un côté ou de l'autre : les Etats-Unis, autrement prévoyants que l'Espagne, avaient pris leurs précautions et s'étaient empressés, dès que se manifestèrent les menaces de conflit, de mobiliser leurs flottes et d'envoyer des escadres à proximité des points où vraisemblablement s'engagerait la lutte. Une de ces escadres, sous le commandement de l'amiral Dewey, était venue mouiller dans les eaux de Hong-Kong, n'attendant qu'un signal pour cingler vers Luçon.

Mais les Américains tenaient, en ces circonstances, à se montrer aussi habiles diplomates qu'avisés stratégistes, et, dès le mois de mars, plus d'un mois avant la déclaration de guerre, ils résolurent de commencer les négociations avec Aguinaldo.

Plusieurs personnes vinrent trouver celui-ci de la part du commandant du *Petrel*, un des navires de l'escadre de l'amiral Dewey, pour solliciter une entrevue.

Cette entrevue, suivie de plusieurs autres, eut lieu le 16 mars : le commandant du *Petrel* engagea vivement Aguinaldo à retourner aux Philippines et à reprendre les hostilités contre les Espagnols, promettant l'assistance des Etats-Unis si la guerre éclatait contre l'Espagne.

— Mais, demanda Aguinaldo, que pourraient faire les Etats-Unis en faveur des Philippines ?

— Les Etats-Unis, répondit le commandant, sont une grande et riche nation et n'ont pas besoin de colonie.

Le commandant du *Petrel* ne se compromettait guère par cette réponse qui, d'ailleurs, satisfit médiocrement le chef philippin : cela ne l'empêcha pas toutefois de continuer les pourparlers.

Mais, à cette époque, Aguinaldo eut quelques difficultés avec un de ses anciens compagnons devenu l'agent du général Primo de Rivera et, craignant des poursuites, il jugea prudent de quitter Hong-Kong.

Il s'embarqua, le 7 avril, à bord du steamer *Taisang*, passa quelques jours à Saïgon et arriva, le 21 avril, à Singapour comme passager de l'*Eridan* : le 21 avril, la date précise de la déclaration de guerre entre les Etats-Unis et l'Espagne.

Aguinaldo avait débarqué secrètement, sous un faux nom, et s'était aussitôt réfugié chez un de ses compatriotes, croyant avoir réussi à garder l'incognito. C'était mal connaître l'intérêt qu'avaient les Américains à ne pas perdre sa trace.

Le jour même de son arrivée, à quatre heures du soir, un Anglais se présenta chez l'hôte d'Aguinaldo et lui dit que le consul des Etats-Unis, M. Spencer Pratt, serait heureux d'avoir une entrevue avec don Emilio Aguinaldo. Le visiteur reçut pour réponse qu'on ne connaissait pas Aguinaldo dans cette maison. C'était convenu d'avance pour évincer les curieux.

L'Anglais revint néanmoins à plusieurs reprises en persistant à dire qu'il était inutile de lui cacher l'arrivée d'Aguinaldo, le consul Pratt ayant été informé par l'amiral Dewey du voyage du général philippin à Singapour.

Mis au courant de ce qu'avait dit le visiteur, Aguinaldo consentit à se rencontrer avec le consul Pratt, et une entrevue d'un caractère strictement privé eut lieu entre les deux hommes, de neuf heures du soir à minuit, le 22 avril 1898, dans un faubourg de Singapour.

Pendant cette entrevue, le consul Pratt dit que, puisque les Espagnols n'avaient pas tenu les promesses faites dans le traité de Biak-Na-Bato, les Philippins avaient le droit de continuer la révolution qui avait été suspendue par l'arrangement conclu, et, après avoir pressé Aguinaldo de reprendre les hostilités contre les Espagnols, il lui donna l'assurance que les Etats-Unis accorderaient plus de liberté et d'avantages matériels aux Philippins que ne leur en avait promis l'Espagne.

D'aussi vagues promesses ne pouvaient satisfaire Aguinaldo qui insista vivement pour connaître les avantages à attendre des Etats-Unis et exprima le désir de rédiger par écrit les clauses et conditions de l'entente proposée.

Les deux interlocuteurs se mirent d'accord sur les articles suivants qui démontrent combien le futur président tenait à prendre ses précautions pour l'indépendance des Philippines :

« 1º L'indépendance des Philippines sera proclamée.

» 2º Il sera établi une République centralisée avec un gouvernement dont les membres seront provisoirement nommés par Aguinaldo.

» 3º Ce gouvernement reconnaîtra une intervention temporaire des commissaires américains et européens désignés par l'amiral Dewey.

» 4º Le protectorat américain sera établi dans les mêmes termes et conditions qu'il est accepté à Cuba.

» 5º Les ports des Philippines seront ouverts au commerce universel du monde.

» 6° Des mesures seront prises au sujet de l'immigration chinoise afin qu'elle ne nuise pas aux travaux indigènes.

» 7° Le système judiciaire sera réformé, et, en attendant la réforme, la justice sera rendue par des juges européens compétents.

» 8° La liberté de la presse et d'association sera reconnue.

» 9° Il en sera de même de la liberté des cultes.

» 10° L'exploitation des richesses minières de l'archipel sera régularisée.

» 11° Pour faciliter le développement de la richesse publique, des voies nouvelles seront ouvertes et la création de voies ferrées sera encouragée.

» 12° Les entraves qui sont mises actuellement à la formation des entreprises industrielles et les impôts qui frappent les capitaux étrangers seront abolis.

» 13° Le nouveau gouvernement s'impose l'obligation de maintenir l'ordre et d'empêcher n'importe quelles représailles. »

L'accord étant fait sur ces bases, Aguinaldo observa que la signature du gouvernement américain était indispensable.

— Qu'à cela ne tienne, répondit M. Pratt ; je vais immédiatement télégraphier à l'amiral Dewey qui a les pleins pouvoirs du président Mac-Kinley et qui ne manquera pas de vous donner satisfaction.

Cette satisfaction, elle arriva sous forme d'une dépêche qui donnait la réponse de l'amiral et qui fut montrée à Aguinaldo. L'intéressé lui-même va nous en faire connaître les termes :

« Le lendemain, dans la matinée, entre dix heures et midi, nous reprîmes la conférence et M. Pratt m'informa alors que l'amiral lui avait envoyé un télégramme en réponse au désir que j'avais exprimé d'avoir une convention par écrit. Il me dit que la réponse de l'amiral était conçue comme suit : « Que
» les Etats-Unis reconnaîtraient tout au moins
» l'indépendance des Philippines sous la protection
» de la marine des Etats-Unis. Le consul ajouta qu'il
» n'était pas nécessaire de conclure un engagement
» formel par écrit, attendu que la parole de l'amiral
» des Etats-Unis équivalait en fait à l'obligation la
» plus solennelle de remplir leurs promesses et
» assurances verbales exactement et à la lettre, et
» qu'il ne fallait pas les mettre au même rang que
» les promesses espagnoles ou les idées espagnoles
» sur la parole d'honneur d'un honnête homme.
» Le consul conclut en disant que le gouvernement
» de l'Amérique du Nord est un gouvernement hon-
» nête, juste et puissant. »

Continuons de laisser la parole à Aguinaldo qui raconte avec des détails intéressants les péripéties étranges de ces diverses négociations :

« J'étais, écrit-il, aussi impatient que l'amiral Dewey et le consul des Etats-Unis de me trouver aux Philippines et de renouveler la lutte pour l'Indépendance.

» Le 25 avril, nous eûmes notre dernière conférence au consulat des Etats-Unis à Singapore. Le consul m'avait invité à me rencontrer avec lui à cette occasion, et dès que nous nous trouvâmes ensemble, il me dit qu'il avait reçu un télégramme de l'amiral Dewey l'invitant à me prier de me rendre à Hong-Kong par le premier steamer, afin d'y rejoindre l'amiral qui mouillait alors avec son escadre dans la baie de Mir — un port chinois près de Hong-Kong. — Je répondis à cette proposition par une acceptation et je donnai des instructions à mon aide de camp en vue de nous procurer aussitôt le passage à mes compagnons et à moi, en ayant soin de prendre les tickets aux mêmes noms que nous avions lors de notre traversée de Hong-Kong à Singapore, car il était indispensable que notre voyage se continuât incognito.

» Le 26 avril, je me rendis chez le consul Pratt pour lui dire adieu à la veille de mon départ de Singapore par le vapeur *Malacca*. Le consul m'apprit que lorsque j'arriverais près du port de Hong-Kong, l'embarcation de l'amiral viendrait à ma rencontre et que je quitterais le *Malacca* pour me laisser transporter à l'escadre américaine (précaution que j'approuvais, car le bruit de mon déplacement ne tarderait pas à devenir le secret de tout le monde). Il me pria ensuite de le nommer représentant des

Philippines aux Etats-Unis, afin d'y patronner avec zèle la reconnaissance officielle de notre indépendance. Je répondis que je le proposerais pour le poste de représentant des Philippines aux Etats-Unis, dès que le gouvernement philippin serait dûment organisé, quoique je jugeasse la récompense insignifiante pour l'aide prêtée ; car une fois que notre indépendance serait un fait accompli, je me réservais de lui offrir une haute position dans l'administration des douanes, en accordant en outre certains avantages commerciaux et en contribuant aux frais de la guerre pour telle somme qu'il jugerait due à son gouvernement, les Philippins ayant décidé d'ores et déjà que ces arrangements concordaient avec les exigences de la situation et ne constituaient d'ailleurs qu'un juste et légitime témoignage de reconnaissance de la nation.

» Mais je reprends le récit des faits relatifs à mon retour de Singapore à Hong-Kong.

» Je quittai Singapore avec mes aides de camp, MM. Pilar et Leyba, en destination de Hong-Kong par le vapeur *Malacca*.

» En arrivant à Hong-Kong, le 1er mai, à deux heures du matin, je ne vis pas l'embarcation qui devait, suivant le consul Pratt, m'attendre à l'entrée du port.

» En réponse à une invitation du consul des Etats-Unis à Hong-Kong, M. Roundwelle-Wildman, je me rendis au consulat et dans la soirée du même jour, j'eus entre neuf heures et onze heures du soir, un entretien avec M. Wildman. Il me dit que l'amiral Dewey était parti en toute hâte pour Manille en conformité des ordres de son gouvernement lui commandant d'attaquer la flotte espagnole. Il lui avait par conséquent été impossible d'attendre mon arrivée et il avait dû lever l'ancre pour aller livrer bataille aux Espagnols. M. Wildman ajouta que l'amiral Dewey lui avait écrit qu'il enverrait une canonnière pour me transporter aux Philippines. Au cours de cette entrevue avec M. Wildman, je lui parlai de l'embarquement des armes dont il avait été question préalablement et il fut convenu que lui-Wildman et le Philippin Théodore Sandico achève-raient de faire le nécessaire pour l'expédition de ces armes et de ces munitions. Je leur remis à cet effet et déposai entre leurs mains une somme de 50.000 dollars.

» Une embarcation à vapeur fut achetée au prix de 15,000 dollars et un contrat fait pour l'achat de 3,000 fusils à 7 dollars chacun et de 200,000 cartouches à 33 dollars 50 cents le mille. »

Aguinaldo, comme on voit, avait, sans le vouloir, effectué son voyage avec de singulières coïncidences de dates : il débarquait à Singapore le 21 avril, le jour même de la déclaration de guerre : il revient à Hong-Kong le 1er mai à l'heure même où l'amiral Dewey détruisait à Cavite l'escadre espagnole de l'amiral de Montojo.

L'occasion est bonne de dire en passant ce que fut cette bataille navale qui rapporta tant de lauriers à l'amiral Dewey et alimenta pendant si longtemps l'enthousiasme patriotique des impérialistes américains. Le vainqueur est entré aux Etats-Unis avec des allures de triomphateur ; il a passé sous des arcs élevés à grands frais ; des souscriptions publiques furent lancées à grand fracas pour qu'on pût lui offrir un palais dans la cinquième avenue ; et la popularité s'attacha avec tant de bruit au nom de l'amiral que celui-ci songea pendant quelques mois à aller rafraîchir sa jeune gloire sous les ombrages de la Maison-Blanche.

Sans nier la hardiesse du coup de main de Cavite, il convient pourtant de ramener à des limites plus raisonnables l'admiration qu'on doit à un fait d'armes dont les risques étaient nuls, pour ainsi dire.

L'amiral avait sous ses ordres six navires modernes puissamment armés, montés par des équipages admirablement entraînés : c'étaient : l'*Olympia* (5,900 tonnes, 21 nœuds), bateau amiral ; le *Baltimore* (4,600 tonnes, 20 nœuds) ; le *Raleigh* (3,200 tonnes, 20 nœuds) ; le *Boston* (3,200 tonnes, 18 nœuds) plus deux canonnières : *Concorde* (1,700 tonnes, 17 nœuds) et *Petrel* (870 tonnes, 14 nœuds).

L'amiral Dewey savait en outre, par les renseignements apportés de Manille par le consul américain Williams, que l'entrée de la baie était libre et qu'il ne risquait pas de rencontrer la moindre torpille.

Quelles étaient, par contre, les forces espagnoles ?

L'amiral Montojo disposait de deux pontons, *Castilla* et *Antonio de Ulloa* dont les machines étaient hors d'usage et de cinq navires : *Reina Christina* (3.000 tonnes, 12 nœuds), bateau amiral ; *Isla de Cuba* et *Isla de Luzon* (1.000 tonnes, 15 nœuds) ; *Don Juan de Austria* (1.180 tonnes, 14 nœuds) ; *Marques del Duero* (500 tonnes, 10 nœuds).

Tous ces bateaux étaient en bois, sans protection et mal armés.

D'ailleurs on se rendra mieux compte par les deux tableaux suivants de la disproportion des forces des deux nations belligérantes [1]. Les chiffres sont officiels.

	AMÉRICAINS.	ESPAGNOLS.
Nombre de navires	6	7 [2]
Déplacement total en tonnes...	19.400	11.100
Machines (chevaux)	46.000	10.000
Moyenne des vitesses en nœuds.	18,4	13,2
Vitesse maxima et minima.....	21 - 15	15 - 10
Nombre de canons.............	138	70
Poids de la bordée (kilos).....	2.800	773

1. *Revue encyclopédique*, février 1899.
2. Dont deux à l'état de pontons et hors d'usage.

ARTILLERIE.

CALIBRES.	CANONS AMÉRICAINS.	CANONS ESPAGNOLS.
Canons de 20 centimètres.....	10	»
Canons de 15 à 16 centimètres.	10	10
Canons de 12 centimètres (tir rapide)...................	20	17
Canons de 9 à 10 centimètres (tir rapide)...............	8	»
Canons de 7 centimètres......	»	8
Petits calibres à tir rapide....	83	42

Nous sommes édifiés maintenant sur la supériorité écrasante de l'amiral Dewey : avec de tels atouts en mains on peut jouer la partie sans appréhension. M. Dewey, qui accepterait volontiers de passer pour un homme providentiel, fit un jour à un de nos confrères américains la déclaration suivante :

« Si j'étais un homme religieux dans le sens que l'on donne ordinairement à ce mot, disait l'amiral au collaborateur du *Mac Clare's Magazine*, c'est-à-dire si j'étais un bon presbytérien, comme un assez grand nombre de personnes le prétendent, je dirais que le Seigneur a voulu punir l'Espagne des longues années de mauvais gouvernement et de déprédations qu'elle a fait subir aux Philippines. Voyez, nous avons à peine perdu un homme et nous avons conquis un empire. C'était le jugement de Dieu... Oui, ajouta-t-il d'une voix plus basse, le jugement de Dieu. »

Je ne sais vraiment quel intérêt la Providence avait à ruiner aux Philippines l'omnipotence de serviteurs aussi pieusement zélés que les moines espagnols : mais j'imagine que, plus encore que le jugement de Dieu, les canons de 20 centimètres de l'*Olympia* eurent une influence décisive sur l'issue de la bataille.

Ajoutez à cela la criminelle incurie du gouvernement espagnol et de l'amiral de Montojo : l'escadre de celui-ci n'était pas sous pression malgré que, depuis deux jours, courait à Manille le bruit de l'arrivée des Américains; aussi c'est à peine si elle put évoluer. Obligés de rester les uns contre les autres dans l'étroite petite baie de Cavite, les navires espagnols se masquaient, se gênaient et offraient au feu des Américains une masse compacte où portaient tous les coups. Les officiers de la marine espagnole s'attendaient si bien à un désastre inévitable que, la veille même de l'arrivée de l'amiral Dewey, quelques-uns étaient venus à Manille faire leurs adieux aux parents et amis; ils retournaient à leur poste en disant qu'ils allaient à la mort.

Les malheureux ne se trompaient pas et la défaite irrémédiable ne fut pas une minute incertaine.

C'est le 1er mai 1898, à cinq heures du matin,

qu'on put apercevoir des remparts de Cavite, la fumée et les feux de l'escadre américaine qui, après
avoir paisiblement franchi la passe, s'avançait en
ordre de bataille, l'*Olympia*, vaisseau amiral, en
tête, suivi du *Baltimore*, du *Raleigh*, du *Petrel*, du
Concord et du *Boston*. Aussitôt averti, l'amiral
Montojo fit ses efforts pour se mettre sous vapeur :
c'est à peine s'il put déplacer de quelques centaines
de brasses les misérables bateaux en bois dont il
avait le commandement.

Pendant ce temps, Dewey marchait à l'ennemi,
se rapprochant d'abord en ligne droite, puis par une
suite de lacets destinés à mettre de front ses six
unités. D'abord il profita de la supériorité de son
artillerie de gros calibre en envoyant à près de
4 kilomètres d'énormes boulets auxquels Montojo
avec ses canons de 15 centimètres répondait en
vain. La canonnade dura ainsi une partie de la matinée, faisant aux Espagnols de terribles avaries ;
puis elle cessa soudain et les Américains semblèrent
se recueillir pour un ultime effort.

Il ne se fit pas longtemps attendre et, toujours
par une marche en lacets, Dewey s'avança brusquement jusqu'à 2,000 mètres, faisant feu de toutes ses
pièces grosses et petites et foudroyant l'ennemi
d'un véritable torrent de projectiles.

Les bateaux espagnols ne résistèrent pas une
heure à une si formidable attaque : la *Reina Christina* et *Castilla* coulèrent sur place, tandis que le

Don Juan de Austria, l'*Isla de Cuba,* l'*Isla de Luzon* et le *Marquez del Duero* allèrent s'échouer tout en flammes derrière la pointe de Cavite.

La proximité de la terre fit heureusement que les pertes espagnoles furent relativement modérées : il n'y eut que 58 tués et 236 blessés.

Du côté des Américains, on accusa seulement 8 blessés et les avaries furent insigniflantes.

Tels sont les titres de l'amiral Dewey à l'admiration de la postérité. Si le poète a dit vrai, en proclamant que

A vaincre sans péril on triomphe sans gloire,

le jugement de l'histoire sera sans doute plus réservé que celui des apologistes contemporains... J'imagine que la postérité sera également sans indulgence pour le haut fait suivant dont l'authenticité m'a été affirmée à Manille par plusieurs personnes dignes de foi : à l'issue de la bataille navale et la flotte de l'amiral Montojo détruite, M. Dewey fit tirer sur le *Mindanao,* paquebot de la Compagnie transatlantique espagnole qui se trouvait à Cavite sans armement. Puis, lorsque le capitaine du *Mindanao,* après avoir jeté à la côte son navire incendié par les obus, fit évacuer le bord, on vit les canons américains poursuivre les canots qui conduisaient à terre le malheureux équipage.

Pour ma part, j'ai revécu par la pensée, avec un

grand serrement de cœur, les tragiques épisodes de la bataille navale encore récente. Il suffit d'une heure pour aller par mer de Manille à Cavite et le trajet est particulièrement curieux tant il a gardé les traces du meurtrier combat.

A peine au sortir du port de Manille, nous trouvons un navire espagnol renfloué à grand'peine, qu'on va conduire à Hong-Kong pour les réparations nécessaires, et qui porte encore les traces béantes des boulets américains.

Plus loin, au ras des flots, une cheminée émerge, c'est celle du cuirassé *Castilla*. Plus loin encore, nous passons à côté des tristes épaves de la *Reina Christina*. Quelle tristesse à la vue de ces lugubres débris, de ces flancs immergés qui contiennent encore tant de cadavres et témoignent si lamentablement de la sauvagerie des guerres !

Cavite, où j'aborde après une traversée d'une heure, est maintenant une ville morte, aux larges rues désertes où le pas du promeneur résonne tristement : partout le silence écrasant des lendemains de désastre. Sur la promenade ombragée qui s'étend le long de la mer se dresse encore la statue de Christophe Colomb, décapitée par les femmes de Cavite.

Les malheureuses voulaient lapider l'auteur responsable des malheurs de la Patrie. « S'il n'avait point découvert l'Amérique, disaient-elles, nous n'aurions pas aujourd'hui à pleurer sur de nouveaux malheurs. »

Que d'autres sourient devant des colères si naïves, je n'en ai pas le courage.

Pour les jeunes femmes de Cavite, Christophe Colomb pouvait-il apparaître, tel qu'il est, comme un glorieux pionnier de la civilisation, comme le génial artisan de l'œuvre émancipatrice de la science? Hélas, non ! Pour elles, simples et naïves, femmes du peuple martyrisées dans leurs tendresses, Christophe Colomb semblait être le symbole des expéditions néfastes, des lointaines aventures où agonise la liberté des peuples jeunes. Consciemment ou non, ce qu'elles lapidaient en lui, c'est le représentant des races dominatrices, des faiseurs d'esclaves !.

Je demande pardon aux lecteurs de m'être laissé entraîner si loin par mes souvenirs personnels et d'avoir un peu trop longtemps oublié Aguinaldo que nous retrouverons à Hong-Kong, gratifié des égards obséquieux et sournois du consul Wildman.

Le 7 mai, l'aviso *Mac-Culloch* arriva à Hong-Kong apportant la nouvelle de la victoire de l'amiral Dewey. Dans la joie du triomphe, l'amiral avait oublié de donner des ordres en ce qui concernait Aguinaldo.

Il fallut attendre jusqu'au voyage suivant de l'aviso, qui revint le 15 du même mois, pour connaître les intentions de l'amiral. Celui-ci demandait à Aguinaldo de se rendre immédiatement à Manille et de s'embarquer dès le lendemain à bord du *Mac-Culloch*.

Aguinaldo se conforma à ces instructions et s'embarqua aussitôt, reconduit à bord par M. Wildman et M. John Barrett, secrétaire de la légation des Etats-Unis au Siam.

M. Wildman, avant de quitter Aguinaldo, lui fit ses dernières recommandations, lui conseillant vivement d'établir la dictature dès son arrivée aux Philippines.

Ici encore je demande la permission de placer un souvenir personnel.

En passant à Hong-Kong pour me rendre à Manille, au mois d'avril 1899, j'eus l'occasion de voir M. Wildman qui d'ailleurs m'accueillit le plus courtoisement du monde au consulat américain.

— Je suis un ancien journaliste, me dit-il, et je suis enchanté de me mettre à la disposition d'un confrère pour lui fournir tous les renseignements dont il pourrait avoir besoin. Que désirez-vous savoir de moi?

— Je ne vous cacherai pas, répondis-je, que l'opinion publique se montre généralement assez mal disposée à l'égard des Etats-Unis, qu'elle accuse votre pays d'avoir promis l'indépendance aux Philippines et d'avoir manqué ensuite à la parole donnée; on ajoute même que vous avez joué dans les événements qui viennent de se produire un rôle prépondérant. Vous seriez mille fois aimable, puisque vous voulez bien répondre à mes questions, de rétablir, s'il y a lieu, la vérité des faits.

— Il faut en finir, riposta le consul, avec cette légende que nous avons promis l'indépendance aux Philippins ; en ce qui me concerne, j'ai traité avec Aguinaldo sur les bases suivantes :

« 1° Aguinaldo devra obéir aux ordres du général en chef américain ;

» 2° Il devra observer les principes d'humanité dans la conduite des opérations ;

» 3° Il devra respecter la vie des non combattants. »

Là s'arrête cette prétendue entente avec les Philippins.

Et comme je faisais poliment observer à M. Wildman combien il me paraissait invraisemblable qu'Aguinaldo ait souscrit à ces conditions et consenti à s'allier aux Américains sans obtenir en échange quelques promesses formelles, le consul me répliqua :

« — Je n'ai rien promis à Aguinaldo par cette simple raison que je le considérais comme un trop mince personnage pour traiter avec lui ; je le tenais pour un obscur cooli que je faisais attendre, avec les Chinois, dans mon antichambre. »

Ici, vraiment, l'affirmation était un peu osée et je ne pus m'empêcher de faire remarquer à M. Wildman combien j'étais surpris de l'entendre parler si dédaigneusement d'Aguinaldo.

Cet homme, traité comme un simple cooli et confondu parmi les Chinois dans l'antichambre, M. Pratt et le commandant du *Petrel* avaient déjà maintes fois sollicité de lui de longues et fréquentes entrevues ; l'amiral Dewey l'avait envoyé chercher par un aviso de son escadre ; et M. Wildman en personne s'était chargé d'acheter des armes pour son compte et l'avait reconduit jusqu'à bord avec les plus grands égards !

J'étais dès lors édifié sur la bonne foi de mon interlocuteur, sur la valeur de ses articulations et la conversation se serait inutilement prolongée. Je me hâtai donc de prendre congé du consul américain.

A défaut d'autres renseignements, j'avais un échantillon manifeste de la loyauté qui dut présider aux relations entre le chef révolutionnaire et les représentants du gouvernement des Etats-Unis.

Et pourtant MM. Pratt et Wildman n'étaient que des comparses dans la comédie qui se jouait autour d'Aguinaldo. C'est à l'amiral Dewey qu'était réservé le grand rôle. Il s'en acquitta avec un incontestable talent de metteur en scène. Lisez plutôt la suite du récit d'Aguinaldo :

« A peine le *Mac-Calloch* eut-il jeté l'ancre au large de Cavite le 17 mai, que l'embarcation de l'amiral montée par son adjudant et secrétaire particulier nous accosta pour me transporter au vaisseau amiral *Olympia* où je fus, en compagnie de mon adjudant M. Leyba, reçu avec les honneurs dus à un général.

» L'amiral me fit introduire chez lui et après

l'échange des saluts usités, je lui demandai s'il était vrai qu'il eût envoyé les deux télégrammes au consul à Singapore, télégrammes que ce monsieur m'avait affirmé avoir reçus me concernant. L'amiral répondit affirmativement ajoutant que les Etats-Unis étaient venus aux Philippines pour protéger les indigènes et les délivrer du joug de l'Espagne. Il dit aussi que l'Amérique est en excellente situation au point de vue du territoire, des revenus et des ressources et qu'elle n'a par conséquent pas besoin de colonies, enfin il m'assura « qu'il n'y avait » pas lieu pour moi d'avoir le moindre doute sur » la reconnaissance de l'indépendance des Philip- » pines par les Etats-Unis ». L'amiral me demanda ensuite si j'étais en mesure de pousser le peuple à la révolte contre les Espagnols en menant cette campagne vivement, promptement et d'une manière décisive.

» Je répondis que c'était aux événements à parler, mais que tant qu'une expédition d'armes (au sujet de laquelle le consul Wildman avait reçu des instructions précises pour la faire partir d'un port chinois) se trouvait retardée en Chine, nous ne pourrions rien faire, parce que sans armes, chaque victoire nous ferait perdre plusieurs de nos braves et hardis guerriers philippins. L'amiral m'offrit d'envoyer un vapeur pour presser l'expédition (ceci on fera bien d'en garder mémoire), en outre des ordres qu'il avait donnés au consul de nous aider à nous procurer des armes et des munitions. Il mit aussitôt à ma disposition tous les canons pris à bord des navires de guerre espagnols ainsi que 68 Mausers et un bon nombre de cartouches qui avaient été rapportées de l'île de Corregida par le *Petrel*.

» Je profitai de la première occasion pour exprimer à l'amiral ma profonde reconnaissance de l'appui accordé au peuple des Philippines par les Etats-Unis et je lui témoignai mon admiration sans bornes pour la grandeur et la bienfaisance du peuple américain. J'appris naïvement à l'amiral qu'avant mon départ de Hong-Kong, les Philippins qui y résidaient avaient tenu une réunion où l'on avait agité et discuté dans tous ses détails « la possi-
» bilité (après la défaite des Espagnols et la des-
» truction de leur puissance et de leur prestige dans
» l'archipel) d'une guerre des Philippins avec les
» Etats-Unis, si le gouvernement américain se refu-
» sait à reconnaître notre indépendance. Dans ce
» cas les Américains seraient sûrs, personne n'en
» doutait, de nous battre, car ils nous trouveraient
» épuisés et dépourvus de munitions à cause de
» notre lutte avec les Espagnols. Finalement, je
» priai le brave amiral d'excuser ma franchise qui
» pouvait paraître friser l'impertinence et je lui
» donnai l'assurance que mes paroles n'étaient dic-
» tées que par mon désir d'arriver à une parfaite
» entente dans l'intérêt des deux partis. »

» L'amiral dit qu'il était très heureux d'avoir

» cette preuve de notre caractère, sérieux et de
» notre droiture. Il était d'avis que les Philippins et
» les Américains devaient agir réciproquement en
» amis et en alliés et il trouvait en conséquence
» juste et convenable de faire connaître ouverte-
» ment tous les doutes, afin de s'expliquer, d'éviter
» les difficultés et d'écarter les défiances. Il ajouta
» que, comme il l'avait déjà déclaré, les Etats-Unis
» reconnaîtraient indiscutablement l'indépendance
» du peuple des Philippines, garantie qu'elle était
» par la parole d'honneur des Américains, ce qui,
» dit-il, est un engagement plus positif, plus irré-
» vocable que toute convention écrite qui pourrait
» ne pas être considérée comme obligatoire quand
» il y a intention ou désir de la répudier, comme le
» cas s'était présenté au sujet de l'accord fait avec
» les Espagnols à Biak-Na-Bato. L'amiral me con-
» seilla ensuite d'avoir sur-le-champ un pavillon
» national, qu'il reconnaîtrait, dit-il, et protégerait
» vis-à-vis des autres nations représentées par les
» diverses escadres mouillées dans la baie de Ma-
» nille, ajoutant, toutefois, qu'il jugeait bon que la
» puissance de l'Espagne fût détruite par nous,
» avant de hisser notre pavillon national, afin que
» cet acte parût plus important et inspirât plus de
» crédit aux yeux du monde et des Etats-Unis en
» particulier. Alors quand les navires philippins
» passeraient battant le pavillon national sous la
» brise, ils attireraient davantage l'attention en

» inspirant d'autant plus de respect pour le dra-
» peau de la nation. »

» Je remerciai de nouveau l'amiral de son bon
conseil et de son offre toute généreuse, en lui donnant à entendre clairement que j'étais prêt à sacrifier ma vie si je pouvais ainsi contribuer à augmenter
l'estime que professaient pour lui les Etats-Unis
et l'admiration que lui vouaient ses compatriotes. »

Inutile de dire que M. l'amiral Dewey, tout
comme M. Wildman, nie fort énergiquement toutes
ces promesses, tous ces engagements et qu'il se
défend d'avoir ainsi traité avec Aguinaldo. Je pus
m'en assurer lors de la visite que je fis à l'amiral
au retour de la promenade à Cavite, racontée plus
haut.

Aussitôt que mon embarcation eut accosté l'esca-
lier de tribord de l'*Olympia,* un officier d'ordonnance se présenta auquel je remis ma carte en sol-
licitant une audience de l'amiral.

La réponse ne se fit pas attendre et quelques
minutes après j'étais invité à monter à bord et conduit au gaillard d'arrière où se tenait M. Dewey.

Le vainqueur de Cavite est de petite taille mais
ses épaules sont larges. Sa démarche est restée
vive et alerte, ce qui contraste assez singulièrement
avec l'âge que paraissent lui donner une moustache
et des cheveux tout à fait blancs ; il n'a d'ailleurs
pas atteint la soixantaine.

L'amiral a la face plutôt carrée, le menton

accusé et volontaire ; les yeux sont vifs sous des sourcils épais, le front est haut et large, la bouche autoritaire.

M. Dewey m'offre un siège et, très aimable, s'excuse de ne point parler le français aussi correctement qu'il le souhaiterait. Je constate d'ailleurs que l'amiral s'exprime fort clairement en notre langue et qu'il connaît même à merveille la portée exacte des mots qu'il emploie.

Je demandai à l'amiral son opinion sur la valeur militaire des Philippins.

— Ils sont braves, prononça-t-il, mais ce sont des enfants sans aucune connaissance de la tactique. Et puis ils ont trop de généraux et quels généraux ! des gens en guenilles et pieds nus qui ressemblent davantage, je vous affirme, à des mendiants qu'à des officiers supérieurs !

C'est avec un sourire narquois que M. Dewey acheva cette phrase.

J'avais la langue levée pour répondre à l'élégant amiral que ces généraux en guenilles et aux pieds nus avaient déjà fait passer par de rudes épreuves les généraux bottés et galonnés des Etats-Unis. Mais la place était mal choisie, on en conviendra, pour échanger avec mon interlocuteur des propos aigres-doux.

Je me contentai de remarquer courtoisement que, malgré leur défaut de tactique, les Philippins avaient, semblait-il, apporté un important concours à l'amiral pendant les hostilités contre les Espagnols.

— Ce furent, ajoutais-je, des alliés précieux ! et je crois savoir que, notamment lors de la prise de Manille, ils ont accompli des prodiges de valeur.

— Oui, répliqua l'amiral, je dois reconnaître que tandis que j'opérais sur mer, les troupes d'Aguinaldo ont bravement combattu sur terre. Mais je tiens à rectifier l'expression que vous venez d'employer : jamais les Américains n'ont été les alliés des Philippins. A ceux-ci j'ai simplement dit : « Nous avons le même ennemi, luttez de votre » côté, nous du nôtre. » Là s'est bornée notre entente : c'est une action parallèle et non une alliance.

On voit combien l'amiral se calomniait en prétendant mal parler notre langue : voilà, au contraire, des subtilités qui témoignent d'une érudition profonde. En tous cas, il eût été de mauvais goût d'insister et la conversation se poursuivit sur un terrain moins scabreux, l'amiral me disant combien ses équipages étaient hardis et disciplinés et avec quel ensemble s'étaient effectuées les manœuvres pendant la récente bataille navale.

Nous voilà donc en présence de deux affirmations contradictoires : celle d'Aguinaldo et celle de l'amiral : il n'est pas difficile pourtant de dégager la vérité et de décider, par l'étude des faits, à quelle version il convient d'ajouter foi.

D'abord, les témoignages ne manquent pas qui

établissent jusqu'à quel point l'amiral peut facilement changer d'opinion et d'attitude ; je me con-
tenterai de citer à cet égard non point la prose
plus ou moins suspecte d'un adversaire, mais le
passage d'un article signé par un compatriote de
M. Dewey.

« La première fois qu'il me reçut à bord de son
navire, dans la baie de Manille, dit le correspondant du *Mac Clare's Magazine,* l'amiral Dewey
me prouva, par une infinité d'arguments sans réplique, que les Philippins étaient quarante fois plus
capables que les Cubains de se gouverner eux-
mêmes. Je le revis huit jours plus tard, et, comme
il avait complètement oublié notre première conversation, il me démontra par des considérations
non moins décisives que les Cubains étaient quarante fois plus capables de se gouverner eux-mêmes
que les Philippins. »

Et l'assertion de notre confrère est indiscutablement confirmée par les événements.

Que l'amiral Dewey ait été, au début, admirablement disposé pour les Philippins, cela n'est pas dou-
teux : la façon dont il était entré en pourparlers
avec Aguinaldo par l'entremise des consuls Pratt et
Wildman, son empressement à le ramener à Manille sur un aviso spécialement envoyé à Hong-
Kong, sa hâte à lui faciliter un soulèvement révolutionnaire, en témoignent assez. En outre, les journaux américains de l'époque enregistraient à l'envi

les déclarations enthousiastes de l'amiral au sujet de ses alliés d'alors.

« L'amiral Dewey, dit le *New-York Herald* du 29 décembre 1898, a, sur le peuple philippin et ses capacités, une beaucoup plus haute opinion qu'on ne le croit généralement. Selon lui les Philippins du groupe septentrional, d'abord les habitants de l'île de Luzon, puis, par ordre, ceux de Cebu, Panay, Leïte, Mindoro, sont travailleurs, intelligents, sociables et bien mieux qualifiés que les habitants de Cuba pour se gouverner eux-mêmes. L'amiral Dewey est d'autant plus à même de se prononcer sur les qualités des Cubains que, plus que tout autre officier de marine, il a l'expérience de ce peuple.

» L'amiral Dewey considère comme absolument nécessaire qu'un administrateur de premier ordre soit envoyé à Manille pour se rendre compte de la situation et des aspirations des Républicains philippins. »

Donc, six mois après l'arrivée d'Aguinaldo à Cavite, l'amiral Dewey était encore partisan d'accorder l'indépendance aux Philippins et il cherchait à diriger dans ce sens l'opinion publique aux Etats-Unis. Et d'ailleurs, l'amiral, à défaut de ses tendances personnelles, était bien obligé par les circonstances de conclure avec Aguinaldo le traité d'alliance dont nous avons vu les clauses. Quand il arriva devant Manille, il n'avait aucune force de débarquement; les premiers renforts, environ 3,500 hommes, lui arrivèrent seulement le 4 juillet avec le général Anderson ; les deuxièmes, environ 4,000 hommes, le 17 juillet avec le général Green, les troisièmes, les 25, 28, 29 juillet et 1er août avec le général Merritt.

Ce n'est pas avec de pareils effectifs qu'il pouvait espérer détruire de fond en comble la puissance espagnole aux Philippines : tout au plus pouvait-il songer à bombarder Manille, puisqu'après le bombardement il n'avait pas de troupes suffisant à occuper la ville.

Donc il avait un besoin absolu des armées révolutionnaires et on comprend à merveille qu'il ait, avant même d'attaquer l'escadre espagnole, songé à s'assurer le concours d'Aguinaldo.

Telle était l'ardeur des convictions de l'amiral Dewey, pendant cette période d'entente avec les insurgés, qu'il les communiquait à son entourage. A peine arrivé le général Merritt faisait ses confidences à un correspondant du *New-York Herald* et ne tarissait pas d'éloges sur ceux qui devenaient en somme ses compagnons d'armes.

« Les Philippins, disait-il, m'ont favorablement impressionné et je pense que les indigènes ont eu à supporter de grandes injustices. J'ai trouvé les Philippins fort sensibles aux bons traitements et je suis certain qu'ils se montreront toujours reconnaissants des bons procédés dont on usera avec eux [1].

» Ils sont bien supérieurs, sur tous les traits du caractère, aux indigènes de toutes les autres parties du monde ; ils sont plus capables de se gouverner eux-mêmes que ne le sont, je pense, les habitants de Cuba. Ils ont des avocats et des docteurs, des hommes de toutes les professions qui supportent la comparaison avec ceux des autres nations. Ils sont dignes, courtois et réservés. »

Bien plus, le général Merritt, non content de faire connaître ainsi ses sentiments par la voie de la presse, tint à les manifester également par voie d'affiche et l'on put lire, sur tous les murs de Cavite, cette déclaration solennelle :

« Le peuple américain se déclare simplement le champion et le libérateur de tous les peuples opprimés par le mauvais gouvernement de l'Espagne. »

Telles étaient les qualités qu'on reconnaissait alors à ceux qui devaient être traités plus tard de sauvages et de barbares : telles étaient les promesses faites à ceux dont on avait alors besoin !

Nul ne changea d'attitude avec plus de désinvolture que l'amiral Dewey qui montra un zèle incom-

---

1. *New-York Herald*, 0 octobre 1808.

parable à étouffer la voix de sa conscience pour se conformer, suivant les prescriptions de l'obéissance passive, aux ordres venus de Washington.

Mais ne devançons pas les événements et continuons de suivre les péripéties diverses des négociations dont nous venons, un peu longuement, d'étudier les débuts.

CHAPITRE VI

PROCLAMATION DE L'INDÉPENDANCE

Aguinaldo à Cavite. — Il organise l'insurrection. — Premiers succès. — Le drapeau philippin reconnu par Dewey. — Enthousiasme de la population. — Proclamation de l'Indépendance. — Gouvernement dictatorial. — Le premier décret. — Nouvelles promesses des Américains. — Ils s'emparent sournoisement des camps retranchés. — Loyauté d'Aguinaldo.

Dès son arrivée à Cavite, Aguinaldo s'occupe de réveiller le mouvement révolutionnaire et c'est avec une activité incomparable, une habileté consommée qu'il prépare le soulèvement général de l'archipel contre le pouvoir agonisant des Espagnols.

D'abord, il rencontre, en sortant du *Mac-Culloch*, d'anciens compagnons d'armes auxquels il remet des lettres invitant à se soulever les populations des deux provinces de Bataan et de Zambales. Avertis de son arrivée par les émissaires américains, les principaux chefs insurgés accourent en foule et tous reçoivent d'Aguinaldo, des instructions analogues : préparer la rébellion dans toutes les provinces avec la plus grande rapidité possible.

En même temps qu'il expédie ainsi des ordres précis dans toutes les directions, Aguinaldo s'occupe de former autour de lui un premier petit noyau de combattants déterminés : des armes et des munitions remises par le capitaine du *Petrel* furent aussitôt distribuées aux premiers volontaires.

Le 20 mai au soir, un des plus vieux chefs révolutionnaires des Philippines, Luciano San Miguel, venait se mettre à la disposition d'Aguinaldo qui lui donne aussitôt la mission d'opérer le soulèvement des provinces de Manille, Laguna, Batanjas, Tagabas, Balantran, Morong, Pampanga, Tailah, Nevra, Ecija.

Enfin les jours suivants, Aguinaldo vit grossir, d'heure en heure, l'effectif des volontaires qui, de tous côtés, accouraient se ranger sous ses ordres.

En moins de huit jours, on le voit, avec une prodigieuse activité et une énergie peu commune, Aguinaldo avait préparé l'insurrection sur tous les points du territoire.

Le jeune chef révolutionnaire crut alors le moment venu de régulariser, pour ainsi dire, son rôle aux Philippines : et le 26 mai un gouvernement dictatorial fut établi dont il se proclama le chef suprême. Cette proclamation fut aussitôt transmise à l'amiral Dewey qui la reçut sans un mot de protestation.

Quelques jours après, arrivaient à Cavite, venant de Hong-Kong, les armes que M. Wildman s'était chargé d'acheter pour le compte d'Aguinaldo. Le chargement se composait de 2,000 fusils et de 200,000 cartouches, sans compter diverses autres espèces de munitions.

Aussitôt, Aguinaldo chargea des commissaires philippins d'aller remercier l'amiral Dewey pour la peine qu'il avait prise, en faisant activer cette expédition ; et de l'informer en outre que la date choisie pour le commencement des hostilités contre les Espagnols était fixée au 31 mai.

L'amiral répondit à cette démarche courtoise par un procédé non moins gracieux : il envoya son secrétaire pour féliciter Aguinaldo et son gouvernement de l'activité et de l'enthousiasme qu'ils avaient déployés pour préparer la campagne. Toutefois, l'amiral faisait observer que peut-être il serait prudent de retarder un peu le début des hostilités, afin que la préparation fût plus complète.

« Que l'amiral ne s'inquiète pas, fit répondre Aguinaldo. Tout sera prêt pour le 31 et les Philippins sont trop impatients de se débarrasser du joug odieux des Espagnols pour retarder d'un seul jour l'entrée en campagne. Mes troupes compenseront la lacune de l'organisation et de la discipline par la bravoure et la résolution d'infliger à l'ennemi commun une défaite mémorable. Je n'en remercie pas moins l'amiral de son bon conseil. »

Et Aguinaldo, toujours résolu à commencer les hostilités, le 31 mai, n'en continua ses préparatifs qu'avec plus de hâte, faisant distribuer des armes dans toutes les provinces et faisant pénétrer en fraude des fusils et des cartouches jusque dans le district d'Alapang, occupé par les Espagnols.

Les événements d'ailleurs allaient obliger Aguinaldo à devancer la date fixée par lui.

Le 28 mai, juste au moment où s'effectuait dans ce district d'Alapang la distribution des armes, une colonne espagnole de 270 hommes d'infanterie de marine apparut soudain pour confisquer ces armes. La bataille s'engagea aussitôt entre insurgés et Espagnols. Commencée à dix heures du matin elle ne se termina qu'à trois heures de l'après-midi par la défaite des Espagnols qui, ayant épuisé leurs munitions, se rendirent avec toutes leurs armes : les prisonniers furent emmenés à Cavite. C'est alors qu'en signe de joie fut hissé pour la première fois le pavillon national philippin en présence d'une foule enthousiaste et joyeuse qui le salua d'un tonnerre d'applaudissements et d'acclamations retentissantes. On cria : « Vivent les Philippines indépendantes » et aussi : « Vive la nation américaine. » Plusieurs officiers de la marine des États-Unis assistaient à la cérémonie et prirent leur part de la manifestation, s'associant à la joie témoignée par toute la population de Cavite.

Ce premier succès n'était que le prélude de victoires plus importantes ; à la date prévue, le 31 mai, le soulèvement devint général et partout la puissance espagnole reçut les plus cruelles atteintes.

A Binatrayan, une garnison espagnole composée d'environ 250 hommes, occupait le petit fort de Polvorin : en quelques heures les milices révolutionnaires enveloppèrent la place et les Espagnols se rendirent après avoir épuisé leurs munitions.

Aussitôt, autant pour manifester sa joie que pour affirmer son droit à l'indépendance, Aguinaldo fit hisser le pavillon national au plus haut étage du Polvorin face à la mer « afin, dit-il, de faire voir de loin l'insigne sacré de notre liberté et de notre indépendance flottant au vent, et de fixer sur lui l'attention des équipages des diverses flottes représentant les grandes puissances civilisées du monde réunies dans le port pour suivre l'évolution providentielle des événements qui se déroulaient aux Philippines après plus de trois cents ans de domination ».

Le jour même, presque à la même heure, un autre drapeau philippin était arboré sur le clocher de l'église de Bakoor, également en vue des navires mouillés dans le port. C'était le signal d'une autre victoire des troupes révolutionnaires. Trois cents hommes venaient à leur tour de se rendre après avoir épuisé leurs munitions.

Ainsi partout, et avec une rapidité foudroyante, l'insurrection gagnait du terrain et les victoires se succédaient, témoignant de la vaillance et de l'habileté des forces insurgées : et l'amiral Dewey et ses officiers, toujours inactifs à bord des puissants cuirassés, applaudissaient à ces succès ininterrompus, s'apprêtant à profiter, sans risque, des victoires remportées par Aguinaldo.

A cette époque, d'ailleurs, on ne songeait certainement pas encore aux Etats-Unis à attenter à l'indépendance des Philippines : la meilleure preuve en est dans la façon avec laquelle fut accueilli le pavillon philippin, emblème de cette indépendance.

Nul ne pouvait se méprendre sur la signification que donnait Aguinaldo à son acte lorsqu'il arborait le drapeau philippin en face de l'escadre américaine et des navires de toutes les puissances.

Ce drapeau, bleu et rouge, avec triangle blanc portant au milieu une étoile d'or, voulait dire que la nation philippine était dorénavant constituée et qu'elle prenait rang parmi les peuples civilisés et indépendants.

Et les cris d'allégresse qui le saluèrent, à son apparition, soulignèrent hautement cette intention qu'expliquait encore plus clairement le journal *La Republica Filipina*, en ces quelques lignes un peu

pompeuses mais toutes pleines de généreux enthousiasme :

Au drapeau ! tel est le titre du court article que
voici :

« Le soleil de la Liberté brille sur notre horizon.
Levons-nous avec foi et espoir; commençons avec
vigueur et énergie l'œuvre de notre réorganisation
politique, en travaillant et luttant jusqu'au jour
où nous la verrons resplendissant au zénith de notre
complète indépendance. Les brouillards et les tem-
pêtes de la matinée nuageuse ne nous découragent
pas : ce sont des difficultés passagères qui se dissi-
peront bientôt. Les couleurs nationales de notre
drapeau flotteront sur toutes les mers et seront
saluées avec respect par tous les pays : elles mon-
trent les trois principes de nationalité, liberté et
égalité reliés entre eux par les liens de la fraternité universelle. De même que nous nous décla-
rons libres et indépendants, nous appelons tous les
hommes nos frères. »

Il est, en outre, tout à fait indiscutable que l'apparition du drapeau philippin avait vivement frappé
tous les commandants de navires étrangers qui se
trouvaient à proximité de l'escadre espagnole : ils
en firent même l'observation à l'amiral Dewey ainsi
que le raconte Aguinaldo dans une page de ses
Mémoires qu'il faut encore citer :

« Conformément aux instructions que j'avais données dès le 1ᵉʳ juin, tous les vaisseaux philippins

hissèrent le pavillon national. Notre petite flottille se composait de huit petits vapeurs espagnols que l'on avait capturés et de cinq navires de grandes proportions qui étaient le *Taaléno*, le *Balayan*, le *Taal*, le *Bulucan* et le *Purisima Conception*. Trois navires furent offerts au gouvernement philippin par leurs propriétaires indigènes et nous les transformâmes, dans notre arsenal, en canonnières avec des canons de huit à neuf centimètres pris sur les navires de guerre espagnols qui avaient été coulés.

» Ah ! quel beau et joyeux spectacle que ce pavillon flottant au vent, tout en haut des grands mâts de nos navires, à côté, en quelque sorte, des couleurs des autres nations plus grandes, dont les puissants bâtiments de guerre laissaient passer nos petits croiseurs arborant les emblèmes de la Liberté et de l'Indépendance ! Avec quel respect et quelle adoration on voyait ce symbole se dresser dans son majestueux isolement, couronnant nos victoires et envoyant, pour ainsi dire, un sourire d'approbation à l'armée indisciplinée des Philippines au moment même où elle célébrait ses triomphes sur les forces régulières du gouvernement espagnol ! Nos cœurs se gonflaient d'orgueil et palpitaient d'une extrême joie ; nos âmes se remplissaient de fierté et le but idéal du patriotisme semblait bien atteint au milieu de ce splendide tableau.

» A la fin de juin, j'allai voir l'amiral Dewey qui, après m'avoir complimenté sur les triomphes rapides de la révolution philippine, me dit que les amiraux allemand et français lui avaient demandé pourquoi il permettait aux Philippins d'arborer sur leurs navires un pavillon qui n'était pas reconnu. L'amiral Dewey avait, me dit-il, répondu aux amiraux français et allemand que c'était à sa connaissance et avec son consentement que les Philippins se servaient de ce pavillon, et, en outre, qu'il était d'avis que le courage et la fermeté qu'ils avaient montrés dans la guerre contre les Espagnols donnaient aux Philippins le droit d'avoir ce pavillon.

» Je témoignai à l'amiral ma reconnaissance illimitée d'une protection aussi catégoriquement exprimée, et de retour sur le rivage, je donnai immédiatement l'ordre à la flottille philippine de transporter des troupes dans les autres provinces de Luçon et aux îles du Sud pour faire la guerre aux Espagnols qui y tenaient garnison. »

L'incident du steamer *Campania Filipina* vient encore démontrer avec plus de force l'entente de Dewey et d'Aguinaldo et la protection que l'amiral américain entendait accorder aux opérations révolutionnaires. Ce steamer, qui appartenait à la Compagnie générale des tabacs, était mouillé dans le port d'Aparsi, quand éclata l'insurrection ; il était commandé par un capitaine et deux officiers espagnols.

L'équipage tagal se révolta aussitôt, mit à mort les trois officiers espagnols, ainsi que le chef mécanicien de même nationalité. Le coup avait été accompli sur l'initiative d'un Cubain qui prit aussitôt le commandement du steamer, fit arborer au grand mât le drapeau philippin et l'amena à Aguinaldo pour grossir la flottille révolutionnaire.

Le nouveau dictateur s'empressa de l'armer avec les canons mis à sa disposition par l'amiral Dewey et y embarqua des troupes qui devaient être transportées à Olangapo : mais il était déjà en route lorsque l'amiral pria Aguinaldo de rappeler le *Filipina* afin de régler une question soulevée par le consul de France, le steamer appartenant, paraît-il, à un armateur français. Aguinaldo s'empressa de se conformer au désir de l'amiral ; mais celui-ci ayant appris que le steamer naviguait sous pavillon espagnol lorsqu'il avait été capturé, s'abstint de toute immixtion dans l'affaire et se borna à transmettre au général en chef des forces révolutionnaires la réclamation du consul de France.

Dès lors, le *Filipina* put repartir pour Olangapo. En passant devant l'*Olympia,* vaisseau-amiral américain, le capitaine fit, avec le drapeau philippin, les saluts d'usage dans les relations internationales et l'*Olympia* répondit de la manière accoutumée.

C'était reconnaître encore et plus solennellement que jamais le signe de l'indépendance arboré par Aguinaldo.

Ainsi complètement rassuré sur les intentions de l'amiral Dewey, tout à fait convaincu de la sincérité des promesses qui lui avaient été faites, Aguinaldo décida de proclamer, en une cérémonie grandiose, l'Indépendance des Philippines. Cette cérémonie fut fixée au 12 juin et le dictateur envoya un commissaire à l'amiral Dewey pour le prier d'y assister.

En même temps les Philippins résidant à Singapore présentaient à M. Pratt, le consul, une adresse ainsi conçue :

« Nos compatriotes, qui sont aux Philippines, et nous· âmes qui résidons ici, chassés de notre patrie par la tyrannie et le mauvais gouvernement de l'Espagne, nous espérons que votre nation persévérera dans sa généreuse politique, qu'elle ratifiera l'entente conclue entre le général Aguinaldo et vous-même, et qu'elle nous aidera à consolider notre Indépendance. »

Ni M. Pratt, ni l'amiral Dewey ne protestèrent alors. Ce dernier, au contraire, s'excusa de ne pouvoir assister à la fête de l'Indépendance, prétextant seulement que la date choisie était précisément celle du courrier et qu'il ne pouvait quitter son bord.

L'absence de l'amiral américain n'empêcha d'ailleurs pas la fête d'être magnifique et impressionnante, et la population de Cavite, les troupes révolutionnaires rassemblées autour d'Aguinaldo, firent au nouveau dictateur une indescriptible ovation.

Celui-ci, toutefois, ne se laissa pas endormir par la joie des premiers triomphes, par la griserie de sa popularité toujours croissante. Déjà il avait fait ses preuves de tacticien militaire : il lui restait à montrer ses qualités d'organisateur.

Aussi, sans plus attendre, et dès le 18 juin, six jours par conséquent après la proclamation de l'Indépendance, il rend un décret qu'on va lire et qui témoigne de son ardent désir d'établir solidement l'organisation communale et provinciale des Philippines.

Voici ce document, tel qu'il fut publié par le journal *La Republica Filipina* :

« AU PEUPLE PHILIPPIN.

» Des faits providentiels m'ont placé en une position pour le soutien de laquelle je dois reconnaître mon insuffisance naturelle, mais comme il n'est pas permis de violenter les lois de la Providence ni de décliner les devoirs que m'imposent l'honneur et le patriotisme, de ce poste, je te salue, ô mon cher peuple.

» J'ai proclamé à la face du monde entier que l'aspiration de toute ma vie, l'objectif final de tous mes soucis et de tous mes efforts n'est autre que ton indépendance, car j'ai la conviction intime que c'est là ton vœu constant, l'indépendance signifiant pour nous la rédemption de l'esclavage et de la tyrannie, la reconquête de la liberté perdue et l'entrée dans le concert des nations civilisées.

» Je comprends d'autre part que le premier devoir de tout gouvernant est d'interpréter fidèlement les aspirations populaires, et c'est pourquoi, si les circonstances anormales de la guerre m'ont obligé à constituer un gouvernement dictatorial qui assure la plénitude de la puissance civile et militaire, mon perpétuel désir est de m'entourer des personnes les plus considérées de chaque province, et ayant, par leur conduite, mérité la confiance, afin que, informé par elles des véritables nécessités de chacune, je puisse adopter les mesures les plus efficaces pour y satisfaire et y remédier dans la mesure des désirs de tous.

» Je comprends de plus la nécessité pressante d'établir dans chaque commune une organisation solide et forte, le plus beau rempart de la sécurité publique et l'unique moyen d'assurer l'union et la discipline indispensables pour implanter la République, c'est-à-dire le gouvernement du peuple par le peuple, en même temps que conjurer les conflits internationaux qui pourraient se produire.

» En vertu des considérations ci-dessus exposées, je décrète ce qui suit :

» Article premier. — Les habitants de chaque commune encore occupée par les forces du gouvernement espagnol se mettront d'accord sur les moyens les plus sûrs pour les combattre et les anéantir selon les ressources et les éléments dont ils peuvent disposer, en donnant aux prisonniers de guerre le traitement le plus conforme aux sentiments humanitaires et à la coutume observée par les nations cultivées.

» Art. 2. — Lorsque la commune sera libérée de la domination espagnole, les habitants les plus qualifiés par leur renommée, leur position sociale et l'honorabilité de leur conduite, aussi bien du centre que des divers quartiers, se réuniront en une assemblée générale dans laquelle il sera procédé à l'élection par la majorité des voix du chef de la commune et d'un adjoint pour chaque quartier, le centre étant considéré comme formant un quartier aussi bien que ceux précédemment connus comme tels.

» Auront droit d'assister à cette assemblée et d'être élus tous les habitants qui réunissent les conditions indiquées, pourvu qu'ils soient partisans de la liberté philippine et aient atteint l'âge de vingt et un ans accomplis.

Art. 3. — Dans la dite assemblée seront également élus, à la majorité des votes, trois délégués : un à la Police et à l'ordre intérieur, un autre à la Justice et à l'État Civil, le troisième aux Revenus et à la Propriété.

» Le délégué à la Police et à l'ordre intérieur aidera le chef dans l'organisation de la force armée que chaque commune doit maintenir pour sa propre sécurité suivant les ressources dont il dispose, dans le maintien de l'ordre, dans la direction des travaux urbains et dans la conservation de l'hygiène des populations.

» Le délégué à la Justice et à l'Etat Civil aidera le chef dans l'établissement des jugements et des livres du registre des naissances, des décès, des contrats matrimoniaux et du recensement.

» Enfin le délégué aux Revenus et à la Propriété aidera le chef dans le recouvrement des contributions, l'administration des fonds publics, l'établissement des livres du registre des recettes et de la propriété immobilière et dans tous les travaux relatifs à l'administration de toute classe d'industrie.

» Art. 4. — Le chef président avec les adjoints et les délégués constitueront les assemblées populaires qui veilleront à l'exact accomplissement des dispositions précédentes et aux intérêts particuliers de chaque commune. L'adjoint du centre de la commune sera le vice-président de l'assemblée et le délégué à la Justice en sera le secrétaire.

» Les adjoints seront les délégués du chef dans leurs circonscriptions respectives.

» Art. 5. — Les chefs de chaque commune, après avoir pris l'avis de leurs assemblées respectives, se réuniront et éliront, à la majorité des voix, un chef de province et trois conseillers, pour les trois branches d'administration ci-dessus désignées.

» Le chef de la province comme président, le chef de la capitale de la province, comme vice-président et les dits conseillers constitueront le conseil provincial qui veillera à l'accomplissement des dispositions prises par ce gouvernement dans le territoire de la province et pour les intérêts généraux de la nation et proposera à ce gouvernement les mesures qui doivent être adoptées pour le bien de tous.

» Art. 6. — Les dits chefs éliront aussi, à la majorité des voix, trois représentants pour chacune des provinces de Manille et de Cavite, deux pour chacune des provinces ainsi classifiées dans la législation espagnole et un pour chacune des autres provinces et commandements politico-militaires de l'archipel philippin.

» Les dits représentants prendront soin des intérêts généraux de l'archipel et des intérêts particuliers de leurs provinces respectives et constitueront le Congrès révolutionnaire qui proposera à ce gouvernement les mesures concernant la conservation de l'ordre intérieur et de la sécurité extérieure des îles et qui sera entendu par lui dans tous les cas graves et difficiles dont la solution admet délai ou attente.

» Art. 7. — Les personnes élues à une fonction quelconque, dans la forme prescrite par les articles précédents, ne pourront s'en décharger sans préalable confirmation de ce gouvernement qui la donnera en vue des actes d'élection.

» Les représentants accréditeront leur personnalité par la production des dits actes.

» Art. 8. — Les chefs militaires nommés par ce

gouvernement dans chaque province n'intervien-
dront pas dans le gouvernement et l'administration
de la dite province ; ils se borneront à demander les
secours dont ils auraient besoin tant en forces qu'en
ressources aux chefs de province ou de communes
qui ne pourront les leur refuser en cas de véritable
nécessité.

» Cependant, quand la province sera menacée ou
occupée par l'ennemi en tout ou en partie, le chef
supérieur militaire pourra assumer les pouvoirs du
chef de province jusqu'à ce qu'ait disparu le péril.

» Art. 9. — Le gouvernement nommera pour
chaque province un commissaire spécialement
chargé d'y établir l'organisation prévue par ce
décret suivant les instructions que le dit gouvernement lui communiquera. Sont commissaires de
droit les chefs militaires qui délivrent les communes de la domination espagnole.

» Les dits commissaires présideront les premières
assemblées qui se tiendront dans chaque commune
comme en chaque province.

» Art. 10. — Quand sera établie l'organisation
prévue en ce décret, resteront sans effet les nominations antérieures à toute charge civile quelles que
soient leur origine et leur provenance et seront abro-
gées toutes les dispositions contraires au présent.

» Donné à Cavite, le 18 juin 1898.

» EMILIO AGUINALDO. »

Quelques jours après, Aguinaldo constituait son premier ministère qui fut ainsi composé : Baldiniero Aguinaldo, son cousin, devenait secrétaire d'Etat de la Guerre et des Travaux publics ; Leandro Harra, de l'Intérieur ; Mariana Trias, du Trésor ; puis le 14 juillet suivant fut publié le texte de la constitution philippine.

Dans ce document il était dit que « le Président est le chef constitutionnel de la nation et qu'étant la personnification de celle-ci, il ne sera soumis à aucun contrôle tant qu'il restera en fonctions ». Un quatrième ministère, celui des Affaires étrangères, de la Marine et du Commerce est institué. Enfin le congrès composé des représentants de toutes les provinces de l'Archipel, élus par le peuple, doit discuter et voter les traités, emprunts et lois ; mais ses résolutions n'auront force de loi qu'après l'approbation du Président. Le chapitre III ne comprend qu'un code militaire presque semblable au code militaire espagnol. Enfin la constitution prévoit et détermine les emblèmes des divers fonctionnaires de tous ordres.

On le voit, c'était bien un gouvernement dictatorial que voulait établir Aguinaldo et d'aucuns pourront s'étonner que se disant le champion de la Liberté, le jeune chef révolutionnaire eût imposé à ses compatriotes une constitution d'allure si autoritaire.

En réalité, il n'en pouvait pas être autrement

dans une période aussi troublée, alors qu'on se trouvait en pleine insurrection et que l'heure était aux décisions promptes exécutées sans retard. La constitution ainsi imposée par Aguinaldo, au début de la lutte pour l'indépendance, n'était certainement pas, dans son esprit, définitive et l'empressement qu'il mit à convoquer le congrès prouve suffisamment qu'il était peu désireux d'exercer une dictature sans contrôle. Au moment où nous sommes, les provinces ne sont pas même toutes soulevées, les communications entre elles restent difficiles, sinon impossibles ; la réorganisation des communes n'est pas encore effectuée; le système électoral ne peut régulièrement fonctionner.

Aguinaldo était bien obligé, pour faire face aux événements et répondre à toutes les nécessités de l'heure présente, de garder pour lui la plus grande somme possible d'autorité.

Nous avons vu d'ailleurs avec quelle modération et quelle prudence il en usait.

Cependant que Aguinaldo consolide ainsi par des mesures énergiques et promptes le gouvernement dictatorial, les renforts, réclamés par l'amiral Dewey, débarquent enfin.

Le Président de la République philippine va nous raconter comment les Américains redoublent alors de politesses et de flatteries à son égard :

« Le 4 juillet, la première expédition militaire des États-Unis arriva, sous le commandement du

général Anderson, et prit ses quartiers dans l'arsenal de Cavite. Ce général distingué vint me rendre
visite à l'hôtel du gouvernement philippin à Cavite,
honneur et courtoisie auxquels je m'empressai de
répondre, comme il était juste, puisque nous étions
des amis de même rang et des alliés. Au cours de
cet échange officiel de politesses, le général Anderson endossa solennellement et complètement les
promesses que m'avait faites l'amiral Dewey, me
donnant sa parole d'honneur que l'Amérique n'était
pas venue aux Philippines pour faire la guerre aux
indigènes ni pour conquérir et garder le territoire,
mais simplement pour délivrer la population de
l'oppression du gouvernement espagnol.

» Quelques jours avant l'arrivée de cette expédition militaire et des troupes qui suivirent sous le
commandement du général Merritt, l'amiral Dewey
m'envoya à mon gouvernement son secrétaire pour
me demander l'autorisation d'établir des stations
de troupes américaines à Tambo et à Maysubig, à
Paranaque et Panay. Se fondant sur les promesses
importantes de l'amiral Dewey, mentionnées plus
haut, le gouvernement dictatorial consentit au mouvement de troupes proposé.

» Pendant ce mois de juillet, l'amiral Dewey,
accompagné du général Anderson, visita Cavite et
après l'échange de politesses usuelles, il me dit :
« Vous avez eu *de visu* la démonstration et la confirmation de tout ce que je vous ai appris et promis.

Quel gracieux pavillon que le vôtre ! Il a un triangle et ressemble à celui des Cubains. Vous me ferez plaisir en m'en donnant un comme souvenir à mon retour chez moi. »

» Je répondis que je me fiais entièrement à sa parole d'honneur et qu'il n'était pas nécessaire de donner à nos conventions la force doqumentaire. Quant au pavillon je lui en ferai donner un quand il le voudrait.

» L'amiral poursuivit : « Les conventions écrites
» sont inutiles quand il n'y a pas de sentiment
» d'honneur chez l'une des parties contractantes,
» comme c'était le cas pour l'arrangement fait avec
» les Espagnols qui n'avaient pas tenu leurs pro-
» messes écrites et signées. Ayez foi en ma parole,
» et je vous assure que les Etats-Unis reconnaîtront
» l'indépendance de votre pays. Mais je vous recom-
» mande de tenir secret pour le moment presque
» tout ce que nous avons dit et conclu. Je vous
» prie, en outre, d'user de patience si quelqu'un de
» nos soldats insulte un Philippin car ce sont des
» volontaires encore indisciplinés. »

» Je répondis que je me rappellerais parfaite-ment ses recommandations en ce qui concer-nait la circonspection et que, quant aux actes d'indépendance des soldats, j'avais déjà donné des ordres pour prescrire l'indulgence ; puis je fis les mêmes remarques à l'amiral au sujet de certains désagréments qui pouvaient résulter du manque de discipline de nos propres troupes. »

On pouvait encore, jusqu'à ce moment, croire à la sincérité de l'amiral et des généraux américains ; mais les uns et les autres vont maintenant faire preuve d'une évidente duplicité. Elle se manifesta notamment dans la façon sournoise avec laquelle tous s'efforcent d'endormir la vigilance d'Aguinaldo et de faire prendre à leurs troupes, tout en protestant de leurs bonnes intentions, les meilleurs campements et les plus sûrs camps retranchés.

Nous venons de voir plus haut comment, lors de l'arrivée du général Merritt, l'amiral Dewey avait obtenu l'autorisation d'établir des stations de troupes américaines à Tambo, Maysubig, à Paranaque et à Panay : la manœuvre se reproduira à plusieurs reprises.

En attendant, l'amiral Dewey s'inquiète et se demande si son allié ne va pas se laisser séduire par des propositions espagnoles.

« — Pourquoi donc, demande-t-il un jour à Aguinaldo, la population de Manille ne se soulève-t-elle pas contre les Espagnols comme ont fait les habitants des provinces ? Est-il vrai qu'elle accepte l'autonomie offerte par le général Augustin, avec une assemblée représentative ? Dois-je ajouter foi à la nouvelle qu'une commission philippine a été envoyée de Manille pour vous proposer d'accepter cette autonomie en même temps qu'on reconnaîtrait votre rang de général et le rang de vos compagnons ?

» — La population de Manille, répondit Aguinaldo, est calme parce qu'elle n'a pas d'armes et parce que, composée de commerçants et de propriétaires, elle craint que ses valeurs et son argent déposés dans les banques ne soient confisqués par les Espagnols s'il y avait un soulèvement et si l'on se mettait à incendier les propriétés d'autrui. C'est pour cela que la population de Manille a accepté l'autonomie, non parce que c'était ce qu'elle voulait, mais plutôt comme un moyen de leurrer les Espagnols. Pour moi, j'ai la certitude que tous les Philippins de Manille sont pour l'indépendance et on le verra le jour même où les troupes prendront Manille ; j'ai le ferme espoir qu'alors la population de Manille se ralliera à nous, en acclamant avec enthousiasme l'indépendance des Philippines et en renouvelant ses démonstrations de loyale fidélité envers notre gouvernement. »

Aguinaldo reconnut d'ailleurs qu'une commission philippine était arrivée et qu'elle venait lui faire, au nom du général Augustin et de l'archevêque Nozalida, certaines propositions.

Quelles étaient ces propositions ?

Les membres de la commission disaient que les Espagnols leur avaient recommandé d'assurer qu'ils étaient venus de leur propre chef, sans avoir reçu de délégation expresse des autorités espagnoles et sans que celles-ci leur eussent fait la leçon ; ils devaient au contraire représenter qu'ils étaient les fidèles interprètes de la population de Manille et qu'ils avaient de fortes raisons de croire que si Aguinaldo acceptait l'autonomie, le général Augustin et l'archevêque Nozalida reconnaîtraient son grade et celui de ses compagnons, qu'ils donneraient l'indemnité de 1 million de dollars promise à Biak-Na-Bato, et encore impayée ; qu'en outre, on récompenserait libéralement les membres de l'assemblée populaire en leur attribuant de beaux traitements. Les commissaires n'ajoutaient, quant à eux, aucune foi à ces promesses, mais quelques-uns d'entre eux croyaient qu'il fallait accepter l'argent, parce que c'était diminuer d'autant les fonds du gouvernement espagnol et aussi parce que cet argent avait été extorqué aux Philippins. Les commissaires étaient partis en donnant l'assurance que la population de Manille se soulèverait contre les Espagnols, si on lui donnait des armes, et que le mieux à faire, c'était d'attaquer Manille sur les points qu'ils désignaient comme les plus faiblement défendus par les Espagnols, et par conséquent les plus faciles à emporter.

Aguinaldo remercia les commissaires de leur loyale franchise et leur dit qu'à leur retour, ils pouvaient informer ceux qui les avaient envoyés qu'on ne les avait pas reçus parce qu'ils n'étaient pas dûment accrédités ; ce qu'ils avaient entendu et vu chez les révolutionnaires devait d'ailleurs leur donner la certitude que don Emilio Aguinaldo ne prendrait pas en considération et accepterait encore moins leurs propositions quant à l'autonomie ; le peuple philippin avait assez d'expérience pour se gouverner lui-même, il était las d'être victime des plus grossiers abus commis par une nation étrangère dont il ne voulait pas continuer à supporter la domination. Les Espagnols n'avaient donc qu'à se préparer à défendre leur souveraineté, car l'armée philippine livrerait un assaut vigoureux à la ville et poursuivrait le siège avec une opiniâtreté indomptable jusqu'à la prise de Manille.

Aguinaldo pria aussi les commissaires de dire à l'archevêque Nozalida qu'il abusait des privilèges et de l'autorité de sa haute position, qu'une telle conduite était en désaccord avec les préceptes de Sa Sainteté le Pape, et que s'il ne rétablissait pas les choses sous leur vrai jour, la lumière serait faite sur cette question, de telle manière qu'il n'en rejaillirait sur lui que honte et disgrâce. Finalement, Aguinaldo recommanda aux commissaires de dire à la population de Manille qu'elle pouvait s'adonner sans crainte à son commerce et à son industrie et être parfaitement rassurée sur le gouvernement, dont les actes étaient inspirés par la droiture et la justice, et que, depuis qu'il n'y avait plus de moines pour corrompre les vertus civiques, le gouvernement philippin s'efforçait de démontrer l'honnêteté de ses desseins à la face du monde entier. Il n'y avait donc pas de raison pour les habitants de Manille de suspendre leurs travaux accoutumés ni de quitter la ville pour venir se réfugier dans le camp où les ressources étaient limitées et où il y avait déjà plus de gens qu'il n'en fallait pour les services du gouvernement et de l'armée.

Les commissaires demandèrent encore quelles conditions les Etats-Unis imposeraient et quels avantages ils apporteraient aux Philippins. Aguinaldo répondit qu'il était difficile de répondre à cette question à cause du secret promis à l'amiral Dewey.

« — D'ailleurs, ajouta Aguinaldo, vous apprendrez bien des choses rien qu'à observer les actes du gouvernement dictatorial, actes équivalant à l'exercice des droits souverains. »

Et montrant le pavillon philippin qui flottait au mât des navires révolutionnaires mouillés au port, Aguinaldo termina par ces seuls mots : « Vous avez une preuve sous les yeux : fixez-les seulement sur les eaux du port ! ».

Voilà par quelles paroles pleines de loyauté et de franchise Aguinaldo répondait à une démarche assez louche des riches Philippins habitants de Manille ; nous verrons plus loin encore le patriotisme des hauts commerçants et des gros propriétaires, seulement préoccupés de sauver leur fortune !

Quant à l'amiral Dewey, il continuait à préparer la trahison contre ses alliés. Lorsqu'arriva le général Merritt, deux officiers d'ordonnance de l'amiral se présentèrent à Aguinaldo pour lui demander l'autorisation d'occuper les tranchées de Maysubig. Le dictateur y consentit, se reposant toujours sur les promesses solennelles si souvent faites et renouvelées.

Les Américains occupèrent donc les tranchées de Maysubig ou plutôt tentèrent de s'y établir, car une fâcheuse mésaventure leur arriva. A peine étaient-ils installés que leurs avant-postes furent surpris par les Espagnols : ils eurent tout juste le temps de sauter de leurs lits et de se replier en arrière, abandonnant les fusils et dix canons aux mains des ennemis. Heureusement, le bruit de la fusillade fut entendu des Philippins qui se portèrent en avant par un rapide élan, repoussèrent les Espagnols et reprirent les fusils et les canons.

Aguinaldo s'empressa de donner l'ordre que les uns et les autres fussent restitués aux Américains, en témoignage de loyale et bonne camaraderie. A ces procédés de délicate courtoisie, l'amiral Dewey répondit par une nouvelle demande : il sollicitait pour les troupes américaines d'autres retranchements et le droit de prolonger leurs lignes jusqu'à Panay.

Dès lors, les troupes des généraux Merritt et

Anderson étaient en bonne posture et pouvaient se préparer à arracher aux Philippins le fruit de leurs victoires.

Mais il importait encore de laisser les naïfs indigènes faire un ultime effort pour la prise de Manille.

CHAPITRE VII

LES DÉBUTS D'UNE RÉPUBLIQUE

La prise de Manille. — Révocation du général Augustin. — L'ultimatum de Dewey. — La capitulation. — Le protocole de la paix signé à Washington. — Les Philippines ne sont pas annexées aux États-Unis. — La conduite des Américains à l'égard d'Aguinaldo. — Premiers froissements. — Le congrès de Malolos. — Le programme philippin. — Louables efforts d'administration.

A l'heure où nous sommes arrivés, la situation des Espagnols aux Philippines est particulièrement critique. Pour bien s'en rendre compte, il n'y a qu'à consulter les correspondances de M. Duchemin, des *Débats*, qui, dans une lettre datée du 20 juillet 1898, fait le dénombrement des troupes encore disponibles et montré à quel degré de désarroi et de découragement on se trouve à Manille.

« D'après tous les renseignements recueillis, dit notre confrère, les forces espagnoles actives, qui défendent Manille, seraient réduites à 4,000 hommes environ, y compris quelques compagnies indigènes correspondant à nos tirailleurs tonkinois. Plusieurs milliers d'hommes sont disséminés dans les provinces du Sud et dans les autres îles. On est fort inquiet pour la sécurité d'un certain nombre de postes et sans nouvelles d'aucune sorte, puisque les Américains tiennent la mer, les rebelles la terre, que les communications télégraphiques sont coupées et celles postales suspendues.

» Je viens de dire que 4,000 hommes sont prisonniers des insurgés. L'explosion de la nouvelle insurrection fut si rapide et la défection des milices si inattendue que le général Pena, commandant la province de Cavite, fut cerné avec 1,800 hommes et obligé de se rendre après avoir épuisé ses munitions. La famille du gouverneur général Augustin se trouvait alors à la campagne, à Macabébé, dans la province de Pampanga. Le général Monet commandait environ 2,500 hommes dans cette province. Ces troupes furent cernées pendant deux mois, et pendant un mois le gouverneur général fut sans nouvelles des siens. Grâce au dévouement du colonel Blanco, chef d'un corps de volontaires indigènes qui est demeuré fidèle et a rendu aux Espagnols les plus grands services, M^mo Augustin et ses cinq enfants purent traverser les lignes insurgées, fuir dans une petite barque et arriver ainsi à Manille après avoir couru les plus grands dangers. Le général Monet, sous prétexte d'accompagner la famille du gouverneur, quitta ses troupes avec son aide de camp et arriva à Manille. En l'absence de leur chef, manquant de munitions et de vivres, ces malheureux, qui résistaient depuis deux mois, furent contraints de se rendre.

» Le général Monet est aux arrêts et la population l'accuse d'autant plus fort de lâcheté qu'elle dit que la violence du nouveau soulèvement serait en partie sa faute; car il était d'une atrocité telle, dans ses répressions, qu'il aurait, d'un seul coup, fait égorger 6,000 femmes et enfants d'un village non encore insurgé qui s'étaient réfugiés dans une église.

» Il convient de se montrer très réservé avant de porter un jugement en cette pénible affaire. Il se pourrait bien, en effet, que la mise aux arrêts du général Monet ne fût qu'une satisfaction donnée à l'opinion publique, d'autant plus surexcitée que la capture de 2,800 hommes, du général Pena, contraignit le gouvernement à appeler aux armes tous les Espagnols ou naturalisés, valides et âgés de vingt à cinquante ans.

» En résumé, les forces espagnoles aux environs de Manille, tout compris, active, réserve et territoriale, ne dépassent pas 12,000 hommes. Avec ces faibles effectifs, les Espagnols ne peuvent se maintenir que sur la défensive, la ville ayant une immense étendue et les rebelles l'entourant de toutes parts, sauf du côté de la mer. Chaque nuit, les attaques réciproques se renouvellent sans que les pertes au feu soient bien considérables, car rebelles et réguliers, qui ne sont séparés que par une distance de 250 à 400 mètres, sont à l'abri dans des tranchées. Mais le service des troupes espagnoles est excessif, puisque, sur trois nuits, chaque homme en passe une à la tranchée, une de garde, une de repos. Or, presque chaque soir en cette saison, s'abattent des orages d'une très grande violence qui comblent d'eau les tranchées où sont obligés de se tenir les défenseurs.

» Malgré ces conditions si défavorables, les hommes sont gais, ils font bravement leur devoir et forcent l'admiration de tous les étrangers. Mais de tels efforts, soutenus depuis bientôt trois mois, ne pourraient être prolongés impunément. Si donc un armistice était conclu entre Espagnols et Américains, alors que la situation resterait inchangée entre Espagnols et insurgés, l'Espagne devrait prendre des dispositions d'urgence pour empêcher ses braves troupes de succomber, non au feu, mais à l'épuisement. »

Un incident imprévu allait encore augmenter les inquiétudes de la population de Manille qui y vit la preuve manifeste de l'état d'affolement où se trouvait alors le gouvernement espagnol.

Le général Augustin, gouverneur général, inspirait grande confiance et on comptait beaucoup sur son énergie et sur son habileté pour garantir la ville d'un désastre. Or, voici que soudain, le 5 août, arrivait à Manille la malle anglaise apportant au général Augustin deux télégrammes du gouvernement. Dans le premier, du 21 juillet, M. Sagasta félicitait le général et les troupes de leur belle conduite ; le deuxième, du 24 juillet, le révoquait !

Le motif de ce brusque revirement d'opinion était vraisemblablement celui-ci : le gouverneur avait câblé à Madrid que la population serait absolument découragée et démoralisée, dès qu'elle connaîtrait le retour en Espagne de l'amiral Camara et le désastre de Cervera ; il déclarait qu'il était impossible que la place résistât longtemps dans ces conditions ; et, d'avance, il déclinait la responsabilité des décisions qu'il serait amené à prendre en cas de bombardement.

Cette franchise avait fort déplu, dit-on, à M. Sagasta. Une autre explication fut donnée du rappel du général Augustin : le gouvernement de Madrid, se rendant compte que la capitulation de Manille était inévitable, n'avait pas voulu qu'elle fût signée par le gouverneur général des Philippines, de peur que les Américains ne prétendissent en tirer la conclusion qu'elle englobait l'archipel tout entier. C'est pourquoi le général Augustin, s'embarquant avant la reddition de la ville, en laissait le commandement au général Jaudenès, qui, dans son esprit, ne devait rendre que la place dont il avait le commandement, c'est-à-dire la seule capitale, Manille.

Quoi qu'il en soit, la population européenne fut atterrée par cette décision qui bouleversait le commandement à une heure aussi critique, alors que l'on attendait d'une minute à l'autre l'ultimatum de l'amiral Dewey.

Cet ultimatum se produisit enfin, deux jours après que le général Jaudenès eut pris la succession du général Augustin.

Le dimanche 7 août, à midi, l'amiral Dewey le fit remettre à chaque commandant des escadres étrangères ainsi qu'au général : le délai imparti était de quarante-huit heures et l'amiral déclarait que ce délai était accordé afin de permettre la mise à l'abri des non combattants, malades, femmes et enfants.

Le général convoqua aussitôt tous les consuls à une réunion chez lui, afin de leur communiquer officiellement le texte de l'ultimatum et sa réponse. Dans celle-ci, Jaudenès priait l'amiral de vouloir bien considérer qu'il lui était impossible de faire évacuer les non combattants, étant cerné de tous les côtés par terre et par mer. Le général Jaudenès demandait en outre aux consuls de vouloir bien nommer une délégation qui irait conférer avec l'amiral Dewey sur les facilités qu'il croirait devoir accorder pour laisser mettre à l'abri des non combattants. (La ville renfermait plus de 40,000 femmes et enfants et près de 3,000 malades ou blessés.)

Cette délégation, composée de M. de Bérard, consul de France, doyen du corps consulaire, et des consuls de Belgique, d'Allemagne et d'Angleterre, fut aussi chargée de demander une suspension de sept jours afin que le général Jaudenès puisse envoyer à Hong-Kong prendre les instructions de son gouvernement, étant donné qu'il n'était gouverneur que depuis l'avant-veille.

L'amiral Dewey accorda le délai demandé et le lendemain matin les colonies étrangères s'embarquaient à bord de leurs navires de guerre respectifs et des navires de commerce placés sous la protection des divers pavillons. Puis tous ces navires prirent le large afin de laisser le champ libre à l'escadre américaine.

Le samedi matin, 13 août, l'amiral Dewey somma de nouveau le général Jaudenès de lui remettre la capitale des Philippines ; il lui faisait savoir que, cette fois, il ne lui donnait qu'une heure pour prendre une détermination. La réponse ayant été négative, le croiseur-amiral l'*Olympia* ouvrit le feu à neuf heures quarante du matin, et immédiatement le garde-côte le *Monterey*, les croiseurs *Charleston, Baltimore, Boston, Raleigh*, la canonnière le *Petrel* et le croiseur auxiliaire *Mac-Culloch* se mettaient à bombarder les défenses de mer de Manille, de l'embouchure de la rivière Pasig au faubourg de Malate. A onze heures vingt, l'amiral donnait l'ordre de cesser le feu, qui ne fut d'ailleurs dirigé que sur les ouvrages extérieurs de la ville.

Pendant ce temps le corps expéditionnaire américain et les troupes insurgées donnaient l'assaut sur différents points. Au cours de ce mouvement, les lieutenants d'Aguinaldo se multiplièrent : le général Pio del Pilar réussit à s'avancer à travers Sampaloch et tomba sur les Espagnols qui défendaient le pont suspendu : l'ennemi dut reculer jusqu'au pont d'Espagne. La colonne commandée par le général Gregorio del Pilar prit les faubourgs de Tondo Divisdona et Paseo situés au sud de Manille, tandis que le corps du général Noriel s'emparait des faubourgs de Singalong et de Paco menaçant les Espagnols qui défendaient le fort de San-Antonio.

Les officiers espagnols donnèrent alors à leurs hommes l'ordre de battre en retraite et les Américains qui occupaient les tranchées à proximité purent entrer dans Malate et Ermita sans tirer un coup de fusil.

A une heure trente, le drapeau blanc était arboré sur la forteresse de Manille, la place avait capitulé !

Ici doit s'ouvrir une parenthèse importante : il s'agit d'une question qui a soulevé de nombreuses polémiques dans la presse européenne.

On sait que le 19 juillet 1898, l'Espagne demanda les bons offices de la France et notre ambassadeur à Washington, M. Jules Cambon, fut autorisé à remettre au Président Mac-Kinley un message par lequel le gouvernement espagnol exprimait le désir de connaître les conditions auxquelles la paix pouvait être conclue. Les propositions de la France furent, on s'en souvient, acceptées avec cordialité et M. Jules Cambon fut même autorisé à signer au nom de l'Espagne les préliminaires de la paix.

Ces préliminaires furent consignés dans un protocole en date du 12 août 1898. L'Espagne renonçait à tous ses droits sur Cuba, et cédait aux Etats-Unis Porto-Rico, les Antilles espagnoles et une des îles Ladrones : elle devait évacuer immédiatement toutes ces possessions. L'article 3 stipulait que les Etats-Unis occuperaient et conserveraient le port de Manille en attendant la conclusion d'un traité de paix qui devait déterminer le contrôle et le genre de gouvernement des Philippines. L'article 6 ordonnait la suspension immédiate des hostilités.

Le protocole est donc formel au sujet des Philippines. Il n'y est nullement question de l'annexion de l'archipel aux Etats-Unis, puisqu'il y est dit que le traité de paix devra déterminer le contrôle et le genre de gouvernement de ces îles.

Mais le télégraphe ne put pas jouer assez rapidement et la capitulation de Manille eut lieu le 13 août, vingt-quatre heures par conséquent après la signature du protocole. Et les Américains en tirèrent argument pour prétendre que cette capitulation annulait sur ce point les prescriptions du protocole. Une pareille thèse est pourtant inadmissible.

La capitulation de Manille n'a fait en somme que hâter la reddition de la place, reddition qui aurait été effectuée quelques jours plus tard par le seul jeu des appareils télégraphiques puisque les préliminaires de paix stipulaient l'occupation de la ville par les Américains.

Et comment surtout pourrait-on prétendre que la capitulation de Manille pouvait donner aux Américains le droit d'occuper tout l'Archipel ? Le général Jaudenès n'a pu évidemment rendre que la ville dont il avait le commandement et la capitulation signée par lui ne pouvait certainement pas englober l'ensemble des îles, étant donné surtout que depuis longtemps les Espagnols avaient été chassés par Aguinaldo de leurs diverses garnisons : ils ne pouvaient vraiment pas livrer ce qu'ils ne possédaient plus [1].

Nous reprendrons d'ailleurs cette question quand nous en serons arrivés à la signature du traité de

1. Voici le texte de la capitulation de Manille :

« Les soussignés, nommés commissaires pour le règlement des détails de la capitulation de la ville et des ouvrages de défense de Manille et de ses faubourgs, ainsi que des forces espagnoles y stationnées, conformément à un accord survenu la veille entre le major-général Wesley Merritt, commandant en chef des forces des États-Unis aux Philippines et S. Exc. Don Fermin Jaudenès, faisant fonctions de général en chef de l'armée espagnole aux Philippines, ont convenu ce qui suit :

» 1° Les troupes espagnoles, tant européennes qu'indigènes, capitulent ainsi que la ville et les ouvrages de défense avec tous les honneurs de la guerre.

» Elles déposeront leurs armes aux endroits qui seront désignés par les autorités des États-Unis.

» Elles resteront dans les quartiers qui leur seront affectés sous la garde de leurs officiers, et seront soumises au contrôle des sus-

Paris entre les Etats-Unis et l'Espagne ; mais il était indispensable de montrer dès à présent le parti que voulurent tirer les Américains de la capitulation de Manille survenue vingt-quatre heures après la signature des préliminaires de paix.

Cette capitulation de Manille eut un autre effet ; elle mit fin définitivement à la bonne entente entre Aguinaldo et l'amiral Dewey. Et nous allons entrer dans la période où les Américains vont chaque jour, par de nouveaux incidents, froisser leurs anciens alliés et multiplier les provocations à l'égard de ceux qui devenaient gênants après avoir été indispensables. Du jour au lendemain l'attitude de l'amiral et des généraux américains se modifia du tout au tout.

dites autorités des Etats-Unis jusqu'à la conclusion d'un traité de paix entre les deux nations belligérantes.

» Toutes les personnes non comprises dans la capitulation restent en liberté.

» Les officiers resteront dans leurs domiciles respectifs, et seront respectés aussi longtemps qu'ils observeront les règlements qui les régissent et les lois en vigueur.

» 2º Les officiers conserveront leurs armes blanches, leurs chevaux et les objets leur appartenant en propre.

» Les chevaux et objets appartenant en commun, de quelque nature qu'ils soient, seront remis à des officiers d'état-major désignés par les Etats-Unis.

» 3º Un état d'effectifs complets des hommes par corps ou services et une liste complète du matériel et des approvisionnements seront remis en double expédition aux Etats-Unis dans un délai de dix jours à compter du présent jour.

» 4º Toutes les questions relatives au rapatriement des officiers et des soldats des forces espagnoles et de leurs familles ainsi qu'aux

Aguinaldo raconte en ses mémoires comment le jour même de la capitulation, parurent les premiers nuages :

« Nos troupes, dit-il, virent les Américains débarquer sur le rivage près de la Luneta et du Paseo de Santa-Lucia, et tout le monde remarqua que les soldats espagnols qui occupaient les forts de la ville ne tiraient pas sur eux (sur les Américains). Ce mystère s'éclaircit au lever du soleil, quand les détails de la capitulation de Manille par le général Jaudenès, aux termes d'une convention faite avec le général Merritt, furent connus de tous. Les généraux américains se réservèrent exclusivement le

dépenses que ledit rapatriément peut occasionner seront déférées au gouvernement des Etats-Unis à Washington.

» Les familles espagnoles pourront quitter Manille à tous les moments qu'il leur conviendra.

» La remise des armes rendues par les forces espagnoles aura lieu quand ces forces évacueront la ville, ou quand l'armée américaine y entrera.

» 5° Les officiers et soldats compris dans la capitulation seront pourvus par les Etats-Unis, conformément à leur rang, des vivres nécessaires, attendu qu'ils seront prisonniers de guerre jusqu'à la conclusion d'un traité de paix entre les Etats-Unis et l'Espagne.

» Tous les fonds qui se trouvent à la Trésorerie espagnole et dans toutes les autres caisses publiques seront versés aux autorités des Etats-Unis.

» 6° La ville de Manille, ses habitants, ses églises, ses édifices religieux, ses établissements d'éducation et ses propriétés privées de toute nature seront placés sous la sauvegarde de la foi et de l'honneur de l'armée américaine. »

Suivent les signatures des sept commissaires, dont quatre Américains et trois Espagnols.

bénéfice et les mérites de cette capitulation, contrairement à l'arrangement intervenu avec l'amiral Dewey relativement aux plans d'attaque finale et de prise de Manille, opérations qui devaient être effectuées par les forces alliées, américaines et philippines.

» Sur cette conduite, en apparence inexplicable, des commandants américains, j'eus quelques éclaircissements par les télégrammes que je reçus pendant la journée du général Anderson. Il me télégraphia en effet de Maysubig pour me demander de donner l'ordre à nos troupes de ne pas entrer dans Manille, demande à laquelle je n'acquiesçai point, parce qu'elle n'était pas conforme à nos conventions et qu'en outre elle était diamétralement opposée aux desseins du gouvernement révolutionnaire, car il n'était pas admissible qu'après avoir assiégé Manille pendant deux ans et demi, sacrifié des milliers d'hommes et des millions d'intérêts matériels, on eût fait tous ces sacrifices dans tout autre but que la prise de Manille et celle de la garnison espagnole qui défendait opiniâtrement la ville.

» Mais le général Merritt, persistant dans ses résolutions, me fit demander, non seulement par l'amiral, mais aussi par le major Bell, de retirer mes troupes des faubourgs afin, disait-il, de prévenir le danger d'un conflit que l'on doit toujours prévoir dans le cas d'une occupation militaire dualiste ; il voulait éviter aussi de cette manière de laisser jeter le ridicule sur les forces américaines ; il offrait, d'ailleurs, dans trois lettres, de négocier lorsque ses désirs auraient été remplis. La seule chose à laquelle je voulus consentir, c'est que mes troupes se retireraient graduellement vers le blockhaus, afin de rendre tous les habitants de Manille témoins des mouvements de notre armée et aussi de nos procédés d'amitié à l'égard des Américains, nos alliés. »

Ces procédés étaient irréprochables et on ne peut qu'admirer sans réserve l'attitude si calme, si fière, si pacifique et si sage des révolutionnaires philippins au lendemain de victoires qui auraient grisé sans doute des hommes moins pondérés.

Pendant plus de trois siècles les Espagnols, pour essayer de justifier le régime d'oppression auquel ils soumettaient leur colonie d'Extrême-Orient, avaient répété à satiété que les Philippins étaient incapables de se gouverner eux-mêmes. On comprend dès lors qu'Aguinaldo et ses partisans avaient une hâte extrême de prouver au monde entier qu'ils étaient dignes de l'Indépendance et qu'ils avaient tous les droits à prendre place parmi les nations civilisées : nous retrouverons cette préoccupation dans tous les discours, dans tous les écrits des révolutionnaires philippins. Un mois ne s'est pas écoulé depuis les derniers coups de fusil tirés contre les Espagnols que le gouvernement de la jeune République songe à organiser de plus en plus l'administration du pays et à rétablir la paix dans toutes les provinces.

A Malolos, le 15 septembre, se réunit pour la première fois le Congrès révolutionnaire : il eut lieu dans un édifice autrefois consacré au culte. La population indigène manifesta un empressement admirable à donner à cette cérémonie un éclat incomparable : de tous les points de l'archipel elle accourut en foule et la petite ville de Malolos prit l'air de fête que sait donner, partout où elle se manifeste, la franche gaîté populaire. Les rues sont magnifiquement décorées de drapeaux et de feuillage ; sans cesse elles sont parcourues par des bandes joyeuses, musique en tête, qui chantent des refrains patriotiques et poussent des cris d'allégresse. C'était la résurrection de tout un peuple après plusieurs siècles de servitude, et tous les visages reflétaient l'intensité d'un bonheur inouï et d'une confiance complète dans l'avenir.

C'est aux cris de : « Vive notre Président ! Vive le libérateur des Philippines ! » qu'Aguinaldo, entouré de sa maison militaire, fait son entrée dans la la salle du Congrès, où les quatre-vingt-trois députés, tous notables et riches propriétaires de Luçon, l'attendaient. Dans les places réservées se remarquaient une députation du clergé indigène, les secrétaires du gouvernement, les représentants des journaux la *Independancia* et la *Republica Filipina* de la presse locale, les correspondants du *Times*, du *New-York-Herald*, de l'*Associated Press of the United States*, de la *Chronicle de San-Francisco* et de l'*Harpers Weekly*, de San Francisco également.

Placé sur une estrade décorée à profusion de palmes et de la bannière nationale bleue, blanche, rouge, au centre de laquelle brille une étoile d'or, le président, debout, prononça d'une voix quelque peu émue un message dont nous détachons les passages les plus saillants.

Après avoir affirmé qu'il n'avait accepté la présidence que pour obéir à la volonté de la nation, il ajouta :

« Vos actes et vos décisions, honorables représentants, auront besoin d'être exécutés avec calme, sérénité et votre prudence habituelle ; n'oubliez pas que des milliers d'hommes du monde civilisé ont les yeux sur vous et que ce que vous allez dire et faire sera sévèrement jugé. Nous respectons toutes les opinions s'il y en a qui nous divisent encore, mais nous les adjurons de se concentrer sur ce but suprême qui nous a coûté déjà tant de larmes et de sang, l'unité du pays. Chaque peuple a son existence individuelle, son caractère spécial, sa civilisation propre, mais chaque peuple doit suivre la marche générale de l'humanité. Si les nations anciennes et modernes se firent de si longues et cruelles guerres, c'est parce qu'elles ne s'élevèrent jamais jusqu'à penser que cette humanité devait être une. Quant à nous, notre devise sera Fraternité, et c'est dans ce cri que nous saluons les peuples indépendants et libres.

» ... Dieu est le maître de nos destinées : c'est lui qui nous mène, et la révolution qui souleva le peuple des Philippines en est l'éclatante preuve. Nous acceptons donc la mission d'organiser politiquement cet archipel. En agissant avec une grande humanité, en nous élevant à la hauteur de la conscience des peuples civilisés, nous obtiendrons certainement l'appui d'une Providence qui vient toujours en aide à ceux qui mettent en elle leurs espérances. Tenons haut et indépendant notre drapeau ; nous lutterons peut-être encore par les armes et la propagande des idées de la liberté, mais surtout par ces dernières, car ce sont elles qui finissent par gouverner le monde, et non les armes. »

Que dites-vous de cette dernière phrase ? Est-elle d'un sauvage, cette confiance dans la force des idées, dans le triomphe de la raison sur les armes ? Que de prétendus civilisés seraient incapables de tenir ou de comprendre un tel langage !

Au message d'Aguinaldo, c'est le grand poète Paterno, le président du Congrès, qui répondit en ces termes :

« Monsieur le Président de la République,

» La Chambre des représentants se félicite que ce soit vous qui ayez inauguré la première assemblée populaire de cet archipel, puisque votre personne symbolise toutes nos victoires et les légitimes espérances de notre patrie.

» En ces moments où l'aurore d'une paix ardemment désirée éclaire le pays de ses premières lueurs, l'aurore d'une organisation sociale et politique s'impose à nos penseurs, à nos hommes de science, à nos capitalistes, aux artistes, aux glorieux défenseurs de la nation.

» C'est à eux qu'il appartient de donner à notre gouvernement une forme correcte et définitive.

» Il est urgent, honorable Président, que notre constitution, nos codes reçoivent une sanction définitive, qu'ils soient promulgués, mis en pratique, afin que nous entrions dans le concert des nations libres et civilisées. Pour toucher à ce but, l'assemblée emploiera toutes ses forces, car, aussitôt atteint, le pays aura donné une base solide à une indépendance conquise par d'héroïques efforts et consacrée par le sang de nos frères morts en combattant.

» Cette assemblée, fidèle à sa haute mission, s'engage à veiller à la fois sur le maintien du principe indiscutable de son indépendance et sur la prompte promulgation des lois qui assurent la félicité morale et matérielle du peuple. Nous seconderons également le gouvernement dans ses rapports avec les puissances étrangères, soit pour en obtenir des traités, soit pour convier les hommes de bonne volonté à venir cultiver des terres d'une fertilité incomparable. Un grand bien-être les y attend et en répondant à notre appel ils nous aideront à inaugurer une ère de fraternité en harmonie avec les multiples nécessités de la vie et les principes du droit international. »

Après un souvenir ému et d'éternelle gratitude donné aux martyrs de la révolution, le président du Congrès terminait son discours par ces mots :

« Nous prions le ciel, honorable Président, qu'il conserve votre vie qui nous est si chère et que votre gouvernement soit pour les peuples des Philippines une époque de paix glorieuse, de liberté et de prospérité. »

Et pour comprendre davantage encore les pensées qui agitaient les congressistes, pour mieux saisir les sentiments qui animaient le président du Congrès et Aguinaldo, il nous faut lire les commentaires de la presse officieuse du gouvernement philippin :

« Enfin, dit l'*Independencia,* le peuple philippin appartient à la grande famille universelle ; tous les peuples qui en faisaient déjà partie, bien avant lui, se réjouissent de la présence de ce robuste nouveau-né qui s'en vient à grands pas leur serrer la main.

» Le peuple qui avait dégainé l'épée homicide pour conquérir sa liberté et son indépendance, la remet aujourd'hui dans son fourreau, car il n'est pas assoiffé de sang. Il ne veut pas la guerre, il veut que la vie des citoyens pacifiques se conforme à la raison et au droit.

» Les lauriers de la victoire-maintenant l'attristent et tourmentent ses tempes. Ce peuple en est fatigué et aspire à la couronne d'épis, symbole de la paix. »

Ceux qui tiennent ce langage sont-ils des sauvages comme le prétendaient les civilisés du Vieux et du Nouveau Monde et beaucoup de chefs dE'tat sont-ils capables de tenir, comme Aguinaldo et Paterno, des discours où se révèlent une telle élévation de sentiments et une pareille noblesse d'âme ?

Encore une fois je m'excuse de multiplier les citations, mais je me suis donné la tâche de faire connaître non seulement les grandes lignes des événements, mais encore et surtout l'état intellectuel et moral des hommes qui furent à la tête du mouvement révolutionnaire. Quel meilleur moyen, pour cela que d'écouter leurs discours et de lire leurs professions de foi ?

Nous allons donc trouver dans les journaux philippins les principaux articles du programme que se traçait alors la République naissante.

D'abord, il est visible que la jeunesse révolutionnaire des Philippines s'est inspirée des exemples de notre grande Révolution de 1789 et dans le numéro qui célèbre la proclamation de la République et la conquête de l'Indépendance, on peut lire, en gros caractères, la Déclaration des Droits de l'homme et du citoyen, signée de Sieyès. Les passages qui ont le plus spécialement frappé les rédacteurs y sont soulignés : ils deviendront les articles les plus importants du programme de réformes que le gouvernement philippin se propose de réaliser.

La *Republica Filipina* détermine ainsi ce programme :

D'abord elle explique comment elle conçoit l'Indépendance qui vient d'être proclamée :

« Les Philippins, dit-elle, ayant conquis leur indépendance, respectent par cela même l'indépendance des autres peuples. La nation philippine, fière d'avoir conquis ses droits naturels, ne les violera pas chez les autres : jalouse de son indépendance, elle n'attentera pas à celle de toutes les autres nations. Notre système ne se fonde pas sur la domination, mais sur la fraternité, et sur tout le globe nous ne voyons que des hommes avec des droits égaux. Notre politique s'inspire des droits d'humanité, de droit et de liberté qui amènent la paix, loi primordiale du genre humain. Le gouvernement que nous désirons est le gouvernement du peuple par lui-même avec le concours de tous les éléments qui existent dans l'archipel sans distinction de races. Pour nous les Américains équivalent aux Européens et aux Asiatiques du moment qu'ils reconnaissent loyalement la nationalité philippine avec la forme républicaine. »

Puis notre confrère philippin entrait dans quelques détails de sa conception politique :

« Si la consécration de l'unité et l'existence d'un fort pouvoir central sont des conditions indispensables pour la vie d'un Etat, il n'en est pas moins certain que la décentralisation en favorise la prospérité.

» Nous protestons énergiquement contre toute absorption de la province ou de la commune par l'Etat.

» A quoi servirait à un individu sa vigueur, si on lui ligote les membres lorsqu'il veut s'en servir ? A quoi servirait à une nation d'être forte si elle se trouve sous le joug d'une administration oppressive ?

» Il est bien entendu d'ailleurs que pour espérer de bons fruits de la décentralisation il faut encore l'instruction du peuple, l'exactitude dans l'accomplissement de ses devoirs et la volonté énergique d'exercer et de réclamer ses droits lorsque ceux-ci sont méconnus. L'homme étant naturellement sociable, loin de le contrarier, il faut l'aider dans cette inclination naturelle.

» Il faut donc une liberté absolue de réunion et d'association afin d'aider l'Etat dans l'accomplissement de sa mission, c'est-à-dire dans le développement du droit.

» L'Etat représente la société et a pour mission la réalisation des hautes finalités sociales. A cette œuvre s'associent les citoyens mais la *Republica*

Filipina ne peut appuyer ceux qui veulent la contrecarrer sous n'importe quel prétexte.

» L'inamovibilité est la condition indispensable de l'indépendance du pouvoir judiciaire. Mais il n'est pas suffisant que le pouvoir soit fort : il faut aussi qu'il soit juste et la responsabilité est la garantie de ce caractère de justice.

» L'arbitraire qui s'abrite derrière le prétexte de la loi est le plus insupportable de tous.

» La liberté du citoyen ne saurait être complète si, autant que sa personne, son domicile, sa propriété, sa correspondance ne sont pas inviolables.

» Nous demandons pour tous la liberté d'écrire, de parler, de penser, sous la responsabilité qui sert de garantie à cette liberté.

» Nous demandons un peuple très libre et un gouvernement très fort.

» Résumons-nous :

» La décentralisation, la liberté de réunion et d'association, l'inviolabilité du domicile et de la propriété apaiseront les esprits, en ramenant la paix et la tranquillité dans nos provinces et dans nos communes.

» La sévérité implacable de la loi purifiera l'administration : l'inamovibilité et la responsabilité des employés formeront des serviteurs fidèles de l'Etat.

» La liberté de l'enseignement nous permettra de

suivre les courants scientifiques du siècle, de même que la liberté religieuse émancipera les consciences et celle de la presse la pensée humaine. Le peuple philippin pourra ainsi déployer ses ailes et voler vers des horizons sans bornes. Il pourra aussi occuper la place qui lui revient au milieu des grandes puissances par son génie et sa bravoure, par sa prospérité et par sa grandeur. »

Et ce n'étaient pas là de vaines paroles. Aguinaldo et les représentants philippins se mirent aussitôt à l'œuvre pour réaliser le programme si éloquemment défini.

Le jeune gouvernement s'efforça de faire rentrer le calme dans les âmes et de convier la population à se livrer de nouveau aux travaux de la paix.

Les propriétaires de rizières, les planteurs, les cultivateurs furent invités à revenir sur leurs terres ; malgré les difficultés de toute nature, la justice fut organisée, ainsi que l'instruction publique. Des collecteurs d'impôts furent nommés, mais les impôts étaient extrêmement réduits.

Si bien que, dans une brochure de propagande, éditée par le comité philippin de Hong-Kong, les indigènes pouvaient s'écrier avec quelque orgueil :

« Maintenant, après une telle impulsion donnée au système d'éducation, pourra-t-on prétendre que les Philippins sont des sauvages et des hommes sans instruction ?

» Ne doit-on pas dire au contraire, avec équité,

qu'ils sont capables de s'organiser et de se gouverner eux-mêmes.

» La nation américaine, qui est raisonnable et juste, doit nous rendre maintenant justice. »

Hélas ! non, les Américains ne s'apprêtaient nullement à leur rendre justice : bien au contraire, ils allaient redoubler de zèle dans l'application d'un régime de provocations systématiques qui devaient inévitablement amener un conflit.

CHAPITRE VIII

LA PRÉPARATION D'UN COUP DE THÉATRE

Dissentiments entre Philippins et Américains. — Mesures vexatoires contre Aguinaldo et ses troupes. — La politique impérialiste. — Cabotinage et mensonges. — Nobles protestations. — L'opinion publique aux Etats-Unis. — Le programme de M. Bryan. — Les provocations redoublent. — Proclamations d'Aguinaldo. — Mac-Kinley a besoin d'un coup de théâtre. — Le conflit éclate.

Dès le mois d'octobre 1898, les mesures vexatoires furent ordonnées par l'amiral Dewey contre les troupes philippines : un jour, celles-ci recevaient l'ordre de retirer leurs avant-postes à huit kilomètres au moins de ceux des troupes américaines ; un autre jour, sur l'ordre de l'amiral, une canonnière américaine se rendit brusquement dans la baie de Manille et sans avertissement préalable, sans motifs, sans discussion, saisit des barques et des petits vapeurs appartenant aux Philippins.

A cette époque, le général Otis venait d'être investi du commandement du corps expéditionnaire américain. Aguinaldo envoya aussitôt une commission au général pour demander des explications. Le général Otis donna aux commissaires une lettre de recommandation auprès de l'amiral à qui il les adressa ; mais l'amiral refusa de recevoir la Commission, malgré la recommandation du général Otis.

« En dépit des procédés des commandants américains, dit Aguinaldo, si contraires à l'esprit de toutes les conventions mentionnées ci-dessus, je continuai à garder une attitude amicale envers eux, et j'envoyai une Commission au général Merritt pour lui dire adieu la veille de son départ. Pour répondre à cette démarche de courtoisie, le général Merritt eut l'obligeance de dire qu'il plaiderait la cause des Philippines aux Etats-Unis. J'envoyai d'autre part à l'amiral Dewey un poignard (puñal) dans une gaîne d'argent massif, avec un manche gravé par les plus habiles orfèvres, en souvenir et témoignage de notre amitié. L'amiral accepta ce présent, en donnant ainsi, dans une certaine mesure, un apaisement à mes soupçons et aux appréhensions de mes compatriotes en ce qui concernait la constitution du gouvernement révolutionnaire, et nos cœurs se remplirent de nouveau de joie et d'espoir en une complète entente avec l'amiral Dewey. »

A partir de ce moment, Aguinaldo et ses amis connurent tour à tour le découragement et l'espoir :

tantôt, ils reprennent confiance dans la loyauté de l'amiral Dewey ; tantôt, ils s'aperçoivent que celui-ci joue un double jeu et qu'il est en réalité un instrument docile entre les mains du président Mac-Kinley qui, lui-même, obéit passivement aux inspirations du parti impérialiste américain.

Les Philippins se sentirent tout à fait rassurés pourtant, lorsqu'on leur annonça la venue prochaine d'une Commission civile qui devait, disait-on, se rendre à Manille pour traiter avec eux et s'entendre définitivement au sujet du gouvernement des îles.

Mais cela ne faisait l'affaire ni du général Otis, qui souhaitait un conflit, ni des agitateurs qui avaient résolu d'entraîner les Etats-Unis dans cette désastreuse aventure coloniale. Aussi les excès des Américains deviennent-ils intolérables. Sur la place du marché, à Arroceros, ils massacrent une femme et un petit garçon et ils soulèvent ainsi l'indignation de toute une population paisible.

Les adjudants d'Aguinaldo, qui ont des saufs-conduits pour entrer à Manille en uniforme et l'épée au côté, sont molestés ; à chaque instant les patrouilles les arrêtent et s'efforcent d'exciter contre eux l'hilarité malveillante de la foule.

Dans la rue Lacoste, un garde américain tira sur un garçon de sept ans qu'il tua, sous prétexte que le pauvre enfant avait volé une banane à un Chinois. On perquisitionnait dans les maisons tout comme sous le régime espagnol et les soldats américains des avant-postes franchissaient souvent les lignes tagales, exaspérant les sentinelles par des insultes et des moqueries.

Enfin, le général Otis, tenant à se signaler par son zèle impérialiste, donna l'ordre de faire une perquisition dans le bureau du télégraphe de la rue Sagunto, à Tondo, fit saisir les appareils et arrêter l'employé, M. Reyna, qui fut accusé de conspiration et incarcéré dans la prison de Fuenza Santiago.

Prétexte ridicule, tant était invraisemblable l'accusation.

Aguinaldo se rend compte à merveille des pièges qui lui sont tendus : il démasque en quelques mots, qui dénotent sa perspicacité, la politique du général Otis :

« Il était surabondamment manifeste que l'on voulait blesser les sentiments du peuple et irriter le gouvernement philippin afin de provoquer une collision et il était clair que ce système d'exaspération n'était pas un simple acte d'insubordination de la soldatesque, mais un parti pris du général Otis lui-même qui, outre des tendances impérialistes, voyait avec mécontentement l'arrivée des commissaires et se montrait surtout très vexé de laisser voir à la Commission que les Philippines étaient dans un état de parfaite tranquillité ; car il était évident, pour ce général comme pour le monde entier, que les Philippins aboutiraient finalement à un arrangement amical avec cette Commission, si celle-ci constatait que la paix régnait dans l'archipel.

» Nous autres, Philippins, nous aurions reçu la Commission à bras ouverts et conclu l'accord avec elle, comme nous entendions le faire avec les honnêtes agents de la grande nation américaine. Les commissaires auraient pu visiter toutes nos provinces, ils se seraient rendu compte de la complète tranquillité sur tout notre territoire. Ils auraient vu nos champs cultivés, ils auraient pris connaissance de nos lois constitutionnelles et examiné le fonctionnement de notre administration publique, basée sur la paix et la sauvegarde générales ; ils auraient goûté le charme incomparable de notre vie orientale, avec notre insouciance mêlée de sollicitude, notre chaleur tempérée par une certaine froideur, notre naïve confiance corrigée par notre esprit de suspicion, toutes marques caractéristiques de tempérament qui frappent les étrangers et qui sont dépeintes par eux en une infinie variété de nuances.

» Mais, hélas ! le général Otis et les impérialistes ne se souciaient pas de rencontrer ces doux et agréables paysages. Il entrait mieux dans leurs desseins criminels que les commissaires américains se trouvassent en présence de la désolation et des horreurs de la guerre des Philippines, et que la Commission respirât à son arrivée l'odeur répugnante des cadavres américains et philippins. Il entrait mieux aussi dans leurs desseins que le président de la Commission, M. Schurman, quittât Manille en n'ayant pris ses renseignements qu'auprès de quelques Philippins qui, séduits par l'appât de l'or, avaient pris fait et cause pour les impérialistes. Il valait mieux pour eux que la Commission n'aperçût le problème philippin que sous l'aspect des flammes et des massacres, au milieu de la pluie des balles, dans le choc des armées ennemies en proie à la fureur. Elle aurait été empêchée ainsi de se former un jugement exact sur les véritables et toutes naturelles conditions du problème. Enfin, il valait mieux que la Commission regagnât les Etats-Unis après avoir échoué dans sa mission de paix et qu'elle n'eût qu'à blâmer mes compagnons et moi de notre incapacité à régler les affaires, tandis qu'en réalité le peuple philippin et moi nous aspirions à la paix déjà conclue la veille, longtemps avant le moment présent, mais à une paix honnête et honorable, honorable également pour les Etats-Unis et la République philippine, c'est-à-dire sincère et durable. »

On comprend, qu'avec une telle clairvoyance, Aguinaldo ait fait l'impossible pour calmer l'impatience de ses compatriotes et apaiser les colères qu'excitaient chez les plus modérés les procédés scandaleux de l'amiral Dewey et du général Otis.

Mais la tâche devenait de jour en jour plus difficile.

Le 10 décembre 1898 fut signé le traité de Paris entre l'Espagne et les Etats-Unis : les Philippines devenaient colonie américaine. On se rappelle, et nous avons exposé longuement la question, que le protocole des préliminaires de paix, signé à Washington le 12 août, ne stipulait aucunement l'annexion des Philippines au profit des Etats-Unis.

Mais entre le mois d'août et le mois de décembre et surtout au moment où le projet de ratification du traité fut porté devant le Sénat, le parti impérialiste mena une campagne si violente que M. Mac-Kinley ne put ni ne voulut résister et l'attentat fut consommé contre le droit sacré des peuples de choisir leur nationalité.

Les moyens employés pour aboutir à un pareil résultat furent ceux qui dans tous les pays sont devenus habituels aux chauvins exaltés, aux professionnels du patriotisme.

Dans les discussions parlementaires, les partisans de l'annexion ne reculaient pas devant les mensonges les plus impudents ; un sénateur, M. Forcher, prétendait que l'empereur Guillaume était d'accord avec Aguinaldo et que, à défaut des Etats-Unis, l'Allemagne s'apprêtait à prendre possession des Philippines. Ou plutôt, car l'accusation eût été trop précise, trop facile à réfuter par conséquent, M. Forcher procéda par insinuations perfides. Il fit, pour impressionner le Sénat, allusion à de vagues complications étrangères qui « ne peuvent être mentionnées ici », disait-il, mais « qui obligent les Etats-Unis à retenir les Philippines ».

Les journaux se chargeaient d'expliquer le discours mystérieux du sénateur en publiant l'information suivante :

« Le président Mac-Kinley est maintenant convaincu qu'une puissance étrangère prête son concours aux Philippins. Le département d'État est, en effet, en possession d'informations sérieuses indiquant quelle est cette puissance qui aide Aguinaldo dans sa résistance aux Américains. »

Et pour ne laisser aucun doute sur l'identité de cette puissance étrangère, on assurait aussitôt que l'irritation contre l'Allemagne augmentait aux Etats-Unis.

A New-York, dans les théâtres et les music-halls, des cabotins agitaient sur la scène des drapeaux et adressaient au public d'enflammées objurgations : « Déferons-nous l'œuvre de Dewey ? » ou bien : « Voulez-vous abaisser notre vieille gloire et notre glorieux pavillon ? »

Et le public, avec cet enthousiasme incomparable des gens qui restent loin du champ de bataille, de répondre par des clameurs héroïques : « Non ! Non ! »

L'opinion publique était grossièrement trompée par les mensonges impudents de la presse impéria.. ste : on prétendait que les Philippins. étaient des enfants incapables de connaître même leur véritable intérêt :

« Nous avons affaire à des. enfants, écrivait le journal officieux du président Mac-Kinley : on ne laisse jamais croire aux enfants qu'ils peuvent faire ce qu'ils veulent. »

Quant à ceux qui avaient la sagesse de prévoir des mécomptes ou de blâmer cette politique de fourberie, ils étaient quotidiennement insultés par la presse nationaliste. « Sur eux, disaient les journaux jingoistes, doit retomber la responsabilité du sang américain versé ; ce sont les complices des rebelles philippins ! »

Il n'y a pas qu'en France — maigre consolation — qu'on se voit accusé de trahison pour avoir défendu la raison contre le fanatisme et l'aveuglement des foules.

Fanatisme qui, aux Etats-Unis, fut d'ailleurs savamment exalté et entretenu par de froids calculateurs sachant à merveille faire servir à leurs projets financiers les manifestations plus ou moins spontanées de l'opinion publique.

Qui pourrait douter du rôle prépondérant joué dans la politique d'extension américaine par le « Sugar trust » et des intérêts puissants qu'avaient les sucriers associés à l'annexion des îles Hawaï, de Cuba et des Philippines ?

Si bien que derrière les déclamations creuses, les simulacres de générosité, les protestations humani-

taires qui se firent si bruyantes au début de la
guerre avec l'Espagne, il y avait surtout le monstrueux réveil de formidables appétits.

Hâtons-nous toutefois de le dire, la grande et
généreuse nation américaine ne saurait être con-
fondue avec le parti impérialiste qui, à force de
mener une campagne si bruyante, finissait par être
seul entendu.

Il y eut contre cette politique détestable d'expansion coloniale, contre ce scandaleux abus de force
brutale, contre la violation des promesses données,
contre ce manquement aux plus nobles traditions
de la République, des protestations véhémentes et
courageuses qui suffisent à sauver l'honneur des
Etats-Unis.

Quel pays, hélas ! n'a pas été victime plus ou
moins longtemps de l'aveuglement des foules, de la
dangereuse folie de quelques politiciens ambitieux
ou des manœuvres criminelles de quelques financiers insatiables ?

Les Etats-Unis ne sauraient pas plus être tenus
pour responsables des actes et des paroles du parti
impérialiste, que l'Angleterre ne doit être solida-
risée avec M. Chamberlain, et la France avec les
bandes hurlantes de décerveleurs déchaînés.

Par delà l'Atlantique, les protestations se firent
particulièrement éloquentes.

Ecoutons, par exemple, le beau langage du sénateur Hoar qui, rappelant les traditions des an-

cêtres, adjurait ses collègues d'y demeurer fidèles :

« C'en est fait, s'écriait M. Hoar, notre drapeau ne portera plus au delà des mers, vers les opprimés et les écrasés, cette douce pensée qu'il est au moins un lieu où leur rêve est une vérité vivante. Le pauvre Malais, le pauvre Africain, le pauvre ouvrier d'Europe s'écrieront, en lisant notre nouvelle doctrine : « Dieu ! il n'y a plus de place sur la terre où, » en vertu de mes droits d'homme, je puisse me » relever et être un homme. »

Et M. Hoar terminait par une image singulièrement troublante :

« Quand Samuel Rogers visita les dominicains de Padoue, un vieux Père lui montrant *La Cène*, au réfectoire, lui dit : « Je me suis assis là quarante-» sept ans, et tant de nous sont venus et s'en sont » allés que, quand je lève les yeux vers les convives » silencieux de La Cène, il me semble que c'est » nous, et pas eux, qui sommes les ombres. » Eh bien ! à voir les présidences commencer et finir, les représentants s'en venir et s'en aller, devant les portraits silencieux peints sur ces murs, il me semble que c'est nous les ombres, tandis que Hancop et Jafferson, Adams et Franklin, Ellsworth et Livingstone délibèrent encore, agissent encore, vivent encore ! »

Un autre jour, Hoar, protestant contre les projets d'annexion, faisait un suprême appel aux consciences en s'emparant d'une proclamation d'Aguinaldo que nous retrouverons plus loin.

« Cet appel d'Aguinaldo, proclamait le sénateur, est un document si remarquable qu'il n'y a pas dix hommes au monde capables de l'élaborer : et je ne comprends pas qu'un seul Américain, à moins d'avoir un cœur de pierre, ait pu ne pas ressentir la force de telles paroles. »

De son côté, le sénateur Mason déclarait que les Etats-Unis n'avaient pas plus le droit d'annexer les Philippines que Cuba.

« Donnerons-nous raison, s'écriait-il, aux calomniateurs qui déjà, en Europe, nous appellent « land-grabbers » (voleurs de terre). »

De si éloquentes paroles avaient, au sein du Parlement, une considérable influence ; elles avaient aussi au dehors un immense retentissement : la fédération du travail, la plus forte des associations ouvrières, se déclara contre l'impérialisme, et M. Bryan, le concurrent de M. Mac-Kinley aux élections présidentielles, commença une campagne de cruelles railleries.

« Quand le désir de voler devient irrésistible, disait-il, on le nomme kleptomanie ; quand le désir de conquérir devient insurmontable, on dit que le courant de la destinée emporte la nation. » Et, plus narquois encore, M. Bryan continuait :

« La philanthropie et le 5 pour 100 se lancent bras dessus, bras dessous dans la nouvelle aventure : la philanthropie endort au chloroforme les vaincus, le 5 pour 100 leur vide les poches. »

Remarquons-le, en passant, M. Bryan est resté fidèle à cette opinion du premier jour. Mieux encore, il a fait de la campagne anti-impérialiste sa plateforme électorale et, le 8 août dernier, il prononçait à Indianopolis un grand discours où était exposé son programme :

1º Etablir une forme de gouvernement stable aux Philippines ;

2º Donner à cet archipel l'indépendance ;

3º Protéger les Philippins contre toute intervention extérieure pendant qu'ils poursuivraient leurs destinées.

Et M. Bryan semble être de plus en plus soutenu par des partisans qui ouvrent les yeux et voient en quels abîmes le parti impéraliste a entraîné la nation. Sans cesse le parti anti-annexionniste grandit et multiplie les manifestations.

Ces temps derniers, à Chicago, dans une salle de théâtre archicomble, le portrait d'Aguinaldo, reproduit par un appareil cinématographique, fut acclamé par toute l'assistance.

A Boston, une ligue puissante s'est formée dont on ne saurait trop louer la clairvoyante sagesse.

La ligue dénonce l'iniquité morale de cette guerre d'oppression faisant suite à une guerre soi-disant humanitaire ; elle signale le danger du militarisme auquel la République serait fatalement entraînée par l'esprit de conquête ; elle affirme la nécessité de maintenir les principes de la Constitution et dénonce le péril financier qui naîtrait de l'accroissement des taxes et des charges fiscales.

Pendant la discussion du traité, M. Andrew Carnegie, le grand métallurgiste de Pensylvanie, qu'on appelle le « roi du fer » et qui est un des leaders du mouvement anti-annexionniste, autorisait deux personnages, dont un sénateur, à déclarer au président Mac-Kinley qu'il est prêt à payer les 20 millions de dollars à l'Espagne pour l'indépendance des Philippines plutôt que de voir le gouvernement débourser cette somme et annexer l'archipel.

A côté des arguments d'ordre plutôt sentimental les anti-annexionnistes faisaient valoir avec non moins de raison des considérations politiques et financières.

« Du jour, disaient les uns, où les Etats-Unis seront engagés en Asie, ils devront prendre couleur dans la lutte qui s'ouvre pour la possession de l'Extrême-Orient, ils seront entraînés fatalement dans le courant de la politique asiatique des puissances européennes et asiatiques qui se disputent le premier rang. La conséquence immédiate de ce fait sera que le militarisme s'étendra aussi à l'Union, attendu qu'une puissante flotte moderne est une condition requise pour les Etats qui font de la politique universelle. Les dépenses nécessitées par les acquisitions nouvelles se feront sentir durement, même pour les finances américaines. Ensuite, il arrivera, très probablement, que le cousin anglais prendra le frère Jonathan à sa remorque pour l'initier aux coups et aux trucs de ce qu'on appelle la grande politique. Or, si la nouvelle politique asiatique des Etats-Unis veut fraterniser avec la politique anglaise, il peut surgir de là les surprises et les aventures les plus désagréables au point de vue de la paix européenne. Le premier acte de l'Angleterre sera de s'efforcer de rendre moins bons les rapports entre la Russie et l'Union, ce qui ne lui sera pas difficile sur le terrain de la politique asiatique. »

« Il règne maintenant, en Amérique, disaient les autres, un nouvel esprit, un esprit inquiet et provocateur qui ne promet rien de bon pour l'avenir. C'est un malheur pour les Républiques lorsqu'elles font la guerre. Si ces guerres sont victorieuses, on voit naître, dans la nation, des velléités malsaines d'expansion, qui éloignent l'Etat de sa mission pour le jeter dans la voie d'une politique d'ambition, manquant de base historique. »

En présence de telles attaques, de si hautes protestations, le parti impérialiste comprit qu'il était temps d'agir : à toute force il fallait que le conflit éclatât avant que l'opinion publique fût tout à fait retournée. Il allait bientôt se produire, non toutefois par la faute des Philippins qui, jusqu'au bout, gardèrent leur sang-froid, malgré tant d'avanies dont ils étaient victimes.

Lorsque durent se réunir à Paris, au mois d'octobre, les diplomates américains et espagnols, chargés d'élaborer le texte définitif du traité de paix, le gouvernement philippin demanda à prendre part à des conférences où devait être réglée sa propre existence : on ne répondit même pas à une si juste revendication.

Quand le traité fut signé, au mois de décembre, et que sa ratification fut proposée au Sénat américain, les protestations se firent plus énergiques, mais toujours mêlées d'assurances formelles que la paix restait le plus cher désir des patriotes tagals.

« Jusqu'ici, disait l'*Independencia*, ni le calme ni la prudence ne nous ont fait défaut. Nous avons toujours été sages, nous nous sommes montrés supérieurs, à ce point de vue, à plusieurs peuples qui sont fiers de leur civilisation. Soyons-le jusqu'à la fin.

» L'Europe a les yeux fixés sur nous, elle sera juge de l'avenir.

» Nous ne demandons pas la guerre, nous la détestons, au contraire. Elle nous révolte : mais si on nous y oblige, si l'on porte atteinte à l'entente pacifique qui forme la base de notre indépendance, le peuple marchera content et gai, en chantant l'Hymne de la Liberté.

» De nouveaux renforts nous arrivent et le peuple se demande si l'on attendra encore.

» Nous ne pouvons répondre que ceci :

» Foi en Dieu et en notre droit, et que chacun accomplisse son devoir ! »

Et *La Republica Filippina* s'exprimait plus nettement encore :

« L'Espagne, affirmait-elle, a cédé aux Etats-Unis une souveraineté qui ne lui appartenait plus, puisque nous sommes maîtres de l'île de Luçon et des îles voisines, à l'exception de quatre localités.

» Nous ne consentirons pas à être traités comme des marchandises; notre sang coulera à torrents avant que nous nous soumettions au joug de l'étranger. Les Américains ont eux-mêmes reconnu notre nationalité en laissant arborer notre drapeau sur l'île de Corregidor et sur nos navires dans la baie, en présence de toutes les flottes étrangères. Personne n'a osé intervenir alors.

» Nous sommes encore assez nombreux pour lutter et pour souffrir afin de préserver notre pays de ce nouvel esclavage. Ce n'est pas nous qui tirerons le premier coup de feu contre les Américains. Notre amitié pour eux ne peut cesser que s'ils nous attaquent à l'instigation des traîtres et des cléricaux. »

Le vaillant journal indigène indiquait ainsi l'argument décisif qui rendait en effet absurde et odieux le traité de Paris. Ni en fait, ni en droit, l'Espagne n'avait gardé la possession de l'archipel :

par quelle chinoiserie diplomatique pouvait-elle
céder aux Etats-Unis une colonie qui ne lui appartenait plus?

C'est ce que fit ressortir avec beaucoup de force,
Agoncillo, l'auteur d'un long mémoire adressé au
Sénat américain.

« Notre archipel, disait-il, se compose d'environ
1,700 îles qui représentent une superficie totale
d'environ 345,000 kilomètres carrés avec une population de près de 10,000,000 d'indigènes. C'est
à peine si les Etats-Unis occupent en fait une
superficie de 200 kilomètres carrés où vivent
300,000 habitants; quant à l'Espagne, c'est à peine
si elle peut justifier de quelques petites garnisons
tenant encore. Tout le reste est soumis au gouvernement de la République. Comment donc l'Espagne
et les Etats-Unis prétendraient-ils régler notre
sort et décider de notre destinée, alors que ni l'une
ni les autres n'ont conservé ou acquis sur nous le
moindre droit [1]? »

On ne pouvait tenir langage plus raisonnable.
Mais il n'est plus ici question de droits acquis,
d'annexion plus ou moins légitime : c'est la loi du
plus fort qui seule dorénavant va dominer les
événements.

A la fin de décembre les Philippins eurent à
subir de nouvelles vexations : l'une d'elles paraîtra

---

1. Voir le Mémoire complet aux documents annexés.

peut-être un peu puérile ; elle n'en eut pas moins pour effet d'accroître plus qu'on ne saurait l'imaginer l'irritation de la population indigène.

A Manille, comme dans toute l'Espagne catholique, la nuit de Noël se célébrait non seulement d'une façon religieuse mais d'une manière joyeuse. On dansait jusqu'à trois heures du matin, puis, après un souper plantureux, danseurs et danseuses — celles-ci en costume de bal, la tête couverte de la mantille andalouse — se rendaient à la messe du Gallo ou du coq, la messe du point du jour. A la grande surprise de la population, les autorités américaines ont défendu danses, soupers et messes du Gallo.

Lorsqu'on sait le goût qu'ont les Philippins pour les belles fêtes, les danses et les plaisirs, on comprend à quel point une pareille mesure put provoquer chez les indigènes de sourdes colères et accumuler dans les âmes d'ineffaçables rancunes.

Aussi bien les Américains ne prennent plus maintenant la peine de dissimuler leurs arrière-pensées et ils se démasquent tout à fait le 4 janvier 1899 par une proclamation signée du général Otis.

Celui-ci, par cette proclamation, avisait la population de sa nomination de gouverneur général des Philippines : il affirmait, au nom du président Mac-Kinley, la souveraineté de l'Amérique dans l'archipel avec menaces de ruine, de châtiment ou de mort pour quiconque refuserait de reconnaître l'autorité des Etats-Unis.

On comprend, n'est-il pas vrai, l'émotion profonde qui s'empara de la population à la lecture de ce document. Heureux d'être délivrés du joug de l'Espagne, les Philippins étaient avides de retrouver un peu de calme et de panser, dans les loisirs de la paix, les cruelles blessures d'une longue guerre. Voilà que de nouveaux devoirs s'imposent à eux et qu'il leur faut encore lutter pour cette liberté, déjà si chèrement acquise, et menacée maintenant par les alliés de la veille.

Aguinaldo, qui depuis tant de mois faisait effort pour calmer les esprits et dompter sa propre impatience, comprend enfin qu'il est définitivement joué, que l'honneur et la loyauté de l'amiral Dewey auxquels il persistait à accorder confiance, n'étaient que la façade, derrière laquelle s'abritaient les plus louches combinaisons, les plus cyniques manœuvres.

Et il riposte par un manifeste qui est un véhément et noble cri de juste colère, qui est aussi, sous une forme extrêmement concise, un exposé complet et précis de la question des Philippines.

Voici ce document, émouvant modèle de généreuse indignation et de patriotique énergie :

« Le général Otis se proclame gouverneur militaire des Philippines, et moi je proteste mille fois et

de toutes les forces de mon âme contre une telle prétention. Je déclare solennellement ne m'être engagé
ni à Singapore, ni à Hong-Kong, ni à Manille, à
reconnaître soit en paroles, soit par écrit, la domination des Américains sur notre terre bien-aimée.
Je déclare que, transporté à Cavite par un de leurs
navires de guerre, j'ai fait connaître aussitôt, dans
un manifeste adressé aux Philippins, ma résolution
de faire la guerre à l'Espagne pour conquérir notre
indépendance. Je l'ai formulée de nouveau le jour où,
pour la première fois, j'ai déployé notre drapeau,
emblème de nos légitimes aspirations.

» Dans le manifeste que le général Merritt adressa
aux Philippins quelques jours avant de sommer les
Espagnols de quitter Manille, il était dit qu'il n'ignorait pas le noble but que nous voulions atteindre ; il
y était aussi déclaré clairement et sans restrictions
que les armées de terre et de mer des Etats-Unis
étaient venues aux Philippines pour nous délivrer,
comme à Cuba, du joug des Espagnols. Indigènes et
étrangers ont été témoins que les troupes américaines, en rendant publiquement et en maintes occa-
sions les honneurs militaires à notre drapeau, reconnaissaient en nous des belligérants.

» Comme il est dit dans la proclamation du général
Otis que, se conformant aux instructions du président
des Etats-Unis, il va s'occuper de l'organisation
intérieure de l'archipel, je proteste au nom de Dieu,
base de la justice et du droit, lequel m'a visiblement

désigné pour diriger mes compatriotes dans l'œuvre de leur régénération contre cette intrusion des Américains. Au nom de tout le peuple des Philippines, je proteste aussi ; ce peuple m'a choisi — tout indigne que je suis d'une si haute mission — pour diriger ses destinées ; mon devoir est donc de combattre jusqu'à mon dernier souffle pour son indépendance.

» Une dernière fois, je proteste encore, en raison de mes relations antérieures avec les Américains qui m'ont conduit de Hong-Kong à Cavite, non pour faire la guerre à l'Espagne à leur profit, mais bien au nôtre, contre leur prétention si inattendue de nous dominer.

» Et c'est ainsi, mes chers compatriotes, que vous devez le comprendre afin que, unis par des liens indissolubles, nous ne rétrogradions pas dans la voie glorieuse qui nous est ouverte.

» Emilio Aguinaldo. »

A cette éloquente protestation, les Américains ne répondirent qu'en envoyant des troupes devant Ilo-Ilo : et le bruit se répandit que l'ordre de débarquement allait être incessamment donné.

Cette mesure mit le comble à l'exaspération du gouvernement philippin, qui envoya sur-le-champ, à M. Mac-Kinley, le télégramme suivant :

« Traité de paix pas encore ratifié. Prétentions souveraineté américaine prématurées. Prière revenir sur mesures concernant Ilo-Ilo. Philippins désirent amitié, alliance Amérique ; haïssent militarisme et fourberie. »

En même temps, Aguinaldo lançait une nouvelle proclamation plus énergique encore que la précédente.

En voici le texte :

« Le gouvernement des Philippines a cru de son devoir d'exposer aux puissances civilisées certains actes qui ont causé la rupture de ses relations amicales avec les forces des Etats-Unis dans ces îles, afin qu'elles puissent ainsi comprendre que, pour ma part, j'ai fait tout ce qu'il était possible pour éviter pareille rupture, même en sacrifiant inutilement nombre de mes droits.

» Après la bataille navale du 1er mai dernier, entre l'escadre espagnole et l'escadre américaine, le commandant de cette dernière (Dewey) consentit à ce que je revienne de Hong-Kong à cette terre bien-aimée et remit aux Philippins quelques fusils trouvés dans l'arsenal de Cavite, sans doute dans l'intention de réallumer la révolution qui s'était quelque peu calmée par suite de l'entente de Biak-Na-Bato et d'obtenir l'appui des Philippins.

» Les municipalités qui, par suite de la déclaration de guerre entre les Etats-Unis et l'Espagne, avaient reconnu la nécessité de combattre pour leur liberté dans la certitude que l'Espagne serait anéantie et incapable de les mener à la prospérité et au progrès, saluèrent mon arrivée par des réjouissances ; et j'eus l'honneur d'être acclamé leur chef en considération des services que j'avais rendus à la révolution précédente. Alors tous les Philippins, sans distinction de classe, prirent les armes et chaque province fit diligence pour détruire ou chasser de chez elle les forces espagnoles. C'est ainsi que s'explique qu'après si peu de temps mon gouvernement règne aujourd'hui sur tout Luçon, les Visayas et une partie de Mindanao.

» Si, dans le Nord, les Américains n'ont pas pris part à ces opérations militaires qui ont coûté beaucoup de sang et d'or, mon gouvernement ne perd pas de vue le fait que la défaite de l'escadre espagnole et la remise de quelques fusils de l'arsenal aux miens, a influencé, jusqu'à un certain point, sur les succès de nos armes. J'étais d'ailleurs convaincu que les troupes américaines sympathiseraient avec une révolution qu'elles ont essayé de fomenter et qui leur a épargné beaucoup d'effusion de sang et de labeur ; et, ce qui, par-dessus tout, me donnait confiance en cette opinion, c'est le souvenir de l'histoire et des traditions d'une nation qui avait combattu pour son indépendance et pour l'abolition de l'esclavage et qui, nation libre elle-même, se représentait comme la libératrice par excellence des nations opprimées.

» Les Américains, percevant ces bonnes intentions du peuple philippin, débarquèrent des troupes dans le village de Paranaque et prirent position sur toute la ligne occupée par mes troupes jusqu'à Maysubig, s'installant astucieusement dans maintes tranchées creusées par les miens. Ils forcèrent la garnison de Manille à capituler (cette dernière, entourée par mes forces, eût été obligée de capituler à la première attaque); à cette capitulation, je pris une part très active, bien que je n'en reçus aucune notification; mes forces parvinrent en effet jusqu'aux faubourgs de Malate, Ermita, Paco et Tondo.

» Nonobstant ces services, et bien que les Espagnols n'eussent jamais capitulé si mes forces n'avaient coupé toute retraite vers les villages de l'intérieur, les généraux américains, non seulement ne m'invitèrent point au règlement des conditions de la capitulation, mais ils demandèrent le retrait de mes forces tant du port de Cavite que des faubourgs de Manille.

» J'informai les généraux américains de l'injustice qui m'était faite et leur demandai, en termes amicaux, de reconnaître tout au moins d'une manière formelle, ma coopération; mais ils se refusèrent à m'entendre. Néanmoins, toujours désireux de montrer des sentiments d'amitié envers ceux qui s'appelaient eux-mêmes les libérateurs du peuple philippin, j'ordonnai à mes troupes d'évacuer le port de Cavite et les faubourgs d'Armita, de Malate, de Sampaloc et de Tondo, conservant seulement une partie du faubourg de Paco.

» En dépit de ces concessions, peu de jours s'écoulèrent avant que l'amiral Dewey, sans la moindre raison, s'emparât de nos canonnières qui, avec son consentement exprès, croisaient dans la baie de Manille. Presque au même moment, je reçus une lettre du général Otis, commandant en chef des forces expéditionnaires américaines, me requérant de retirer mes forces au delà d'une ligne marquée sur un plan qu'il m'envoyait aussi, ligne en deçà de laquelle se trouvait le village de Pandacan et le hameau de Singalong qui jamais n'ont fait partie des districts municipaux de Manille ou de ses faubourgs.

» Devant cette attitude inouïe des deux commandants américains, je convoquai un conseil de mes généraux et consultai mon cabinet et, conformément à l'opinion de ces deux assemblées, je nommai des commissaires pour traiter avec les Américains. Bien que l'amiral Dewey eût traité mon commissaire avec insolence, lui eût même adressé des menaces et défendu de parler, je cédai à la requête amicale du général Otis et retirai mes troupes par delà la ligne indiquée, cela afin d'éviter le contact avec ses troupes, cause de quantité d'altercations ; j'espérais qu'une fois la conférence de Paris terminée, mon peuple obtiendrait l'indépendance promise par le Consul général à Singapore, M. Pratt, et recevrait formelle assurance de l'amitié proclamée par les manifestes et les discours des généraux américains arrivés sur ces rivages.

» Mais il ne devait pas en être ainsi. Les généraux prirent mes concessions en faveur de la paix et de l'amitié comme des indications de faiblesse. Ainsi, leur ambition augmentant, ils envoyèrent des troupes à Ilo-Ilo le 26 décembre dernier pour prendre possession, sous prétexte qu'ils étaient conquérants, de cette partie même des Philippines occupée par mon gouvernement.

» Un tel procédé, complètement en dehors des us et coutumes des nations civilisées, me donnait le droit d'agir sans préoccupation d'aucune considération sociale. Cependant et pour être correct jusqu'à la fin, j'envoyai au général Otis des commissaires chargés de le requérir de se désister de si téméraire entreprise. On ne fit aucune attention à eux.

» Mon gouvernement ne peut demeurer indifférent devant une violente et agressive usurpation de territoire par une nation qui se dit championne des nations opprimées ; il est donc disposé à recourir aux armes si les Américains tentent d'occuper par la force les rivages.

» Il dénonce ces actes au monde, afin que la conscience universelle dise en son inflexible justice qui sont les vrais oppresseurs des nations et les bourreaux de l'humanité.

» Puisse le sang qui sera répandu retomber sur leurs têtes.

» Signé : EMILIO AGUINALDO.

» Malolos, 5 janvier 1899. »

Cette fois, le général Otis comprit que la mesure était comble et que les fusils allaient partir tout seuls : il voulut gagner du temps et écrivit à Aguinaldo une lettre l'invitant à désigner des commissaires pour se rencontrer avec la Commission civile américaine, en vue d'arriver à une entente amicale.

Aguinaldo ne conservait aucune illusion sur les intentions du général Otis, il ne pouvait se méprendre sur le caractère sournois de cette suprême tentative, il savait bien qu'on était résolu à écarter systématiquement toute solution pacifique. Cependant, il accéda à cette démarche, afin de donner un dernier gage de sa bonne volonté.

Les conférences de la Commission mixte, composée d'Américains et de Philippins, eurent lieu à Manille du 11 au 30 janvier et les commissaires philippins exprimèrent leur volonté formelle d'obtenir l'indépendance.

Les envoyés d'Aguinaldo exposèrent franchement les griefs du peuple philippin et les commissaires des Etats-Unis écoutèrent avec attention et bienveillance le récit des excès auxquels s'était livrée la soldatesque américaine.

Mais ils répondirent qu'ils n'avaient pas pouvoir de reconnaître le gouvernement philippin, leur mission devant se réduire à entendre les délégués, à recueillir des données pour formuler la volonté du peuple et à transmettre entièrement et fidèlement toutes les pièces au gouvernement de Washington,

qui, seul, pouvait arriver à une décision définitive
sur la question.

Autant dire qu'on ne pouvait rien attendre de
sérieux de ces conférences qui, je le répète, avaient
seulement pour but de gagner du temps et de permettre aux renforts américains d'arriver.

La situation, toutefois, ne pouvait, étant si tendue,
se prolonger bien longtemps. D'ailleurs, nous l'avons
vu, le Sénat américain était fort divisé : les anti-
annexionnistes gagnaient du terrain, la ratification
du traité risquait d'être repoussée. M. Mac-Kinley
avait besoin d'un coup de théâtre pour enlever quelques voix hésitantes : et le conflit éclata le 4 février
dans la nuit : le lendemain, la ratification du traité
était votée à une voix de majorité !

CHAPITRE IX

LA GUERRE

Les premiers combats. — Prise de Malolos. — Séjour à Manille.
— Les volontaires américains. — Les Indiennes. — Mœurs
tagales. — Les indignations d'un savant. — Promenade aux
environs de Manille. — Les avant-postes américains. — Les
cruautés du général Otis et de ses soldats. — Le témoignage
des journaux américains. — Massacre d'une noce. — Férocité
des conquérants.

A l'heure où paraîtra ce livre, près de deux ans
se seront écoulés depuis l'ouverture des hostilités et
le monde entier ignorerait à peu près la plupart des
événements accomplis, ou n'aurait été informé que
par des nouvelles absolument inexactes, si le gouvernement américain avait pu maintenir la censure
étroite qu'au début il s'était avisé d'installer à
Manille.

Mais, d'une part, nous sommes quelques-uns qui,
ayant passé par les Philippines, ayant observé les
événements et recueilli des renseignements précis,
sommes résolus à parler et à écrire afin de pro-

clamer la monstrueuse violence ,dont fut victime une nation héroïque. D'autre part, il faut le dire à l'honneur de la presse des États-Unis, nos confrères américains s'insurgèrent bien vite contre la tyrannie d'une censure par trop impudente.

Au commencement de la guerre, télégrammes destinés aux journaux, lettres particulières des soldats étaient soigneusement examinés au cabinet noir et les péripéties, les divers incidents de la campagne étaient travestis avec une singulière audace.

En veut-on un exemple frappant?

Au mois d'avril 1899, le général Otis télégraphiait les nouvelles suivantes :

« Le général Lawton est revenu de la région des lacs, amenant les navires dont il s'était emparé. Les insurgés sont très dispersés; ils battent en retraite devant nos troupes dont le moral et la santé sont excellents. »

La vérité, connue depuis et que j'affirme personnellement puisque j'étais à Manille à cette époque, est celle-ci : la colonne Lawton dirigée vers Santa-Cruz avait éprouvé un véritable désastre. Un détachement envoyé en avant était tombé dans une embuscade et fait prisonnier; puis les Philippins avaient rompu les lignes et livré un combat acharné. Et Lawton dut aussitôt se replier sur Manille, disant à sa rentrée qu'il avait été rappelé par le général Otis.

L'excellent moral de ses troupes n'avait pas empêché des compagnies entières de volontaires de se mutiner et de jeter les armes dans le Pasig !

Le lendemain, des bateaux-hôpitaux ramenèrent à Manille, par la rivière, plus de cinq cents soldats américains blessés ou frappés d'insolation. Telle était la victoire télégraphiée et dont on se réjouissait à New-York !

S'il était impossible de savoir aux États-Unis ce qui se passait aux Philippines, réciproquement on n'était point autorisé à connaître, à Manille, l'état de l'opinion en Amérique.

Un citoyen américain, M. Atkinson, vice-président du comité anti-impérialiste de Boston, voulant envoyer aux Philippines une brochure antiannexionniste, la poste refusa le transport de cette publication.

Mais, je le répète, le sentiment de la dignité professionnelle réunit tous les représentants de la presse américaine dans une protestation quasi-unanime : en un télégramme parvenu par voie indirecte les correspondants se plaignaient du rôle odieux qu'on leur faisait jouer et du métier indigne qu'on leur imposait, car, disaient-ils, « on nous oblige à changer en victoires les défaites subies par les troupes américaines ».

Cette révélation inattendue provoqua, à cette époque, la plus vive émotion aux États-Unis : on se doutait déjà depuis quelque temps que M. Alger, ministre de la guerre, se servait uniquement du câble pour se faire envoyer des dépêches officielles favorables à sa politique. Mais la protestation des journalistes sut changer les soupçons en certitude et M. Alger se retira devant la révolte menaçante de la conscience publique. M. Alger, qui se vantait de réduire en trois semaines la résistance des Philippins, dut se féliciter d'ailleurs de cette retraite grâce à laquelle il put éviter une partie des sarcasmes que lui méritait sa jactance.

Je ne dis point toutefois que le départ du ministre de la guerre ait complètement mis fin aux abus de la censure ; mais on put, quand même, avec un peu de perspicacité et de patience, connaître, d'une façon relativement exacte, la marche des événements.

Nous allons essayer de l'exposer le plus brièvement et le plus clairement possible.

C'est dans la nuit du 4 février 1899, avons-nous dit, que furent tirés les premiers coups de fusil.

Bien entendu les Américains ont prétendu que le signal partit des lignes d'Aguinaldo. Il a bien fallu reconnaître depuis que le premier coup de feu fut tiré par une sentinelle américaine et que la préméditation était certaine puisque tous les Américains étaient prêts, à leur poste de combat, tandis que les Philippins surpris purent à peine se défendre.

En effet, c'était un samedi, jour de repos, et la

plupart des officiers supérieurs philippins avaient eu la permission de passer la journée en famille.

Le général Pantaléon Garcia était le seul, à ce moment critique, à son poste de Maypajo, au nord de Manille. Les généraux Noriel, Rizal, Ricarto et les colonels San Miguel, Caille et d'autres avaient profité de la permission de s'absenter.

Et d'ailleurs, nous avons vu plus haut le Sénat américain hésitant sur la ratification du traité de Paris, nous avons constaté combien M. Mac-Kinley et ses ministres avaient besoin d'un coup de théâtre pour obtenir une majorité.

Le coup de fusil du **4** février, veille du jour où le Sénat devait se prononcer, était trop opportun pour n'être pas prémédité et personne ne saurait sérieusement dénier l'absolue responsabilité des Américains en cette première journée de la guerre.

Surprises par une attaque aussi brusque et aussi violente, accablée par le nombre, les troupes tagales s'enfuirent d'abord en désordre et il semble bien que dans la matinée du 5 les Américains auraient pu réaliser leur projet d'écraser à tout jamais l'armée d'Aguinaldo. Mais bientôt les braves Philippins se reprennent, se retournent : la panique est terminée, et s'ils doivent céder devant les feux des canons ennemis, c'est du moins par une retraite honorable qu'ils se retirent.

La mitraille avait fait de terribles ravages dans

les rangs indigènes : elle était demeurée impuissante
à y semer le découragement.

Les Philippins avaient reculé cette nuit-là jusqu'à Caloocan : mais ils s'apprêtaient à reprendre
l'offensive par un coup de main des plus hardis.

La nuit du 24 février, alors que les Américains
se croyaient à l'abri de toute surprise, un soulèvement général précédé de l'incendie des faubourgs
de Manille fut tenté par les indigènes.

Pendant que les pompes américaines et celles des
résidents s'efforçaient de combattre les ravages du
feu, les Tagals, ayant réussi à franchir les lignes
des volontaires, tiraient du haut des maisons épar-
gnées par les flammes sur les patrouilles qui sor-
taient en grande hâte de leurs casernements.

A la fin de la nuit, vers l'aube, de nombreux cadavres américains jonchaient les rues des faubourgs
pêle-mêle avec ceux des indigènes ; c'est alors qu'un
major avec huit compagnies d'infanterie prit la
direction de Caloocan avec la mission de brûler
toutes les maisons qu'il trouverait le long de la
route.

Le major croyait qu'après les événements de la
nuit son œuvre de destruction serait facilement
accomplie : il fut vite détrompé. A 800 mètres de
Caloocan un de ses hommes était tué et quatre
furent blessés. Un peu plus loin quarante Tagals,
couchés à plat ventre derrière un remblai, bles-
sèrent encore mortellement un des siens. Les

Yankees exaspérés franchirent alors le remblai et abattirent vingt-sept assaillants.

Ce qu'il en restait se dispersa dans la brousse mais sans cesser de tirailler jusqu'à la nuit du 25 et c'est seulement aux dernières lueurs du jour que le major put rentrer à Manille, ayant accompli sa mission d'incendiaire.

Dès lors, Aguinaldo, renonçant à opérer sur les faubourgs de Manille, installa son quartier général à Malolos, en arrière de positions bien retranchées qui coûtèrent aux Américains de prodigieux efforts.

Ces efforts furent dirigés presque uniquement le long de la ligne de chemin de fer de Manille à Dagupan.

Cette ligne étant choisie comme base d'opérations, les généraux Wheaton et Mac-Arthur s'emparent de Malenta et de Polo le 25 mars, se rapprochant ainsi de Malolos, qui était le but principalement visé par le commandant en chef, général Otis.

Voici comment l'opération s'était accomplie :

La marche en avant commença dès la pointe du jour, de la Loma, au nord de Manille. A peine les Américains étaient-ils sortis de leurs retranchements que les insurgés ouvrirent sur leurs lignes un feu violent auquel répondirent aussitôt douze pièces de campagne et deux canons à tir rapide. Lorsque cette artillerie se fut rapprochée, toujours tonnante, des tranchées tagales, à la distance de

300 yards, celles-ci furent abandonnées par leurs défenseurs.

Vers sept heures, le corps des insurgés qui faisait face au général Otis fut refoulé et s'efforça de gagner les hauteurs de San-Francisco-del-Monte, là où la brigade du général américain Hale avait beaucoup de peine à se maintenir. Secouru à temps, il resta maître du mont, puis il prit la direction de la vallée de San-Mateo ayant à sa gauche le général Otis. Dès que celui-ci fut en vue du général Wheaton, qui, avec trois régiments, occupait les tranchées de Caloocan, les deux généraux prirent la direction de Malolos en suivant la ligne du chemin de fer. Tout le pays, de l'est de Manille à Caloocan, se trouvait donc couvert de troupes en marche.

Le plan d'Otis et de Hale avait été de s'avancer jusqu'à Novaliches et de balayer la contrée jusqu'à Polo qui n'en est qu'à 15 kilomètres. Mais la nature du terrain, la traversée d'une petite rivière du nom de Tuliayan, la difficulté d'y faire mouvoir la cavalerie et les bagages empêchèrent l'exécution de ce projet. Il fallut s'en tenir à suivre le tracé du chemin de fer de Manille à Malolos.

Un prince allemand, nommé Loewenstein, qui venait, paraît-il, chercher dans le bruit et l'odeur de la poudre l'oubli de graves préoccupations pécuniaires, suivait toutes les opérations.

Dans l'après-midi du dimanche, ce prince s'avança vers la ligne des tirailleurs américains et se joignit au régiment d'Orogon qui, devant Malabon, se heurtait à une vive résistance. Les Tagals étaient là fortement retranchés, et le colonel Summers invita le prince à se retirer. Celui-ci remercia en souriant, promit de se tenir sur ses gardes, mais, arrivé sur un point où le feu était très vif, il fut atteint d'une balle à l'abdomen et expira aussitôt.

Dans la soirée de ce même dimanche, Wheaton rencontra, non loin de Malinta, l'avant-garde du général Mac-Arthur. Une rivière séparait les deux généraux, mais, comme sur une des rives, l'ennemi se trouvait concentré dans de solides retranchements, toute la matinée du lundi fut employée à les battre avec du canon, pendant que l'infanterie faisait un feu d'enfer sur les soldats tagals; par groupes de dix ou quinze hommes ils fuyaient la pluie de fer qui tombait sur eux. La position qu'ils occupaient était exceptionnellement forte, protégée qu'elle était par des murs en terre de 15 pieds d'épaisseur et des casemates, résistant aux terribles effets des shrapnells.

Cette journée fut attristée, à Malinta, par la chute dans une chausse-trape — chute suivie de mort — d'un brigadier général et de sept de ses hommes.

Comme il n'y avait plus en vue trace d'insurgés, les Américains eurent l'espoir que l'ennemi se tenait très éloigné d'eux. Cet espoir fut de courte durée, car au moment où ils s'avançaient en ligne correcte, un feu violent de mousqueterie les accueillit de

droite et de front. Les 22° et 3° régiments d'infanterie, appuyés par le 3° régiment d'artillerie, s'élan-
cèrent au pas de course vers le fourré d'où était
partie l'attaque. Quand ils y arrivèrent, le fourré
était désert! Cette embûche coûta la vie à un autre
brigadier général, Egbert, l'ex-colonel du 22°. Dans
la soirée, les troupes américaines arrivèrent en vue
de Polo; le lendemain matin, elles y entrèrent,
mais la petite ville n'était plus qu'un monceau de
cendres.

Les villages de Meycuayan, Marilao et Bocave
furent ensuite également occupés, mais toujours
après des escarmouches où, des deux côtés, les
pertes furent sensibles. La marche de l'armée américaine devint, dès lors, plus lente, car les ponts
étaient coupés et les traverses des chemins de fer
enlevées sur divers points. A Marilao, elle surprit
dans une tranchée une centaine d'insurgés qui
furent contraints de se rendre. C'est la plus forte
prise qui ait été faite.

De Bocave jusqu'à Guiguinte, village situé à
30 kilomètres de Manille, quelques légers engagements; mais, dans cette dernière localité, l'affaire
fut exceptionnellement meurtrière. Les Américains
eurent trente des leurs tués ou blessés, et les Tagals
certainement autant. Dans toutes les villes et tous
les villages où entrait l'armée conquérante, elle
ne trouvait, au milieu des débris fumants, que
chiens, poules, et un inévitable groupe de Célestes

accroupis sur ce qu'ils avaient pu sauver de leurs biens.

Le mardi 28 mars, les Américains atteignirent Santa-Isabel, à un mille et demi de Malolos. Pendant que le général Mac-Arthur, l'adjudant Strong et trois correspondants de journaux, consultant une carte, se trouvaient réunis sur la voie ferrée, où elle domine de 50 centimètres les rizières environnantes, une volée de coups de fusil Mauser fut tirée dans leur direction. Personne ne fut atteint, hasard surprenant, car la tranchée, bien dissimulée, d'où partirent les coups de feu, se trouvait très rapprochée du lieu où se trouvait le général Mac-Arthur et ses amis.

Nous voici au vendredi 31 mars et l'armée américaine est enfin en vue de Malolos ; mais il y a six jours qu'elle est partie des faubourgs de Manille et c'est à peine si elle a pu effectuer 40 kilomètres dans sa marche en avant : 40 kilomètres le long d'une ligne de chemin de fer où peuvent circuler des trains blindés, cela démontre assez quelle résistance héroïque offraient aux envahisseurs les troupes d'Aguinaldo.

Maintenant il s'agit pour ces vaillants insurgés de défendre leur capitale provisoire : peuvent-ils espérer la garder contre les forces formidables qui s'avancent et tenir contre les foudroyantes mitrailles des batteries américaines ?

Hélas ! non, mais, du moins, ils ne laisseront à

l'ennemi que des ruines fumantes et des décombres
déserts.

Dès l'aurore de ce 31 mars, toute l'armée américaine était sur pied, prête pour l'assaut, et, cependant, ce ne fut qu'à sept heures du matin que le
général Mac-Arthur, placé sur une hauteur, à la
gauche du chemin de fer, donna l'ordre à l'artillerie
d'ouvrir le feu. Le bombardement ne dura qu'une
demi-heure, le temps de s'apercevoir que quelques
insurgés n'y répondaient que par des huées et des
coups de fusil sans portée. Aussitôt l'infanterie se
mit en mouvement, franchissant avec entrain trois
rangées de tranchées vides de défenseurs. Comme
d'épais nuages de fumée s'élevaient du centre de la
ville, l'ordre fut donné d'avancer en toute hâte.

Le colonel Fuston, du régiment des Kansas, étant
le plus rapproché du but à atteindre, dépassa la
ligne des tirailleurs avec quinze de ses hommes ;
suivant une rue déserte qui s'ouvrait devant lui, il
arriva sur la grande place de Malolos, au centre de
laquelle l'église lui apparut tout en flammes. Peu
après, le gros des Américains y débouchait par
diverses rues.

En quelques instants, la malheureuse cité leur
offrit un spectacle terrifiant : le feu la consumait.
Pas un soldat indigène, mais quelques vieillards au
visage fier et attristé, des femmes et des enfants en
pleurs et plusieurs centaines de Chinois affolés
s'efforçant de jeter dans la rue, par les fenêtres de

leurs maisons en flammes, leurs meubles et leurs
marchandises. On apprit d'eux que l'armée insurgée
s'était retirée depuis deux jours à 6 kilomètres de
Malolos, n'y laissant pour l'incendier qu'une centaine d'hommes qui avaient pris la fuite, leur mission accomplie.

Les Américains ont fait grand bruit de l'occupation de Malolos. Il leur conviendrait d'être plus
modestes et d'avouer que pour des gens qui voulaient occuper l'archipel des Philippines tout entier,
c'était un maigre résultat d'avoir poussé leurs lignes
seulement à 40 kilomètres de Manille, après que la
guerre était déclarée depuis deux mois.

Les Américains n'avaient point avancé davantage quand j'arrivai à Manille au mois d'avril 1899.

Il faut encore soixante-douze heures pour faire
le trajet de Hong-Kong à Manille ; c'est vers onze
heures du matin, qu'après avoir franchi la passe
étroite qui commande la baie très vaste, nous pouvons voir dans le lointain les hautes collines qui se
dressent en demi-cercle. Peu à peu les détails se
précisent et bientôt on aperçoit distinctement les
blanches constructions de Manille. Malgré les flots
de lumière que le soleil des tropiques répand à profusion sur la ville et la mer très calme, l'arrivée a
quelque chose de lugubre : dans ce port jadis si

animé, tout bruyant des cris d'appel des bateliers, un grand silence s'est fait. A peine quelques navires de commerce : la rade est remplie de cuirassés américains, sillonnée seulement par les chaloupes à vapeur des grands navires encore menaçants.

Parce que nous venons de Hong-Kong, où la peste est depuis longtemps déclarée, le service de santé fait une visite méticuleuse, et c'est seulement après plusieurs heures de pourparlers que nous obtenons la libre pratique. Grosse difficulté d'abord pour descendre à terre : presque tous les habitants de Manille sont avec Aguinaldo et pas un sampan ne se montre aux alentours de notre paquebot : il nous faudra passer par les exigences d'un négociant qui fera payer fort cher le passage sur sa chaloupe à vapeur.

Tant pis : la terre est proche, tentante, et vaut bien le sacrifice de quelques dollars.

Est-ce la joie de me sentir de pied ferme et de ne plus être balloté par les lames profondes du Pacifique ? En tout cas, l'impression de tristesse éprouvée disparaît bientôt dès que je pénètre dans la ville.

La Escolta, la grande rue commerçante de Manille, est animée et grouillante, pleine de flâneurs qui font de longues stations devant la devanture des magasins.

Seule, la présence des volontaires américains rappelle que nous sommes en pays troublé.

Ces volontaires sont presque tous de superbes gaillards de haute taille, bien découplés, à la démarche souple des gens habitués aux sports de toute nature. Leur uniforme très simple donne encore une plus martiale allure à leur démarche : ils portent le pantalon de toile cachou et la veste de même nuance serrée à la taille par une large cartouchière de cuir jaune. Ils sont chaussés de gros souliers aux jambières fauves et coiffés du large chapeau mou en feutre gris, forme tyrolienne.

Amusant détail : la plupart d'entre eux portent au chapeau, passée dans la ganse, une brosse à dents, seul objet de toilette dont ils craignent l'usage abusif de la part des voisins de chambrée ou de tente.

Le jour, ces volontaires sont inoffensifs pour le paisible promeneur ; mais la nuit venue, dès que sept heures sont sonnées, ils se forment en patrouilles qu'il vaut mieux éviter. Défense est faite à tous les habitants, à tous les étrangers, de sortir le soir ; seuls peuvent se risquer dehors ceux qui, comme moi, ont obtenu un laisser-passer du général Otis. Encore n'est-ce point très prudent. Dès qu'une sentinelle vous aperçoit, elle vous couche en joue et vous somme de crier le mot de passe. Une simple distraction, une réponse mal comprise et le coup ne serait pas long à partir. Mieux vaut donc se promener à satiété dans la journée et se résigner, le soir, à se renfermer assez tristement dans une chambre d'hôtel.

J'ai déjà dit l'animation de la Escolta ; la foule augmente encore dès cinq heures du soir : la chaussée se remplit de voitures de toutes sortes et les plus disparates, depuis les équipages de luxe, landaus ou victorias des personnages officiels, des consuls, des riches négociants, jusqu'aux humbles caromatta à deux roues des indigènes.

Les voitures publiques de Manille méritent une mention particulière. Au lieu de posséder, comme nos omnibus parisiens, un seul cocher et deux ou trois chevaux, elles ont deux cochers et un seul cheval, une sorte de poney étique et mal nourri qui a bien du mal à remorquer son pesant fardeau. Le premier cocher se contente de fouetter le cheval, pendant que son coadjuteur tient les rênes et souffle de temps en temps dans une petite corne pour prévenir les voyageurs de la venue du véhicule. Le conducteur, debout sur la plate-forme d'arrière, fait la recette. Du reste, sa tâche ne se borne pas là. L'omnibus philippin possédant deux plates-formes, comme certains de nos tramways parisiens, dont il est loin d'ailleurs d'avoir la stabilité, le conducteur doit veiller à ce que ces deux plates-formes soient aussi exactement équilibrées que possible et il occupe son temps à faire passer les voyageurs de l'avant à l'arrière et de l'arrière à l'avant, suivant les circonstances.

Ces voitures publiques sont, d'ailleurs, assez rares depuis que la guerre est déclarée.

Mais la Escolta n'en est pas moins encombrée et c'est une longue file d'équipages et de piétons qui se dirigent par le pont d'Espagne d'abord, puis par les larges avenues ravinées vers la promenade de la *Luneta*.

La *Luneta* est célèbre par sa merveilleuse situation le long du bord de la mer ; quand le soleil commence à descendre et que le ciel prend des tons violacés, un peu de brise marine s'élève soudain et vient rafraîchir les promeneurs exténués par l'écrasante chaleur du jour. Avant la guerre, me dit-on, la *Luneta* était chaque soir le rendez-vous de tout ce que Manille comptait de belles Espagnoles à l'élégance un peu tapageuse, de jolies métisses aux cheveux noirs, au teint mat, à l'œil clair, de riches Tagales habillées à l'européenne ; et parmi les voitures, faisant au pas le grand tour de la promenade, au centre de laquelle un kiosque donnait asile à une bruyante musique militaire, de fringants cavaliers espagnols ou indigènes s'en allaient en quête d'un sourire.

Le kiosque est toujours là : une musique militaire américaine fait entendre un charivari plutôt désagréable et de nombreuses voitures circulent encore ; mais promeneurs et promeneuses ont l'air grave, attristé ou inquiet : c'est seulement la fraîcheur qu'on vient chercher sur la *Luneta* et les éventails qui s'agitent n'ont plus à dissimuler de furtives œillades.

Puis, pour jeter un voile de deuil et de tristesse sur tous, ne suffit-il pas de la proximité du champ d'exécution de Bazambazan que le fougueux patriote et le grand poète philippin Rizal arrosa de son sang ?

Le climat de Manille et de Luçon est bien certainement un des plus désagréables que je connaisse et peut rivaliser avec celui de Saïgon.

C'est une chaleur humide et déprimante qui anémie et énerve ; pendant la saison sèche c'est encore supportable et le thermomètre peut marquer les plus hautes températures sans que l'organisme soit atteint : on souffre d'avoir trop chaud, on suffoque, on passe des nuits désagréables : mais c'est tout. La période dangereuse est la saison des pluies, alors que sous des torrents d'eau, la terre surchauffée exhale de dangereuses émanations et que la fièvre vous guette, accompagnée d'un peu séduisant cortège de dysenteries et de maladies de foie.

Au mois d'avril, la période des pluies n'était pas encore commencée et j'en profitai pour faire de longues et curieuses excursions dans les faubourgs et les environs ; au centre on ne rencontre presque pas d'indigènes : et c'est eux surtout que je désire connaître.

Le Tagal, je l'ai déjà dit, ressemble étonnamment

au Japonais : comme lui, il a les cheveux en brosse, très noirs et très drus, le teint jaune, le nez légèrement épaté, les lèvres épaisses et les yeux plutôt en amande. Il est petit, mais bien proportionné et le corps très souple est bien à l'aise dans une sorte de chemise blanche qui retombe sur un pantalon ; les pieds sont généralement nus dans des escarpins qui traînent.

Les Indiennes sont agréables à voir quand elles déambulent gracieusement dans les rues avec leur balancement particulier des hanches. Elles portent presque toutes une longue jupe traînante, serrée autour de la taille par une large pièce de soie noire ; sur le buste une chemisette de fine batiste gentiment dentelée et un fichu qui, le plus souvent, s'entr'ouvre avec complaisance ; les cheveux sont parfois relevés en un chignon opulent ; parfois aussi, ils ruissellent en cascades de jais jusqu'à la chute des reins.

Ce costume un peu provocant, cette démarche ondoyante n'ont pas manqué de scandaliser cet excellent M. Le Gentil qui s'en explique avec des airs pudibonds et assez comiques, différant en cela de l'avis d'un père Franciscain.

Le moine, sans doute peu clairvoyant, avait proclamé « qu'on ne saurait imaginer pour des femmes un habillement plus honnête ».

« Pour moi, riposte Le Gentil, j'oserai n'être pas tout à fait de cet avis ; cet habillement est peut-

être un des plus déshonnêtes qui se puissent imaginer et plus fait pour inspirer la volupté dans un
climat qui y porte déjà assez par la chaleur dont il
est ; et en cela cet habillement m'a paru l'emporter
de beaucoup sur celui des bayadères de l'Inde. Il est
vrai que dans l'église il est on ne peut plus modeste
parce que les femmes y sont toujours ou à genoux
ou assises par terre les jambes pliées sous elles et
qu'elles se couvrent toujours avec leur manteau :
et c'est sans doute en cela que le père Franciscain
le trouve honnête et décent ; mais hors de l'église
elles n'ont point de manteau ; elles l'ôtent, le plient
et le portent sous le bras. Pour se faire donc une
idée de cet habillement hors de l'église, il faut se
figurer une métisse très jolie et très bien faite, puisqu'elles le sont presque toutes, dont les beaux cheveux noirs sont ramassés et noués par derrière, et
le nœud attaché avec une épingle d'or ; un superbe
mouchoir brodé règne autour de la tête de façon
qu'il laisse voir presque tous les cheveux ; leur
chemise, par-dessus laquelle elles ne mettent rien,
est flottante et d'une toile si fine qu'elle ne cache
rien ; en outre cette chemise est si décolletée,
c'est-à-dire si ouverte par en haut, qu'elle laisse
à découvert le haut des épaules et la moitié
du sein ; il est vrai qu'elles mettent presque
toutes un mouchoir brodé, mais ce mouchoir m'a
paru être un raffinement de coquetterie ; en effet il
n'est point attaché par devant, les deux côtés et les

deux bouts pendant négligemment des deux côtés sous les bras.

» La jupe prend au défaut de la chemise et ne l'empêche point de flotter ; un tapis fort propre recouvre la jupe et, comme il ne descend qu'à mi-jambe, il laisse voir tout le bas de cette jupe ; mais ce tapis les serre si exactement que l'on voit par derrière la forme du corps ; que l'on joigne à cela les pantoufles et la démarche singulière qu'elles paraissent affecter, on aura une idée de l'habillement honnête des Indiennes et des Philippines ! »

On sent, à cette indignation, que la vertu de l'estimable membre correspondant de l'Académie des sciences fut mise à une rude épreuve.

Et cet homme austère, digne de l'admiration de certain sénateur de nos jours, se voile la face en racontant que, aux Philippines, hommes et femmes se baignent ensemble « chose monstrueuse, ajoute-t-il, que toute l'éloquence n'a pas encore pu réformer ; à la vérité, les femmes, dans le bain, conservent leur chemise, et les hommes aussi : mais cela n'empêche pas l'indécence, car la toile dont on se sert à Manille est très fine et très claire et laisse voir, de l'aveu de quelques femmes, et la forme du corps et la couleur de la peau ».

Notre auteur ne tarit d'ailleurs pas sur ce relâchement des mœurs et signale en passant un secret admirable qu'ont les Indiennes de se procurer des rendez-vous.

Et du même coup, Le Gentil va nous enseigner ce moyen diabolique tout en nous décrivant, de façon pittoresque, le cigare, dont le nom sans doute n'était pas encore passé dans notre langue.

« Tout le monde fume, dit-il, les femmes comme les hommes ; on a, pour cet effet, des bouts de tabac faits exprès de 4, 5 à 6 pouces de longueur et gros comme le pouce, un peu plus, un peu moins ; on l'allume par un bout et on tire par l'autre en le tenant entre ses dents ou ses lèvres, comme on ferait d'une pipe ; on rencontre rarement dans les rues des femmes sans un tabaco à la bouche ; les hommes qui cherchent des rendez-vous en ont aussi, mais toujours éteint ; lorsqu'ils rencontrent une femme qui leur plaît, ils l'arrêtent et lui demandent la permission d'allumer leur tabaco ; la femme, sans aucune façon, prend le tabaco et l'allume avec le secours de son feu ; pendant ce temps-là, on lie une conversation que la femme peut faire durer tant qu'elle veut ; cela dépend du plus ou moins de temps qu'elle emploie à allumer le tabaco. »

Si révolté, qu'eût été d'ailleurs M. Le Gentil par des mœurs si faciles, cela ne l'empêcha pas de regarder et d'assez près les Indiennes qu'il nous détaille avec quelque complaisance.

« Il est fort difficile, explique-t-il, de rendre leur couleur : quelques personnes prétendent que cette couleur est celle du coing cuit, ou mieux celle de l'olive ; pour moi elle me paraît approcher de celle

de feuille morte vive. Leurs cheveux sont d'un très
beau noir et elles ont grand soin de les laver avec
des huiles odoriférantes : je n'ai vu, chez aucune
nation, d'aussi beaux cheveux qu'aux Indiennes de
Manille et qui les portent plus longs ; il n'est pas
rare d'en voir qui les ont touchant à terre lorsqu'elles sont debout et extrêmement garnis ; elles
ont de très beaux yeux bien fendus et noirs, quelques-unes les ont gris.

» Il est à remarquer que l'espèce humaine qui est
naturelle à ces climats ne connaît pas les yeux bleus ;
je fus tout à fait étonné, en traversant un village, de
voir tous les habitants qui me regardaient, riaient
et me montraient les uns aux autres : l'interprète
me dit que ces gens se moquaient de moi parce que
j'avais les yeux bleus. »

Le lecteur me saura gré, j'en suis convaincu,
d'avoir laissé la parole à M. Le Gentil pour tous ces
renseignements sur les mœurs tagales : ils prennent sous sa plume une saveur particulière et ils
sont rapportés sous une forme vraiment pittoresque, à mon avis fort agréable.

D'ailleurs, la période troublée pendant laquelle
j'effectuais mon voyage était peu favorable à
une étude approfondie de la vie indigène et je
n'ai même pas pu vérifier l'existence de cette
industrie des couveurs d'œufs signalée par certains
voyageurs.

« Aux Philippines, raconte l'un d'eux, et principalement dans l'île de Lugon, les canards abondent. Ils couvrent par milliers le fleuve Pasig. Or, les œufs de ces canards sont couvés, non par les mères canes, comme on aurait le droit de le supposer, mais par des Indiens Tagals, dont cette opération constitue l'unique métier. Placés dans d'immenses nids de cendre, les œufs sont disposés sous le vaste séant d'un Tagal et les rives du fleuve sont couvertes de ces étranges incubateurs humains qui boivent, fument, jouent aux cartes et mènent à bonne fin leur singulière entreprise, sans jamais casser une coquille. Il est bon d'ajouter que, depuis quelques années, des incubateurs artificiels sont venus faire concurrence à la si pittoresque industrie des Tagals. Mais, dans l'intérieur de l'île, les hommes sont encore préférés, parce qu'ils coûtent moins cher. »

Je ne mets pas en doute la bonne foi du narrateur, me bornant à constater qu'une question par moi posée à ce sujet, a fait naître sur les lèvres de mon interlocuteur un sourire plutôt moqueur.

Mais, après une si longue digression, il est grand temps de revenir aux péripéties de la guerre et de reprendre notre promenade dans Manille et aux environs.

En poursuivant notre route au delà de la *Luneta*, nous trouvons les faubourgs d'Ermita et de Malate où habitent nombre de hauts fonctionnaires, le corps diplomatique, et où je fais, en passant, une visite à M. Schurman, le président de la Commission civile américaine de la paix.

Nous reparlerons plus loin de M. Schurman.

Dès qu'on a franchi les « limites du faubourg d'Ermita, on se trouve aussitôt dans une région complètement dévastée ; tout autour de Manille, on l'a vu, la lutte fut terrible dans les premiers jours du conflit entre les troupes d'Otis et celles d'Aguinaldo.

A Tondo, comme à Paco, comme à Santa Anna, les habitations sont presque toutes brûlées, les églises tombent en ruine, et, le long des routes, il n'y a plus que de lugubres amas de décombres.

Tout est désert et rien ne saurait rendre l'aspect désolé de ces lieux.

En rentrant en ville, je trouve l'antique Ciudad, le quartier si triste où se sont installées les diverses administrations, la citadelle, les couvents et les casernes.

Dans une rue, barrée par un rang de sentinelles américaines, on me montre des prisonniers philippins qui semblent indifférents et attendent avec insouciance le sort à eux réservé.

C'est là qu'apparaît le frappant contraste entre ces beaux gaillards anglo-saxons, au teint coloré, à la taille haute, aux larges épaules, et les petits Tagals, maigres et alertes, aux membres grêles et qui, jusqu'à la vieillesse, ressemblent à de frêles adolescents.

On se rend tout de suite compte pourtant que les premiers auront grand'peine à venir à bout de la résistance des seconds, tant il paraît impossible que ces fortes races occidentales puissent s'acclimater sous un pareil ciel.

Voulant poursuivre mon enquête en dehors de la ville il me fallait obtenir une permission du général Otis afin de pouvoir, en toute sécurité, passer dans les lignes américaines et visiter les avant-postes.

Le général Otis me reçut très cordialement : c'est un homme de soixante à soixante-cinq ans, grand, mais un peu voûté, portant la barbe grise à la façon autrichienne.

Les premiers compliments échangés, je demande au général s'il est satisfait de la situation.

— Oui, dit-il, j'ai de bons soldats et j'espère accomplir la tâche qui me fut confiée par mon gouvernement.

— Pensez-vous que la campagne sera longue ?

— Je le crois, hélas ; je vais sans doute suspendre prochainement les opérations et faire légèrement retirer les troupes en arrière des points qu'elles occupent à l'heure actuelle.

— Pourquoi cette décision ?

— Parce que la saison des pluies et des grosses chaleurs va commencer et je redoute surtout ce que les insurgés appellent « le général Mai ». C'est en effet notre ennemi le plus dangereux : mai est un mois très malsain. Déjà, en ce moment, les expéditions sont périlleuses ; dans le dernier engagement nous avons eu seulement deux blessés, mais trente-cinq insolations. Il ne faut pas s'entêter contre le soleil !

— Mais les insurgés ne vont-ils pas interpréter cette retraite comme un aveu d'impuissance.

— Non, car la flotte continuera ses opérations sur les côtes.

Et le général termina en m'affirmant à nouveau que les Philippins ne lui font pas peur, qu'il ne redoute pour ses troupes que le soleil, et qu'après la saison des pluies c'en sera vite fait de la conquête de l'archipel.

Autant de déclarations sans la moindre importance auxquelles les événements ont brutalement répondu. S'il est vrai que les Philippins sont si peu redoutables, il faut que l'incapacité du commandant en chef américain ait dépassé les limites de la vraisemblance pour n'en être pas venu à bout : et dès lors serait tout à fait justifiée l'incroyable impopularité dont le général Otis fut l'objet aux Etats-Unis et sur le théâtre de la guerre.

Longtemps pourtant, malgré cette impopularité, le général Otis se vit maintenir dans son commandement par la confiance opiniâtre du président Mac-Kinley.

Il fut non seulement un chef incapable et cruel mais encore l'adversaire le plus déterminé de toute solution pacifique et Aguinaldo, en quelques lignes d'une indignation véhémente, dénonça au monde civilisé l'attitude abominable du gouverneur militaire.

« Je n'ai pas besoin d'insister, écrit-il, sur la cruauté qui, depuis le commencement des hostilités, a caractérisé la conduite du général Otis à l'égard des Philippins. Je n'ai pas à récapituler les excès de banditisme commis par les soldats américains envers la population inoffensive et sans défense de Manille, les femmes et les enfants fusillés pour le simple crime d'avoir regardé par la fenêtre ; les maisons envahies en pleine nuit sans l'autorisation des occupants, les caisses forcées, les vêtements pillés, l'argent volé, avec les bijoux et les valeurs, les meubles, chaises, tables, glaces brisés, quand les pillards ne pouvaient les emporter. Ce sont là les conséquences de la guerre, quoiqu'elles ne se comprennent point quand il s'agit d'armées civilisées. Mais ce que je ne puis laisser passer sous silence, c'est la conduite inhumaine du général Otis, dans son attitude envers l'armée philippine, quand, pour régler les conditions du traité de paix avec la Commission civile, présidée par M. Schurman, j'envoyai par trois fois des parlementaires pour demander la cessation des hostilités.

» Le général Otis refusa d'acquiescer aux justes et raisonnables demandes de mes envoyés, en répondant qu'il ne cesserait les hostilités que lorsque l'armée des Philippins aurait déposé les armes.

» Mais pourquoi cette armée n'a-t-elle pas été

jugée digno de considération de la part du général
Otis et des forces américaines? Ils avaient donc oublié les services importants que l'armée philippine
avait rendus aux Américains dans la dernière
guerre contre l'Espagne?

» Le général Otis avait donc oublié les concessions que lui avait faites l'armée philippine, en
lui livrant, à lui et à son armée, les faubourgs et
les blockhaus dont, au prix de si grands sacrifices,
les Philippins s'étaient emparés?

» Pourquoi le général Otis imposait-il une condition humiliante, comme premier facteur ou base
des négociations de paix, à une armée qui avait
combattu côte à côte avec les Américains, versant
noblement son sang, et dont l'héroïsme et le courage avaient été exaltés par l'amiral Dewey et les
Américains eux-mêmes?

» La conduite inexpliquée du général Otis, si manifestement contraire au droit international et aux
lois de l'honneur militaire, est un témoignage élo-
quent de son intention préméditée d'annihiler les
effets de la mission pacifique de M. Schurman.

» Comment faire la paix quand le canon tonne
et quand les balles sifflent? »

Quoi qu'il en soit, le général Otis m'octroya la
permission sollicitée et je pus, grâce à un laissez-
passer, parcourir les environs de la capitale de l'île
de Luçon.

Dans une affreuse calèche traînée par des rosses

étiques, je suis les routes, les fondrières plutôt, étroitement gardées par les troupes américaines. Le pays est laid et désolé, les arbres sont rabougris et souffreteux, la verdure rare, les plantations maigres.

Sans doute à l'intérieur la nature se fait plus belle ; mais combien nous sommes loin ici de cette végétation luxuriante que l'imagination aime à prêter aux régions tropicales !

Ajoutez à cela que les habitations ont toutes été brûlées, que les villages sont détruits, et qu'il en reste seulement des ruines fumeuses ; le spectacle est vraiment lugubre.

Presque tous les ponts furent coupés ! hâtivement on les a remplacés par des passerelles en bambou où mes chevaux s'engagent avec une répugnance bien compréhensible ; à chaque instant la route est barrée par des sentinelles qui arrêtent la voiture et me tiennent en joue jusqu'à l'exhibition de mon passeport. De loin en loin, des campements improvisés où les volontaires occupent leurs loisirs à jouer aux cartes sur des petites tables installées à l'ombre des arequiers.

J'aurais voulu ainsi poursuivre mon chemin en voiture jusqu'à Malolos, mais des tranchées de plus en plus fréquentes rendent la route impraticable : il me faut retourner à Manille et faire usage du train militaire pour me rendre à l'ancienne capitale de la République philippine. Le voyage est d'ailleurs pittoresque, en compagnie de volontaires désignés pour la relève ; dans le compartiment où je prends place, un jeune marchand de journaux est mon voisin ; à chaque arrêt il se précipite en criant le titre de sa feuille, que les soldats campés tout le long de la ligne s'arrachent avidement.

Les campements sont installés de 3 en 3 kilomètres environ et le train s'arrête à chacun d'eux pour laisser des miches de pain, d'énormes quartiers de viande et des récipients d'eau ; au retour les wagons sont remplis de malades et blessés qu'on évacue vers les ambulances de Manille.

Il est facile de se rendre compte que le système d'occupation américain est tout à fait déplorable. Chacun de ces campements, de deux ou trois cents hommes, peut être facilement surpris par les Philippins, excellents tireurs, habiles à se dissimuler dans la brousse et à se servir de tous les accidents de terrain. Toujours obligés de veiller, jamais tranquilles, sans repos pendant la nuit, les troupes américaines s'épuisent à pareil régime et la fièvre ne tarde pas à venir à bout des hommes surmenés.

En deux heures nous atteignons Malolos, le point extrême occupé par les Américains au moment de mon séjour à Manille (avril 1899). La petite ville est maintenant en ruines comme toutes celles que durent quitter, après une lutte acharnée, les troupes d'Aguinaldo.

Tout cela est affreusement lugubre et ferait haïr

davantage encore, si possible, la guerre meurtrière et dévastatrice que l'impérialisme américain a déchaînée sur les îles.

Les agents de cette politique néfaste sont bien dignes d'ailleurs de la mauvaise cause qu'ils défendent et on ne saurait dénoncer avec assez d'énergie les sauvages excès des volontaires qui furent amenés aux Philippines pour y accomplir l'œuvre de piraterie.

J'ai déjà dit plus haut l'allure martiale de ces volontaires et décrit leur uniforme : complet de toile couleur cachou (kaki) et large chapeau de feutre mou.

Ce chapeau mou est la cause d'innombrables insolations ; mais jamais les troupes américaines ne consentirent, malgré les ordres répétés des chefs, à user du casque colonial.

Ne soyez point surpris : les volontaires ignorent tout à fait ce qu'est la discipline. Ce sont pour la plupart des aventuriers pillards, venus là dans l'espoir de fructueuses opérations et dont le mécontentement augmente chaque jour depuis qu'ils sont condamnés à une guerre longue et difficile.

Au consul de France qui se plaignait un jour de la brutalité des volontaires, le prévôt de la ville répondit : « Je ne demande pas mieux que de leur faire des observations, mais ils n'en tiendront aucun compte. »

J'ai déjà rappelé plus haut les actes d'indiscipline qui se sont produits dans la colonne du général Lawton pendant la malheureuse expédition de Santa - Cruz. Dernièrement encore, le général Rios, de retour à Barcelone, racontait qu'un volontaire ayant tiré un coup de fusil sur un de ses chefs, le général Otis n'osa pas sévir et dut se borner à le blâmer par la voie de l'ordre du jour.

Ils sont braves, personne n'en doute, et se battent généralement avec une complète insouciance du danger; mais ils reconnaissent volontiers qu'ils préfèrent mettre les villages à sac et égorger quelques inoffensifs indigènes.

Certains journaux américains ont même dû avouer, d'après des lettres adressées à leur famille par des volontaires, qu'on ne faisait aucun quartier aux indigènes, qu'on gardait rarement les prisonniers, que les femmes et les enfants eux-mêmes n'échappaient point au massacre.

Le lecteur voudra bien penser que je n'avancerais point de tels faits et que je ne porterais pas des accusations si graves sans des documents précis et indiscutables qui viennent aussitôt justifier mes assertions.

Ce sont des journaux américains eux-mêmes dont on peut invoquer le témoignage et la *North America* a publié des lettres de volontaires, lettres édifiantes surtout par l'extraordinaire inconscience qu'elle révèle chez leurs auteurs.

L'un d'eux écrivait :

« J'ai démoli de beaux et énormes miroirs, ainsi que des lustres, rien que pour entendre le bruit. Je vous dis que cette guerre est magnifique et j'aime cela, pourvu que je ne sois pas tué... Détruire, incendier, tuer, c'est beau ! Dès que votre sang est échauffé, rien ne vous arrête ; vous devenez enragé et vous faites autant de dégâts que vous le pouvez. »

Et un autre :

« Je venais de tuer un nègre — pour les volontaires américains les Philippins sont des nègres — et je m'étais étendu sur l'herbe, lorsqu'une vieille s'empara de mon fusil et me mit en joue ; ignorante du maniement de mon arme, le coup ne partit pas. Je saisis vivement mon revolver et lui envoyai une balle dans l'œil droit. Une jeune fille s'élança alors sur moi, m'égratignant, me mordant comme un diable... Un formidable coup de poing sur le nez l'étendit à mes pieds. Je les laissai tous les trois empilés l'un sur l'autre... Les femmes sont enragées et se battent comme des démons ; c'était la première fois que j'en tuais une ; cela me répugnait, mais il le fallait. »

Ailleurs, c'est un Anglais, ancien résident à Manille, qui fait la déclaration suivante :

« Certains volontaires américains ont agi non en soldats mais en bandits. Sous prétexte d'armes cachées des maisons ont été pillées, des femmes violentées, des bijoux dérobés, des villages livrés aux flammes. A Pandacan, des soldats ont débarqué à la recherche des suspects. Ils ont incendié les maisons et l'église, et rencontrant des femmes éperdues portant dans leurs bras des enfants malades de la variole, ils arrachèrent ces enfants des bras de leurs mères et les jetèrent dans les flammes... »

Il y a quelque temps le *New-York Journal* relatait que le cavalier Thomas Jones, du 11e de cavalerie, en garnison à Santa-Cruz, décrit, dans une lettre adressée à sa famille à Washington, le massacre d'une noce indigène, exploit auquel il prit part avec soixante de ses camarades, le 25 juin dernier.

« Le détachement ayant reçu l'ordre de capturer mort ou vif un général philippin qu'on croyait caché dans une maison de la localité, se plaça en embuscade près de cette habitation. Peu après un cortège nuptial en sortait et les soldats américains recevaient l'ordre de tirer sur le groupe.

« Le spectacle qui s'ensuivit fut horrible, écrit Jones. Devant la maison était étendue la mariée dont une balle avait fait sauter la cervelle. A peu de distance, le marié agonisait, la poitrine trouée. Douze autres personnes avaient été tuées, et il y avait autant de blessés, dont une vieille femme et un enfant. Ce dernier avait eu le bras emporté. »

Dernièrement aussi, le journal le *People* de

New-York publiait des renseignements non moins révoltants.

« Au mois de juillet dernier, dit le *People,* deux soldats du corps expéditionnaire entraient dans la demeure d'un indigène à Oroquieta, dans le nord de Mindanao. L'un fut tué par les Philippins, mais l'autre put s'échapper et aller prévenir le lieutenant George Bradshaw qui commandait un détachement de troupes américaines en garnison à Cagayan. Le lendemain, les soldats du détachement entouraient Oroquieta, tuaient quatre-vingt-dix-neuf indigènes, et la canonnière Callao bombardait le village qui fut aux trois quarts incendié. »

Et le journal américain reproduit également la lettre suivante adressée par un soldat à ses parents :

« Depuis que l'on a déclaré officiellement que la guerre était terminée, nous avons tué plus de Philippins que les Espagnols, pourtant si cruels, n'en avaient exterminé pendant les deux dernières révoltes. Capitaines et lieutenants remplissent les fonctions de juges d'instruction, de juges et de bourreaux. L'on fusille à tout bout de champ des douzaines d'indigènes sans même en avertir le gouverneur militaire, qui, d'ailleurs, ne désire pas qu'on l'ennuie avec ces histoires.

» En public, nous faisons grand bruit de notre miséricorde à l'égard de nos prisonniers. Les bureaux télégraphiques de Manille étant entre les

mains des autorités militaires ne laissent passer
que des nouvelles falsifiées. A vrai dire, aucune
exécution ne se fait au grand jour, mais dans
chaque coin du pays des exécutions sommaires ont
lieu sans interruption. »

Ces faits, on les cache au peuple américain qui,
« ignorant de la situation et des nécessités de la
lutte, pourrait ne pas les approuver ».

Le même soldat écrit plus récemment encore :

« Sans avoir reçu aucun ordre de Washington,
sans qu'aucun décret ait été rendu, il est maintenant admis que la mort d'un soldat américain doit
être suivie de l'exécution immédiate de tous les
« suspects » de la ville ou du village et de l'incendie
de leur demeure. »

Lorsque le lieutenant Kiefer eut été tué dans une
embuscade, comme on n'avait pu mettre la main
sur ceux qui l'y avaient attiré, l'on s'empara d'un
certain nombre d'indigènes inoffensifs du village
qui furent immédiatement passés par les armes.

Un autre journaliste, correspondant du même
journal, écrit, lui aussi, sur le même sujet et apporte
à son tour son témoignage :

« Le colonel Howe demande ingénument, dé-
clare-t-il, pourquoi les indigènes ne regagnent pas
leurs demeures. Il ignore sans doute que porteurs
ou non d'armes, ils sont assaillis à coups de fusils
par les soldats du corps expéditionnaire dès qu'ils
approchent de leurs habitations. Pour les obliger à

fournir des renseignements, ils sont couramment attachés par les pouces à des arbres, ou à moitié étranglés. Depuis qu'Aguinaldo a eu la générosité ou plutôt la faiblesse de mettre en liberté ses prisonniers américains le mot d'ordre a été « pas de quartier aux rebelles. »

Quant aux faits de pillage, ils sont incontestables; partout où ils ont passé, les volontaires ont dévalisé les églises, enlevé aux madones les bijoux précieux dont elles étaient ornées à la mode espagnole : les tombes elles-mêmes n'ont pas été garanties contre la rapacité des conquérants.

Je me hâte de le dire, la grande nation américaine ne saurait être rendue responsable de ces actes de cruauté et toutes les expéditions coloniales ont entraîné d'aussi monstrueux massacres et des pillages aussi éhontés. Au Tonkin et au Dahomey, les Français commirent des méfaits semblables, et M. Vigné d'Octon a plusieurs fois dénoncé dans la presse les horribles tueries de Madagascar : les Anglais au Soudan, au Transvaal ou dans les Indes, les Allemands au Cameroun se montrèrent tout aussi inhumains, et l'incident d'Arenberg, pour ne parler que de celui-là, a fait le pendant aux massacres organisés par Voulet et Chanoine. Les Espagnols aux Philippines et à Cuba et les Italiens en Abyssinie prouvèrent que les races latines peuvent, à cet égard, rivaliser avec les races anglo-saxonnes. Les Belges n'ont pas moins marqué au Congo par

des traces sanglantes, les progrès de leur conquête.
Les troupes alliées, qui opèrent au Céleste Empire,
ne manqueront, soyez en sûrs, de multiplier les exécutions, et ne feront pas une étape sans organiser
méthodiquement le pillage : les Cosaques en Mand-
chourie ont déjà fait leurs preuves et dépassé en
cruauté et en sauvagerie les plus forcenés des
Boxers.

Partout la bête humaine est aussi haïssable, dès
qu'on déchaîne ses instincts les plus bas et les plus
vils : la responsabilité doit peser tout entière sur les
méprisables politiciens ou les financiers rapaces qui
cherchent, dans ces criminelles expéditions, la satisfaction de leurs appétits ou de leur ambition.

Certes les politiciens et les financiers en question
furent trop longtemps les inspirateurs de la politique aux États-Unis et l'opinion publique ne fut que
trop égarée par les mensonges et les déclarations
hypocrites de l'impérialisme. Mais le peuple américain paraît s'être repris : et chaque jour, de nouvelles preuves nous persuadent qu'il ne tardera pas
à revenir tout entier aux nobles traditions qui
furent sa gloire dans le passé.

CHAPITRE X

SOUVENIRS DE VOYAGE

M. Schurman. — Une proclamation. — L'opinion de quelques
Philippins. — Le socialisme aux Philippines. — Apparition de
la lutte des classes. — Une conversation avec le Président de
la Commission civile. — L'impérialisme américain. — La question des prisonniers. — Nouvelle proclamation d'Aguinaldo.

Au milieu des chefs militaires, exécuteurs impitoyables, on l'a vu, des ordres du parti impéraliste,
M. Schurman, président de la Commission civile,
apparaissait comme un homme de haute distinction
et tout à fait digne de respect. Alors que le général
Otis faisait de son mieux pour embrouiller les choses
et multiplier les provocations, M. Schurman s'efforçait au contraire de calmer les esprits et d'entrer
dans la voie des négociations pacifiques. Ce n'est
point sa faute si toutes les tentatives échouèrent
successivement.

Précisément à l'époque de mon séjour à Manille,
M. Schurman venait de lancer, au nom de la Com-

mission, une proclamation dont il espérait grand effet : et je me proposai d'aller en causer avec lui.

Mais auparavant, je tenais à connaître l'avis des principaux intéressés, je veux dire des Philippins, et je me hâtai de profiter de l'obligeance d'un aimable négociant français, ayant de nombreuses relations, qui m'offrait de me conduire chez quelques personnages dont l'opinion méritait d'être recueillie.

Voici d'abord le texte de la proclamation dont je voulais connaître l'effet sur les indigènes :

« Le traité de paix entre les Etats-Unis et l'Espagne, ratifié il y a plusieurs semaines par les premiers, ayant été ratifié par l'Espagne le 20 mars, la cession aux Etats-Unis, conformément aux stipulations du traité, de la souveraineté que l'Espagne possédait et exerçait sur les îles Philippines a reçu maintenant, selon la loi des nations, accomplissement complet et irrévocable.

» Afin que les hautes responsabilités et obligations, que les Etats-Unis ont de la sorte définitivement assumées, puissent être remplies de manière à satisfaire aux véritables intérêts des habitants des îles Philippines, Son Excellence, le Président des Etats-Unis, a nommé les soussignés membres d'une Commission civile des Affaires des Philippines et les a investis de tous les pouvoirs nécessaires à l'exercice de cette fonction.

» La Commission désire assurer le peuple des îles Philippines que Son Excellence le Président des

Etats-Unis et le peuple américain ont envers lui des sentiments de cordialité, de bienveillance et de fraternité. Le but, l'intention du gouvernement américain, en dehors de l'accomplissement des solennelles obligations assumées par lui envers la famille des Nations, en acceptant la souveraineté des îles Philippines, est de veiller au bien-être, à la prospérité et au bonheur du peuple philippin et de l'élever et faire progresser au rang des peuples les plus civilisés de l'Univers.

» Son Excellence, le Président des Etats-Unis, estime que le moyen d'atteindre à cette félicité et perfection du peuple philippin réside dans le maintien de la paix et du bon ordre, la garantie de la liberté civile et religieuse, l'établissement de la justice, la culture des lettres, des sciences, des arts libéraux et pratiques, l'élargissement des relations avec l'étranger, le développement de l'industrie, du trafic et du commerce, la multiplication et l'amélioration des moyens de communications internationales, le développement — avec l'aide des inventions mécaniques modernes — des grandes ressources naturelles de l'archipel ; et, en un mot, l'application ininterrompue du peuple à la poursuite de ces buts utiles et à la réalisation de ce noble idéal qui constituent la civilisation supérieure de la race humaine.

» Malheureusement, les visées pures et les pures intentions du gouvernement et du peuple américains ont été représentées sous un faux jour à quelques-uns des habitants de certaines des îles. Par suite, les troupes américaines amies ont, sans cause ou provocation, été ouvertement attaquées.

» Et pourquoi ces hostilités? Que désirent les meilleurs d'entre les Philippins? Peuvent-ils souhaiter rien de plus que ce que les États-Unis sont prêts à donner? Ce sont des patriotes et ils veulent la liberté, dit-on. La Commission affirme avec la dernière énergie que les Etats-Unis sont anxieux d'établir aux îles Philippines un système éclairé de gouvernement, sous lequel les Philippins puissent jouir de la plus grande proportion d'autonomie et de la plus large liberté conciliables avec les fins suprêmes de tout gouvernement et compatibles avec les obligations que les Etats-Unis ont assumées envers les nations civilisées du monde entier. Les Etats-Unis faisant le plus sincère effort pour le bien-être et le progrès des habitants des îles Philippines, il ne saurait y avoir de conflit véritable (incompatibilité) entre la souveraineté américaine et les droits et libertés du peuple philippin. Car, précisément comme les Etats-Unis sont prêts à fournir armées, flottes et toutes les ressources infinies d'une grande et puissante nation pour maintenir et appuyer leur légitime suprématie sur les îles Philippines, de même ils sont, et plus encore, désireux de répandre la paix et le bonheur chez le peuple philippin, de lui garantir une liberté légitime, de le protéger dans ses justes privilèges et immunités, de l'accoutumer à se gouverner librement lui-même dans une mesure toujours plus large, et de l'encourager dans les aspirations, les sentiments et l'idéal en lesquels résident la promesse et la possibilité d'un développement national fécond.

» La Commission compte rendre visite aux populations philippines dans leurs diverses provinces pour, à la fois, entrer mutuellement en relations plus intimes et s'enquérir auprès des lumières du pays de la forme ou des formes de gouvernement qui semblent le mieux adaptées aux populations philippines, les plus propres à amener chez elles le plus grand bien-être et les plus conformes à leurs habitudes, à leurs traditions, à leurs sentiments et à l'idéal qu'elles chérissent. Tant pour l'établissement que pour le maintien d'un gouvernement aux îles Philippines, la politique des Etats-Unis est de consulter et l'opinion et les vœux et d'obtenir les conseils, la coopération et l'appui du peuple philippin lui-même.

» En attendant, invitation est faite au peuple philippin de donner son attention à certains principes régulateurs qui guideront les Etats-Unis dans leurs rapports avec lui. Les suivants sont considérés comme de primordiale importance :

I. La suprématie des Etats-Unis doit être et sera imposée dans toutes les parties de l'archipel, et quiconque y ferait résistance ne parviendra qu'à sa propre ruine.

II. Il sera accordé au peuple philippin la plus large mesure d'autonomie libre conciliable avec le maintien d'une administration des affaires publiques sage, juste, stable, efficace et économique et compatible avec les droits et obligations internationaux et souverains des Etats-Unis.

III. Les droits civils du peuple philippin seront garantis et protégés de la manière la plus complète; la liberté religieuse sera assurée et tout le monde sera égal devant la loi.

IV. L'honneur, la justice et l'amitié interdisent qu'on soit victime ou instrument d'exploiteurs du peuple ou du sol des Philippines. Le but du gouvernement américain est le bien-être et le progrès du peuple philippin.

V. Il sera garanti au peuple philippin une administration honnête et efficace dont, et cela dans la plus large mesure praticable, des indigènes seront fonctionnaires.

VI. La perception et l'administration des impôts et revenus seront placées sur une base solide, honnête et économique. Les fonds publics obtenus légitimement et perçus honnêtement seront employés seulement à défrayer les dépenses régulières et légitimes que comportent l'établissement et le fonctionnement du gouvernement philippin et pour telles améliorations générales que pourra réclamer l'intérêt public. Les fonds locaux perçus pour des objets locaux ne seront pas détournés à d'autres fins. Grâce à une administration ainsi prudente et honnête, il y a lieu de croire que les besoins du gouvernement deviendront, dans peu de temps, compatibles avec une réduction considérable de l'impôt.

VII. Il sera établi une administration de la justice qui, la rendant d'une manière pure, rapide et efficace, extirpera à jamais ces fléaux : les délais, la vénalité et l'exploitation.

VIII. On encouragera la construction des routes, chemins de fer et autres moyens de communication et de transport, ainsi que d'autres travaux publics, d'avantage manifeste pour le peuple philippin.

IX. Le commerce et le trafic, tant intérieurs qu'étrangers, l'agriculture et autres industries, ainsi qu'en général la mise en valeur du pays dans l'intérêt de ses habitants, seront l'objet d'une sollicitude et d'un appui constants.

X. Les mesures efficaces seront prises pour l'établissement d'écoles élémentaires où seront instruits les enfants du peuple. Il sera prévu aussi les facilités convenables pour l'éducation supérieure.

XI. On devra entreprendre sans délai et mener à bien, conformément au droit et à la justice, des réformes dans tous les départements du gouvernement, dans toutes les branches du service public et dans toutes les corporations qui touchent de près à la vie ordinaire du peuple, et cela d'une manière qui satisfera aux réclamations bien fondées et aux plus élevés sentiments et aspirations du peuple philippin.

» Tel est l'esprit dans lequel les Etats-Unis viennent au peuple des îles Philippines. Son Excellence le Président a donné à la Commission ses instructions pour le publier. Et, en obéissant à cette prescription, la Commission désire se joindre à Son Excellence le Président pour exprimer sa propre bienveillance envers le peuple philippin et pour cordialement inviter ceux qui mènent ou représentent ce dernier à venir à elle, tant pour faire connaissance personnelle que pour échanger vues et opinions.

» Manille, 4 avril 1899.

» JACOB GOULD SCHURMAN,
» *Président de la Commission.*

» GEORGE DEWEY,
» *Amiral (Marine des États-Unis).*

» ELWELL S. OTIS,
» *Major général.*

» CHARLES DENBY, JEAN C. WORCESTER.
» *Volontaires des Etats-Unis.*

» JOHN B. MAC-ARTHUR,
» *Secrétaire de la Commission.* »

On ne saurait nier que cette proclamation, très modérée dans ses termes, était un effort louable vers une solution pacifique.

Et, sans aucun doute, M. Schurman était absolument sincère dans son désir de mettre fin aux hostilités en faisant aux anciens alliés des propositions qu'il tenait pour honorables.

Mais les deux signatures de M. Dewey et M. Otis placées au bas du document, lui enlevaient, hélas! tout caractère de franchise et de bonne foi.

Les Philippins, il était facile de s'en convaincre, tiendraient pour nulle et non avenue une proclamation au bas de laquelle le nom respecté de M. Schurman compensait insuffisamment les noms détestés de l'amiral et du général qui donnèrent si souvent des preuves de scandaleuse duplicité.

Ma première visite, pour l'enquête que je me proposais de faire à propos de cette proclamation, fut à M. Florentino Torrès, président du comité philippin de Manille. M. Torrès est un homme fort instruit qui, malgré son origine tagale, occupait un siège de magistrat sous la domination espagnole; il a une grosse fortune — le détail est à noter — et son fils venait d'achever en France des études très complètes.

— Vous avez lu, lui dis-je, la proclamation de la Commission civile : la considérez-vous comme satisfaisante et espérez-vous arriver prochainement à une solution pacifique?

— Hélas, ce sera long, répondit Torrès, malgré tout notre désir d'arriver à une entente.

— Sur quelle base concevez-vous cette entente, demandai-je ?

— Nous accepterions volontiers le régime du Canada vis-à-vis de l'Angleterre, c'est-à-dire la souveraineté americaine avec l'autonomie. C'est à peu près ce que voudrait établir M. Schurman, par sa proclamation.

— Oui, dis-je. Mais ayant traité sur ces bases, cette entente sera-t-elle acceptée par Aguinaldo ?

— Je n'ose l'espérer.

— Pourquoi ? Aguinaldo est-il un ambitieux qui recherche dans la guerre un moyen de garder le pouvoir ?

— Non, dit-il, cela tient à une cause plus grave.

Et ici mon interlocuteur s'exprime avec une certaine émotion.

— Je dois vous le dire, l'insurrection actuelle n'est pas seulement un soulèvement pour l'indépendance, c'est surtout un mouvement socialiste. C'est le peuple, le prolétariat qui s'est soulevé ; et maintenant il n'a pas seulement la volonté de combattre Espagnols et Américains, mais même nous autres les « capitalistes ».

J'avoue que je fus quelque peu étonné de cette déclaration, tout à fait inattendue et j'insistai auprès de M. Torrès.

— Mais êtes-vous bien certain de ce que vous

avancez ; est-ce vraiment un mouvement socialiste ?

— Oui, oui, affirme-t-il ; parmi les principaux chefs des insurgés, il y a Luna qui fit des études en France et qui est un militant socialiste ; il y a Sandiko qui habita longtemps l'Amérique et qui y créa même des clubs socialistes ; il y a Paterno, le poète, un cerveau brûlé, un ardent socialiste. Quant à Aguinaldo, c'est un homme du peuple qui, sans doute, ne connaît pas la doctrine, mais qui est poussé par ses instincts.

Et ce qu'il y a de plus effrayant encore, c'est que ceux qui entourent Aguinaldo veulent copier la grande Révolution française et s'inspirent de son esprit.

Le jour de la proclamation de la République, le journal la *Republica Filipina* publiait la Déclaration des Droits de l'homme et du citoyen. Soyez certain qu'on voudra imiter jusqu'au bout les exemples de 1789 à 1793. Après la lutte contre les ennemis de la patrie, viendront les violences contre ce que les socialistes appellent les « exploiteurs du peuple ».

— Et alors ?

— Et alors, conclut paisiblement Torrès, comme nous préférons vivre sous la domination américaine, plutôt que de subir la République sociale, nous souhaitons la fin des hostilités et nous ne demandons qu'à poursuivre et à faire aboutir les pourparlers engagés avec M. Schurman.

Et comme j'insistais, faisant observer que le moment était peut-être mal choisi pour traiter avec les Américains, que les pertes subies après la saison des pluies rendraient sans doute plus accommodants les envahisseurs.

— Ah ! mais, fit Torrès, nous ne voudrions pas qu'ils soient trop découragés. Nous souhaitons des réformes et certaines libertés : mais nous ne voulons point que les Américains s'en aillent. Eux partis, ce serait une sorte de régime socialiste et nous perdrions nos biens ! »

Il n'est pas besoin, j'imagine, de longs commentaires pour faire ressortir l'importance des déclarations de M. Torrès. Je les ai contrôlées à plusieurs reprises et j'ai acquis la conviction qu'elles étaient conformes à la réalité des choses.

Oui, l'insurrection des Philippines est plus qu'un mouvement nationaliste.

Sans doute, elle fut à l'origine un soulèvement contre la tyrannie des prêtres et des moines : les Tagals résolurent de secouer un joug aussi abominable. Mais, révoltés contre les oppresseurs espagnols, les Philippins réfléchirent et peu à peu ils englobèrent dans une haine commune tous ceux en qui ils virent des maîtres du passé, du présent ou de l'avenir. Et maintenant, à côté de la guerre pour l'indépendance, il y a la lutte des classes, consciente chez les uns, instinctive chez les autres.

Si bien que, nombre de riches Philippins plus

soucieux de leurs propres intérêts, que de l'Indépendance de la Patrie, se montrèrent toujours disposés à une entente avec les Américains. Cela explique comment, à plusieurs reprises, des négociations furent entamées à Manille avec les notables de la ville — avec les gros propriétaires, les grands négociants indigènes ; comment aussi ces pourparlers aboutirent régulièrement à un échec.

Le Comité philippin de Manille défendait des intérêts de classe : il était en désaccord manifeste avec les combattants d'Aguinaldo qui eux poursuivaient leur émancipation définitive.

Je ne voudrais, bien entendu, pas prétendre que le mouvement insurrectionnel fut un mouvement socialiste, tout à fait conscient, et que son triomphe amènerait un régime analogue à celui que définissent les socialistes doctrinaires des deux mondes ; j'ai voulu simplement souligner en passant que par delà les mers, comme sur les continents occidentaux, la lutte de classe a une tendance à s'affirmer chaque jour davantage et que, de plus en plus, dans les conflits qui ébranlent l'univers, c'est la lutte économique qu'on voit partout se substituer à toutes les autres.

Après mon entrevue avec M. Torrès, un entretien avec M. Schurman devenait plus intéressant encore.

Le Président de la Commission civile de la Paix avait toutes les qualités requises pour mener à bien des négociations difficiles.

Avant d'occuper cette haute fonction M. Schurman était, aux Etats-Unis, recteur de l'Université. C'est un homme encore jeune, grand, distingué, d'une politesse raffinée et remarquablement intelligent. Il me reçoit avec une courtoisie empressée et nous causons tout en prenant le thé.

— J'ai lu, dis-je, votre proclamation aux Philippines. En attendez-vous de bons résultats ?

— Certes oui, et j'ai tout lieu de croire qu'ils ne se feront pas attendre.

— Mais (je voulais compléter mon enquête sur ce point) est-il vrai qu'il y a dans le mouvement insurrectionnel une tendance socialiste ?

Là, M. Schurman marque un mouvement de surprise ; il ignorait ce point de vue ; et se tournant alors vers un Philippin qui était en conférence avec lui au moment de mon arrivée, il lui pose la question.

Le Philippin répond aussitôt affirmativement en ajoutant toutefois que le mouvement socialiste se double d'une revendication nettement nationaliste.

Et nous reprenons la conversation :

— Pourquoi donc, fis-je, l'Amérique n'a-t-elle pas tenté d'établir ici un régime de protectorat qui aurait sauvegardé bien des susceptibilités ?

— Parce que le régime du protectorat ne peut fonctionner qu'à la condition d'être appliqué auprès d'un gouvernement stable, par exemple celui de l'Empereur en Annam, ou du Bey à Tunis. Ici, rien de pareil, il n'y a pas de gouvernément à proprement parler.

— Alors, accepteriez-vous d'accorder aux Philippines le régime du Canada, colonie britannique, il est vrai, mais jouissant d'une parfaite autonomie?

— Parfaitement bien ! et cela ressort de ma proclamation. Mais Aguinaldo mettra sans doute des empêchements.

— Alors ?

— Alors, attendons les événements ! En toûs cas, pénétrez-vous bien de ceci (et ici le ton de M. Schurman devient soudain très énergique, presque dur) : nous voulons qu'on reconnaisse ici la souveraineté des Etats-Unis. Sur cela nous ne transigerons à aucun prix.

Puis M. Schurman me pose des questions nombreuses et je deviens l'interviewé.

— Pourquoi donc la France semble-t-elle éprouver de l'animosité contre nous?

— Mais, dis-je, les républicains de France eurent toujours des sympathies pour la République américaine; seulement nous éprouvons quelque déception à voir les Etats-Unis gagnés par l'esprit de conquête et devenir une nation militariste.

— Non, non ! s'écrie M. Schurman avec force. Vous n'avez pas cela à craindre. Nous sommes fermement républicains et nous sommes attachés à nos institutions. D'ailleurs le peuple ne voudrait pas voir l'impérialisme prendre chez nous la prédominance. Je puis vous l'affirmer et vous pouvez le répéter. »

Les affirmations de M. Schurman méritaient d'être retenues et depuis nous avons pu constater sa clairvoyance en assistant avec joie au recul de l'impérialisme dans l'opinion américaine.

Cette solution : un régime analogue à celui du Canada vis-à-vis de l'Angleterre, de nombreux Philippins étaient alors et sont encore sans doute très disposés à l'accepter ; mais la difficulté sera toujours, je le répète, d'obtenir l'assentiment d'Aguinaldo et de ses troupes. Celles-ci ont en effet perdu toute confiance dans la parole américaine et n'auraient aucune foi dans les promesses nouvelles qui leur seraient faites.

C'est ce que m'explique avec infiniment de bon sens et de clarté M. Gregorio Areneto, qui fut le premier ministre de la justice du gouvernement d'Aguinaldo.

Areneto paraît peu enclin à la résistance à outrance : cependant il ne semble pas résigné, comme M. Torrès, à toutes les humiliations.

Il me déclare que, pour son compte, il est partisan d'une entente, mais reconnaît qu'Aguinaldo, avant tout, doit être consulté, le Comité philippin de Manille n'ayant pas qualité pour traiter définitivement et pouvant tout au plus servir d'intermédiaire.

« En tous cas, ajoute-t-il, notre dignité doit être

sauvegardée : il y a trop longtemps qu'on nous traite en quantité négligeable. Comment ! lors de la conférence de Paris, Espagnols et Américains disputaient sur notre sort : nous avons demandé à être entendus, nous disions que nous avions quelque droit à prendre part à des délibérations où devait être fixée notre propre destinée.

» On nous a traité comme des sauvages indignes de prendre part aux débats de deux peuples civilisés.

» Et maintenant, on fait appel aux sentiments d'humanité de ces prétendus sauvages ; on leur demande, par exemple, de rendre, sans conditions, les prisonniers espagnols qui sont entré leurs mains.

» Eh bien, par cette seule question des prisonniers espagnols, je vous laisse le soin de juger les procédés américains.

» Vous savez, n'est-ce pas, que nous avons entre les mains plus de 10.000 prisonniers, soldats espagnols, fonctionnaires, employés, prêtres et moines.

» Par le traité de paix de Paris, auquel on nous a refusé de prendre part, les États-Unis se sont engagés à faire remettre ces prisonniers à l'Espagne.

» Ce serait vraiment comique, s'il ne s'agissait de la liberté et de l'existence de ces milliers de pauvres gens qui sont traités avec douceur, mais qui n'en souffrent pas moins d'une si longue captivité : et cela ne prouve-t-il pas l'absurdité de ce traité qui dispose ainsi des choses et des gens sans l'agrément des principaux intéressés ?

» Quel est donc notre raisonnement à nous autres Philippins ? Il est bien simple et se trouve éloquemment exposé dans la réponse que fit faire Aguinaldo à une démarche tentée par les commerçants étrangers de Manille.

» La voici :

Réponse au commerce étranger de Manille.

» L'honorable Président de la République des Philippines, don Emilio Aguinaldo, m'a chargé d'exprimer les sentiments que lui inspire un message en faveur des prisonniers espagnols, message émanant d'étrangers à l'égard desquels, depuis trois siècles, le peuple philippin n'a cessé de témoigner ses sympathies.

» Il reconnaît en eux la représentation morale des nations auxquelles ils appartiennent, leur neutralité dans la guerre actuelle, l'uniformité d'une demande qui fait le plus grand honneur à leur esprit de charité ; mais qu'il lui soit permis de faire remarquer que leur manière d'envisager la question des prisonniers de guerre espagnols est erronée.

» Les Etats-Unis, en prétendant nous imposer par la violence leur domination, en voulant hériter de la souveraineté de l'Espagne sur nos îles, ont contracté devant l'humanité et en vertu des éternels principes de la justice, l'obligation de rendre la liberté aux captifs que nous détenons, soit par la force des armes, soit par un traité de paix qui mette fin à la guerre.

» Intervenez donc auprès des Etats-Unis pour qu'il ne refuse pas à mes concitoyens une indépendance dont ils sont dignes et pour la conservation de laquelle ils lutteront jusqu'à la mort ; agissez dans ce sens ; et, si vos tentatives sont couronnées de succès, non seulement vous aurez obtenu la libération des prisonniers, mais encore l'indépendance de milliers de Philippins qui vous en auront une éternelle reconnaissance.

» Ce gouvernement a le strict devoir de sauvegarder l'indépendance de ses concitoyens, quoique, bien des fois, il ait à réprimer les élans de son cœur ; il doit la conquérir, dût-il y sacrifier encore des milliers d'existences et des intérêts considérables.

» Ap. Mabini. »

« Voilà, reprend Areneto, quels sont nos arguments et je ne pense pas qu'il est impossible d'y faire des objections raisonnables. »

Et je dus convenir en effet que les Etats-Unis portaient seuls la responsabilité des souffrances des prisonniers espagnols.

— Enfin, comment tout cela finira-t-il ? demandai-je à Areneto.

— J'espère, répondit-il, que l'opinion publique aux Etats-Unis reviendra de son égarement, et que le parti impérialiste, cause de tant de désespoir, de ruines, d'attentats criminels, tombera sous l'indignation des bons citoyens.

Cette question des prisonniers fut une de celles où se manifesta le plus fâcheusement l'entêtement égoïste des Américains. Et pendant de longs mois, des vies humaines furent sacrifiées par suite de cette détestable opiniâtreté. En effet, tandis que s'éternisaient les négociations, les prisonniers espagnols mouraient par centaines, non qu'ils fussent maltraités (tous ont été unanimes à proclamer combien les Philippins se montrèrent humains à leur égard), mais parce qu'ils étaient nécessairement exposés à de nombreuses privations et qu'ils eurent à subir les atteintes du climat.

La question était pourtant bien simple et pouvait se résoudre avec une extrême facilité.

Par le traité de paix signé à Paris, les Etats-Unis s'étaient engagés à user de leur influence pour obtenir des Tagals, leurs nouveaux sujets, la libération des prisonniers espagnols. La guerre ayant éclaté entre Américains et Tagals, les Etats-Unis se trouvaient presque dans l'impossibilité matérielle d'intervenir en faveur des prisonniers espagnols; effectivement, personne ne songea à leur reprocher de ne pas remplir l'engagement qu'ils avaient pris.

Il semblait résulter de cette situation nouvelle que les Etats-Unis, mis dans l'impossibilité de rien faire pour les prisonniers, devaient non seulement faire intervenir l'Espagne elle-même en leur faveur, mais aussi lui faciliter la tâche dans la mesure du possible. Or, c'est le contraire qui se produisit, à la vive indignation des Espagnols et des étrangers, même de ceux qui n'avaient aucune raison d'être mal disposés à l'égard des Américains. Le général Rios avait été chargé, par le gouvernement de Madrid, de négocier la libération des prisonniers; il s'était donc abouché avec les Tagals et traitait directement avec eux. Ceux-ci avaient, d'abord, demandé comme rançon des fusils, des canons et des munitions; le général Rios refusa de traiter sur cette base, car l'Espagne, vivant de nouveau en paix avec les Etats-Unis, ne pouvait fournir des armes à leurs ennemis. Les Philippins s'étaient donc résignés à se contenter d'une rançon en argent; et, comme le gouvernement de Madrid était disposé à faire les sacrifices nécessaires, la question semblait résolue, lorsque le général Otis, agissant, assure-t-on, d'accord avec le gouvernement de Washington, s'opposa à cette solution. Il allégua que le payement d'une rançon en argent améliorerait la situation des Philippins au détriment des Américains; et, pour parer à ce danger, il supprima tous rapports directs entre le général Rios et les indigènes.

C'est donc au général Otis qu'incombe tout entière la responsabilité de l'affreuse situation où se trouvaient les prisonniers espagnols, soldats, fonctionnaires et moines.

Quelques mois encore les supplications, les démarches des familles des prisonniers restèrent infructueuses : enfin les négociations furent reprises par le général Joramillo qui, avec l'autorisation des Etats-Unis, fut chargé d'envoyer des émissaires à Aguinaldo.

L'entrevue fut assez émouvante et dans le dîner relativement somptueux qui fut offert aux délégués du général Joramillo, M. Paterno eut la gracieuseté de déclarer que ses compatriotes, quoique séparés pour toujours du royaume d'Espagne, n'en conservaient pas moins pour lui un attachement filial et le respect qui était dû à son glorieux passé. Il ajouta qu'à l'appui de ses sentiments, et par ordre du président Aguinaldo, liberté entière était octroyée sans restriction, sans rançon d'aucune sorte, à tous les malades, à tous les fonctionnaires civils prisonniers, et qu'avec de grands ménagements et les plus grands égards ils seraient dirigés vers le port d'embarquement le plus voisin.

Un bal qui dura jusqu'au jour succéda à ce dîner, et les délégués du général Joramillo purent se convaincre, par l'animation qui y régna, que l'état-major d'Aguinaldo, ses partisans et leurs jeunes femmes n'avaient perdu ni leur goût inné pour la danse et les fêtes, ni l'espérance qu'un jour les Américains, mieux avisés, ne finissent par leur accorder le droit de se gouverner à leur guise.

L'incroyable manque de tact du général Otis fut encore la cause d'un retard dans l'embarquement des premiers prisonniers, les plus malades, qui devaient reconquérir leur liberté.

Le navire chargé de ramener ces infortunés en Espagne entra au jour dit dans le port philippin désigné pour leur embarquement, mais il s'y présenta battant pavillon ennemi, c'est-à-dire américain. Les agents d'Aguinaldo protestèrent aussitôt, déclarant que c'était à l'Espagne qu'ils avaient voulu rendre les captifs et non aux Etats-Unis. Le capitaine du navire s'étant refusé — par ordre — à un changement de pavillon, il n'y eut pas d'embarquement.

On se figure l'affreux désespoir de ces Européens qui, sur le point d'être libérés, furent contraints de rejoindre dans l'intérieur des terres leurs compagnons d'infortune et on pense s'ils apprécièrent la façon de procéder du général Otis.

Vint enfin le jour où toutes les difficultés se trouvant aplanies, les prisonniers espagnols furent tous libérés. Par la même occasion les Philippins avertirent Otis que les prisonniers de guerre américains seraient, eux aussi, remis en liberté et voici la jolie lettre, toute pleine de mordante ironie, que Ambroise Florès écrivit à cette occasion :

RÉPUBLIQUE PHILIPPINE

SECRÉTARIAT DES AFFAIRES ÉTRANGÈRES.

« Général,

» En raison de la satisfaction et de la joie que le peuple philippin éprouve aujourd'hui à pouvoir célébrer le troisième anniversaire de la journée glorieuse où, dans la province de Cavite, fut jeté le premier cri de son indépendance, et aussi pour donner satisfaction du désir exprimé par l'armée, le Congrès et le gouvernement, l'honorable Président, don Emilio Aguinaldo, a tenu à bien décréter la mise en liberté des prisonniers de guerre américains.

» En me chargeant de l'exécution du présent décret, le Président me prie de signifier à Votre Excellence que cet acte de libération est aussi un acte de la profonde reconnaissance qu'il doit aux Etats-Unis ; ce sont eux, en effet, qui donnèrent l'ordre au navire de guerre *Mac-Kulloc* d'aller, en mai 1898, le chercher à Hong-Kong, afin qu'il vînt continuer aux Philippines la révolution qui devait en chasser les Espagnols, et donner aux populations de cet archipel l'indépendance et les libertés pour lesquelles ils combattent encore aujourd'hui.

» Je termine, général, en remettant entre vos

mains les prisonniers, vos compatriotes, et en
priant Dieu qu'il maintienne en grandeur et prospérité les Etats du nord américain.

> *Le secrétaire du ministre de la guerre,*

> AMBROISE FLORÈS.

> 12 septembre 1899. »

En même temps, Aguinaldo annonçait, par une
proclamation, à ses compatriotes cette généreuse
résolution.

« J'ai rendu, disait-il, la liberté à des milliers de
prisonniers espagnols, et aujourd'hui je la donne
encore aux soldats américains tombés entre mes
mains. Je ne puis considérer ces derniers comme
des ennemis, sachant qu'il existe aux Etats-Unis un
très fort parti, ardent partisan de notre indépendance. Ils diront à leur gouvernement qu'il faut
qu'il tienne les engagements pris autrefois vis-à-
vis de nous. »

Et profitant, lui aussi, de l'anniversaire de la
proclamation de l'indépendance, le Président jette
au peuple philippin, un cri d'encouragement et
d'espoir :

... « Quoique très faibles, nous eûmes l'audace
de braver une nation puissante comme l'est celle
des Etats-Unis ; et nous l'avons osé, n'ayant organisé en toute hâte qu'une petite armée. Malgré notre
faiblesse, nous persistons à ne vouloir être les

esclaves de personne ni à nous laisser tromper par de fallacieuses paroles. Fortifions donc nos cœurs, puisque nous combattons dans notre propre pays ; continuons à défendre notre mère patrie jusqu'à ce que notre indépendance soit conquise, et ce sera justice. La grande nation américaine reconnaîtra un jour que le droit est de notre côté ; elle ne peut avoir oublié cette doctrine de Monroé : L'Amérique aux Américains ; et nous, nous disons : Les Philippines aux Philippins.

» Sachez que plusieurs grands Etats de l'Union américaine militent en notre faveur ; que le parti démocratique des Etats-Unis déclare que des deux côtés il y a déjà eu un trop grand nombre d'existences sacrifiées. Ce parti accuse aussi Mac-Kinley d'avoir ordonné aux chefs de l'armée qui nous combat d'inventer n'importe quel prétexte pour nous attaquer.

» ...Nous pourrions accepter — mais avec une arrière-pensée — l'autonomie que les Américains nous offrent. Qu'en ferions-nous, puisque notre unique ambition est d'être indépendants ? Si nous l'acceptions aujourd'hui pour la repousser plus tard par la trahison ou les armes, ce procédé serait indigne de nous. Nous voulons rester loyaux et sincères.

» ...Persistons donc dans notre désir d'être indépendants, désir légitime, noble aspiration d'un peuple qui, à tout prix, veut garder intact son honneur national, qui le veut sans tache, pur comme le cristal. »

Nous verrons encore dans le chapitre suivant que l'appel enflammé d'Aguinaldo fut entendu et qu'effectivement, l'honneur national du peuple philippin est resté pur comme le cristal.

Hélas ! il n'en est pas de même de celui des envahisseurs et en quittant cette terre de Luçon arrosée par le sang de Rizal et de tant d'autres martyrs, je ne pouvais m'empêcher de me redire avec mélancolie cette parole de Blanqui, toujours de plus en plus vraie :

« Lorsqu'il a organisé la misère et la mort dans son propre pays, le capitaliste court aux plages les plus lointaines porter l'ivrognerie, le vol, le brigandage et l'assassinat. Après la traite des noirs, la traite des jaunes. Il a fait de la race blanche un légitime objet d'exécration pour les quatre cinquièmes de l'espèce humaine ! »

CHAPITRE XI

LE BILAN D'UNE CONQUÊTE

Les péripéties de la guerre. — La mort du général Luna. — Tentative de paix. — Un rapport sensationnel du juge Canty. — Mac-Arthur remplace Otis. — Arrivée du juge Taft. — Nouveaux pourparlers qui échouent. — Le bilan des pertes américaines. — Une aventure qui coûte cher. — Suprême appel d'Aguinaldo.

Il serait fastidieux de suivre au jour le jour les péripéties compliquées de la guerre qui se poursuit depuis près de deux ans et notre ambition n'est point de reproduire ici un journal des opérations militaires. Qu'il nous suffise d'indiquer à grands traits les événements principaux qui marquèrent cette lutte disproportionnée, mais où l'héroïque résistance des patriotes philippins put constamment faire échec aux efforts multipliés des envahisseurs.

Pendant les mois d'avril et de mai 1899, les Américains augmentèrent un peu le nombre des points d'occupation et réalisèrent quelques progrès, non sans difficulté. Au nord de Manille, et au delà de Malolos, ils poussèrent leur ligne d'abord jusqu'à Calumpit et ensuite jusqu'à San Fernando où s'installèrent les généraux Mac-Arthur et Wheaton.

A l'Est, ils ne purent aller au delà des prises d'eau de la ville, à une vingtaine de kilomètres de Manille.

Au Sud, ils s'arrêtèrent à Panay, où des combats incessants éclataient entre les avant-postes. Du côté de la presqu'île de Cavite, longtemps les Américains ne purent établir la communication, tant la petite ville de Paranaque leur fit de résistance.

Pour enlever cette position à 10 kilomètres de Manille, il fallut mettre en ligne, contre une poignée d'indigènes, cinq régiments d'infanterie régulière, le régiment des volontaires du Colorado et le 40e régiment de cavalerie légère. Ce n'est pas tout, des monitors et des canonnières durent appuyer, de mer, les opérations de terre et bombardèrent la ville qui n'est plus maintenant qu'un monceau de ruines lamentables.

Au mois de juin mourut Luna, l'un des plus brillants généraux de l'armée insurrectionnelle. Les circonstances tragiques de cette mort sont restées assez obscures et je ne puis qu'emprunter, sur ce point, le récit du correspondant du *Temps*.

« Le 5 juin, Luna se rendait à Cabanatuan, où se trouve actuellement le quartier général d'Aguinaldo, pour conférer sans doute avec ce dernier.

Aguinaldo étant absent, Luna dut demander à l'officier de garde où se trouvait son chef. Dans quels termes la question fut-elle posée, et dans quels termes fut la réponse, c'est ce qu'on ignore. Quoi qu'il en soit, Luna prit son revolver et fit feu sur l'officier; puis, dans un subit paroxysme de colère, il se serait exprimé avec une telle violence contre Aguinaldo — chose tout à fait invraisemblable — que le capitaine du poste aurait donné l'ordre aux soldats de garde de le tuer, et avec lui don Ramon, son aide de camp. Ce qui fut fait.

» Antonio Luna n'était âgé que de trente et un ans; venu à Paris très jeune, il étudia la chimie dans divers laboratoires, puis, après s'être rendu à Madrid pour y passer divers examens, il fut admis à l'Institut Pasteur, où, sous la direction du docteur Roux, il s'occupa de microbiologie. Nommé sous-directeur du laboratoire de la ville de Gand, il quitta ce poste dès qu'il sut qu'aux Philippines ses compatriotes se soulevaient contre la domination espagnole.

» A peine débarqué à Manille, il fut en butte aux persécutions du clergé espagnol et Polaviéja, âme damnée des moines, le fit condamner à vingt ans de travaux forcés. Il fut transporté de Manille à Cadix sur un navire de guerre, à fond de cale et les fers aux pieds. Le ministre d'outre-mer d'Espagne était alors M. Moret. Outré du traitement barbare auquel Luna avait été soumis, il lui fit grâce en partie, et l'interna dans la prison modèle de Madrid.

» Gracié au moment où les Américains et les Philippins se liguaient pour combattre les Espagnols, il passe quelques jours à Paris, puis, avec le peu d'argent qu'il possède, il fit, en troisième classe, le trajet de Marseille à Manille, s'occupant, pendant la traversée, grâce à quelques ouvrages français, à mettre sur le papier un plan d'organisation d'armée coloniale ! A peine débarqué, il offre son travail au général en chef des Philippins qui l'attache à son état-major, et qui le nomme, peu de temps après, ministre de la guerre, avec le grade de lieutenant-colonel.

» Ces nominations lui valurent d'ardentes jalousies parmi les officiers d'Aguinaldo, vétérans de l'insurrection de 1894. « C'est un habile organisateur, disaient-ils, mais il n'a jamais vu le feu! » Lorsque le 4 février de cette année, les Américains commencèrent, sans crier gare, les hostilités contre les Philippins, ceux-ci reculèrent tout d'abord devant la pluie de mitraille qui, de la mer comme de terre, tombait dans leurs tranchées.. Il fallut les aguerrir, les ramener cent fois au feu, et, dans cette tâche dangereuse, Luna fut toujours un des premiers. Un jour il s'aperçut qu'un de ses meilleurs officiers, frappé mortellement par un éclat d'obus, allait tomber entre les mains des Yankees. Avec un de ses collègues, Quéri, et sous une grêle de balles, le blessé fut ramassé et ramené parmi les siens.

» Dès ce jour, la réputation de bravoure de Luna ne fit que grandir. Elle s'accrut encore, lorsque, à peine remis d'une blessure reçue à Santo Tomas, il opposa à la tête d'une division la vive résistance que l'armée américaine rencontra dans sa marche de Caloocan à San Fernando.

» Il était, en réalité, devenu l'âme de l'armée. »

On voit combien mon confrère du *Temps* se montre incrédule lui-même au sujet de cette version de l'assassinat de Luna. D'autres ont prétendu que les dollars américains ne furent pas étrangers à cette suppression d'un redoutable ennemi. Mais ce sont là des accusations qu'il faut pouvoir prouver, si on veut les maintenir.

Vers cette époque fut faite par Aguinaldo une tentative de paix et nous en avons déjà parlé plus haut.

Le colonel Arguelles, chef de l'état-major du général Luna, commandant l'avant-garde d'Aguinaldo, se présenta avec le lieutenant Bernal et un homme porteur du drapeau blanc, dans les lignes avancées du général Wheaton à Apalit et lui fit part de sa mission.

Les parlementaires furent envoyés sous escorte au général Mac-Arthur, commandant la division du nord, qui les invita à déjeuner. Le colonel Arguelles, après avoir félicité le général du passage audacieux du Rio-Grande, sous le feu des Philippins, lesquels, en 1896, avaient tenu les Espagnols en échec au même endroit, expliqua la défaite des insurgés par le fait qu'ils avaient pris leur brigade de réserve s'avançant de Macabébé pour une force américaine opérant un mouvement tournant.

Adressés au général Otis à Manille, les envoyés tagals conférèrent avec le commandant en chef et les commissaires américains, auxquels ils précisèrent leur mission. Aguinaldo demandait d'abord un armistice jusqu'à ce que le Congrès philippin convoqué, se soit réuni, et qu'un plébiscite ait eu lieu parmi les indigènes, sur la paix ou la guerre.

Le général Otis répondit qu'il ne reconnaissait pas le gouvernement insurgé et qu'avant toute négociation, l'armée philippine devait capituler immédiatement et sans conditions. Les envoyés déclarèrent alors au général Otis que la capitulation demandée était « contraire à leur honneur » et qu'une paix ainsi imposée ne serait pas durable.

Ils ne pouvaient riposter autre chose aux insolentes conditions du général américain.

Les pourparlers furent donc rompus et la guerre continua, guerre d'embuscade où les troupes du général Otis essuyèrent de douloureux revers et restèrent impuissantes à prendre un avantage décisif. Voici d'ailleurs la communication que la délégation philippine à Paris, désignée par Aguinaldo, communiquait à la presse :

« A Cagayan, le 6 mars, les Américains ont laissé aux mains des Philippins deux cent dix prisonniers, deux canons Maxim, soixante mille cartouches et quantité de provisions de bouche.

» Le 10 mars, un petit détachement de cavalerie américaine a été fait prisonnier à Mabalakat. Dans la nuit du 13, deux compagnies d'infanterie des Etats-Unis ont été surprises et cernées à 7 kilomètres de San Fernando de la Union.

» La garnison américaine de Borongon, province de Leyte, a dû évacuer la place et se réfugier à Tacloban.

» A Mayugan, province de Cavite, un convoi avec 29,000 dollars en or, est tombé au pouvoir des Philippins.

» D'autres engagements ont eu lieu sur plusieurs points et dans le voisinage même de Manille. Les Philippins ont repris les ports de Lingayan et de Doet. »

Or, loin d'exagérer leurs succès par ce communiqué, les Philippins restaient au contraire fort modestes et nous en trouvons la preuve dans un rapport publié au mois de mai dernier par le gouvernement du Minnesota.

Le gouvernement du Minnesota, inquiet d'une telle résistance chez des insurgés qu'on annonçait au début pouvoir réduire en quelques semaines, avait envoyé le juge Canty faire une enquête sur place.

M. Canty s'acquitta de sa mission avec conscience et rapporta des Philippines une opinion bien arrêtée qui s'appuyait sur de sérieux éléments d'appréciation. En lisant les quelques lignes suivantes de son rapport, on comprendra facilement l'émotion dont en fut suivie la publication :

« La guerre des Philippines, écrivait M. Canty, dure maintenant depuis près de deux ans ; elle nécessite une armée d'occupation de 65,000 hommes et elle a coûté plus de 4,000 vies américaines. Cependant, à l'heure actuelle, les Américains ne détiennent que Manille et une bande de territoires contigus. Les insurgés occupent tout le reste de l'archipel et ils continuent à faire partout une sorte de guérilla : ils ne craignent pas de venir tirer des coups de fusil à 3 milles de Manille.

» Nos soldats, il est vrai, occupent encore, en dehors de Manille, un certain nombre de villes sur la côte et dans l'intérieur ; mais les avant-postes n'y sont pas même en sûreté et y sont à chaque instant attaqués.

» Les tribus indigènes détestent, toutes, les Américains plus qu'elles ne détestaient les Espagnols. Il n'y a pas d'armée philippine à proprement parler ; il n'y a que des bandes se cachant dans les jungles pour attaquer les détachements isolés, battant en retraite pour revenir à la charge, se dispersant pour se reformer ensuite.

» La plupart des Philippins riches et puissants sont secrètement d'accord avec les insurgés. Aguinaldo est toujours libre de ses mouvements et fomente partout l'insurrection. Les soldats américains endurent des privations terribles et sont une proie toute désignée pour les fièvres des tropiques.

» Enfin, un grand nombre d'experts militaires compétents regardent la conquête des Philippines comme impossible et déclarent ouvertement qu'il faudrait 500,000 hommes et dix années pour supprimer l'insurrection ; et encore il ne serait pas démontré qu'elle ne renaîtrait pas plus tard. »

Il y avait longtemps que les Américains n'avaient pu entendre un langage aussi franc et aussi autorisé : on devine combien ils furent remués par ces révélations sensationnelles.

Un autre événement allait encore d'ailleurs passionner l'opinion publique : la disgrâce du général Otis.

Celui-ci, depuis le début de la campagne, n'avait cessé de donner des preuves de son incapacité vraiment prodigieuse et depuis longtemps les hommes clairvoyants réclamaient le remplacement du général en chef.

Pendant de longs mois M. Mac-Kinley ne voulut rien entendre et maintint, malgré toutes les démarches faites auprès de lui, sa confiance au général Otis.

Enfin, il dut céder à la pression de l'opinion publique et, le 5 mai, Otis transféra ses pouvoirs à son successeur Mac-Arthur.

Le moment où ce dernier prit le commandement était d'ailleurs plutôt critique : on était de nouveau à la saison des pluies, et les troupes américaines se trouvaient encore contraintes à une inaction forcée ; de plus on allait recevoir de Mindanao et de Soulou de très fâcheuses nouvelles.

Au début des hostilités on avait appris avec quelque surprise que la grande île, toujours si rebelle aux Espagnols, avait effectué, sans la moindre résistance, sa soumission aux Américains. Certains restèrent très méfiants au sujet d'un tel succès, dont le général Otis ne manqua pas de faire ressortir orgueilleusement l'importance.

Les gens sceptiques avaient raison !

Les Moros n'avaient vu au début chez les Américains que les adversaires de leurs éternels ennemis, les Espagnols, et, à ce titre, ils ne s'étaient pas opposés à ce que le drapeau des Etats-Unis remplaçât celui de l'Espagne là où, grâce à une rente faite à leur sultan, elle avait été autorisée à l'arborer.

Mais quand les Moros virent les troupes yankees se caserner à Cagayan et Zamboanga, les deux ports principaux de Mindanao, leur attitude changea, et, le 1er juin, quelques minutes avant le lever du soleil, mille d'entre eux, armés de fusils, de lances et de krisses, se ruèrent sur les quatre cents soldats étrangers occupant la première de ces localités. La garnison, composée de volontaires du 40° régiment d'infanterie, commandée par le major Caste, dormait encore. Les sentinelles avancées ayant été soudainement enveloppées et égorgées, les Moros purent se répandre dans les rues de la ville, en refoulant les Américains jusque sur la place du marché, où, peu à peu, remis de leur surprise, ceux-ci passèrent de la défensive à l'offensive. La lutte dura tout au plus une demi-heure, après quoi les assaillants se retirèrent, laissant bon nombre des leurs sur le carreau, ayant tué ou blessé quinze volontaires, et donnant, en outre, une nouvelle preuve de la haine mortelle qu'ils professent depuis des siècles contre quiconque n'est pas de leur race et ne partage pas leurs croyances religieuses.

La nouvelle de ce subit soulèvement des Moros, venant après le rapport du juge Canty, énerva de plus en plus l'opinion américaine et le gouvernement de Washington, estimant que le pouvoir absolu laissé aux militaires avait assez duré, s'avisa de faire réapparaître dans les Philippines l'autorité civile.

Une nouvelle Commission présidée par le juge Taft débarqua donc à Manille vers le mois de juillet dernier, avec la mission d'organiser administrativement l'archipel, tâche plutôt ingrate dans un pays où la pacification était si loin, d'être un fait accompli.

En arrivant, M. Taft ne manqua pas d'affirmer sa bonne volonté et d'annoncer une solution prochaine du conflit, tombant à son tour dans l'erreur commise par M. Schurman, qui croyait traiter avec la nation philippine chaque fois qu'il s'abouchait avec une douzaine de riches propriétaires de Manille.

Au commencement de juillet, toutefois, une tentative de paix fut faite qui parut un peu plus sérieuse que les précédentes.

Une junta, composée d'une centaine de notables philippins, à la tête de laquelle se mit M. Paterno, ex-président de l'éphémère assemblée législative de Malolos, et fait prisonnier par les Américains, s'était proposé de formuler les bases d'une sérieuse réconciliation. Paterno, quoique détenu, mit une telle insistance auprès du général Mac-Arthur pour être entendu à ce sujet, que celui-ci le fit mettre en liberté pour lui laisser toute facilité de préparer son programme.

La junte, assemblée sous la présidence de celui qui en fut le promoteur, décida, après trois heures d'une discussion orageuse, de soumettre à l'approbation du représentant des États-Unis aux Philippines les propositions suivantes :

1° Amnistie générale des deux côtés ;

2° Retour des biens confisqués à leurs anciens propriétaires ;

3° Les officiers généraux philippins auront un commandement dans l'armée qui sera de nouveau organisée ;

4° Une partie des impôts futurs sera employée à alléger les maux causés par la guerre ;

5° Les droits individuels seront garantis conformément à la constitution des Etats-Unis ;

6° Il sera établi à Manille et dans les provinces des gouverneurs civils ;

7° Les moines seront expulsés ;

8° Ce qui précède devra recevoir l'approbation du généralissime Aguinaldo.

Le général américain auquel ce programme fut soumis parut l'étudier avec une lente attention, puis il fit connaître ce qu'il en admettait et ce qu'il en rejetait d'une façon péremptoire. Autre réunion de la junte ; mais Paterno y parla avec une telle liberté et un tel courage que, devenu tout à coup suspect, il fut arrêté et reconduit sous bonne escorte dans la triste prison d'où on l'avait sorti

Ainsi s'évanouissaient les rêves trop hâtivement formulés par le juge Taft et l'on fut bien obligé de revenir à la réalité, savoir, qu'aux portes mêmes de Manille, Aguinaldo restait menaçant et que la conquête américaine demeurait plus précaire que jamais.

Dans les districts où les Américains sont en force, les insurgés se transforment en « amigos », en paisibles travailleurs, mais ils ont un commandant, une organisation et une liste de mobilisation toute prête pour marcher à la première occasion propice. Toute la population native sympathise avec eux et leur fournit des fonds pour lutter contre les envahisseurs plus détestés encore que les Espagnols.

Au mois d'août un prêtre indigène, Aglipaya, se proclama archevêque aux Philippines et se mit à la tête d'un fort parti d'insurgés. En plusieurs rencontres il infligea aux troupes américaines de cruelles défaites.

Disons-le en passant, la question de l'indépendance des Philippines se complique d'une querelle religieuse dont on aurait tort de négliger l'importance.

Les Tagals ont l'horreur des prêtres et des moines espagnols : mais un grand nombre, l'immense majorité d'entre eux, sont fort attachés à la religion catholique et en admettant même que la pacification soit accomplie dans un temps plus ou moins éloigné, on peut prévoir que les passions religieuses heurtées ne tarderaient pas à ranimer la lutte.

Effacer de l'esprit des populations catholiques de cet archipel les préventions dont elles sont imbues contre tout culte différent de celui que pendant trois siècles leur inculqua le clergé d'Espagne, sera une tâche ardue, car ces préventions rendront toujours insupportable aux Philippins la présence parmi eux d'étrangers réputés hérétiques.

Les prêtres indigènes, héritiers de l'influence que le clergé européen exerçait sur la population, ne peuvent être aussi que les ennemis de toute croyance opposée à la leur; ils le prouvent depuis longtemps déjà en ayant un grand nombre des leurs dans les rangs de l'armée d'Aguinaldo ; ces prêtres encouragent les Tagals à combattre non seulement l'envahisseur, mais aussi l'impie. S'ils tombent mortellement blessés : « Ta mort est doublement méritoire, disent-ils aux soldats expirants, car tu meurs pour la défense de tes foyers et de ta foi ! »

C'est décidément dans une redoutable aventure que les impérialistes américains ont entraîné leur pays !

Au mois d'août, également, il nous faut enregistrer la mort héroïque d'un des meilleurs parmi les lieutenants d'Aguinaldo, Gregorio del Pilar.

Un jour le généralissime philippin se trouvait en fâcheuse posture et sur le point d'être cerné.

Aguinaldo fit appeler del Pilar et lui dit ce simple mot :

« Il faut que pendant trois heures vous et vos hommes teniez ici contre l'ennemi ! »

Montre en main, Gregorio del Pilar fit face aux Américains, jusqu'à ce qu'il tombât frappé mortellement ainsi que la plupart de ses soldats. Le cadavre du général philippin fut dépouillé de ses vêtements et laissé sans sépulture par les soldats américains.

A cette époque d'ailleurs la sauvagerie des envahisseurs se manifeste avec plus de cruauté que jamais.

Le correspondant du *World* à Hong-Kong lui écrit que, depuis que les Américains sont aux Philippines, ils ont tué plus d'indigènes que les Espagnols. Les officiers sont en même temps juges, commissaires et même bourreaux. C'est une rage d'extermination, exaspérée par le climat et par le sentiment qu'ont les troupes américaines d'être environnées partout d'ennemis insaisissables et irréconciliables.

On cite des cas où les soldats américains tirent sur tout indigène qui passe à leur portée, qu'il soit armé ou non. Pour forcer les natifs à révéler le lieu où ils sont supposés avoir caché leurs armes, ils les pendent par les pouces ou leur passent la corde au cou, pratiquant la strangulation partielle.

Partout, nous l'avons démontré déjà, les procédés des pionniers de la civilisation sont à peu près les mêmes.

Et maintenant nous voici arrivé au terme de notre tâche sans que les événements qui continuent de se dérouler chaque jour nous permettent de

prévoir d'une façon même approximative la fin de
ce terrible et douloureux conflit [1].

Seule l'élection de M. Bryan à la présidence
aurait pu sauver les Etats-Unis du déshonneur
auquel l'a exposé la politique néfaste de M. Mac-
Kinley.

C'est par milliers d'hommes que se comptent
déjà les victimes de cette expédition contre l'indépendance d'un peuple : plus de **2** milliards furent
déjà engloutis dans ce gouffre des Philippines par
les impérialistes qui gouvernent encore.

Nous espérions que la nation américaine généreuse et clairvoyante, soucieuse de ses anciennes
et nobles traditions autant que de ses intérêts d'a-

---

1. Tandis que ce volume était en cours d'impression, la délégation des Philippines à Paris communiqua la note suivante à la
presse :

Les Américains ont été délogés de Polo, Antipolo, Cabuyan,
Compostela, Camarines, Norte et d'autres villes de moindre importance.

A Laguna, trois compagnies américaines furent complètement
mises en déroute par des guérillas.

Le détachement américain de Baler, composé de 200 hommes,
s'est rendu ; les prisonniers furent remis en liberté en vertu d'un
décret du général Aguinaldo.

Pendant quatre mois d'opérations à Mindanao, les Américains
perdirent 268 hommes et les Philippins 105.

L'amnistie du général Mac-Arthur n'a eu aucun résultat. Le
peuple n'accepte pas le régime municipal de la Commission Taft ;
les autorités américaines emploient des moyens coercitifs pour
obliger les habitants pacifiques à accepter des charges sous ledit
régime et à reconnaître par serment la souveraineté des Etats-
Unis.

venir aurait mis fin, par un verdict prochain et défl-
nitif, à la guerre qui ensanglante l'archipel philippin.

C'est en vain que les partisans de M. Mac-Kinley
avaient recouru, contre le parti démocrate, aux calomnies les plus odieuses, accusant Bryan de recevoir des subsides de l'étranger.

Un formidable courant anti-impérialiste se manifeste et débarrassera peut-être un jour le monde
civilisé d'un cauchemar — hélas ! ce n'est pas le
seul — qui a déjà trop duré.

Le peuple américain finira par entendre, nous
voulons le croire, ce suprême appel qu'Aguinaldo lui
adressait il y a quelques mois ; c'est la meilleure
conclusion à donner à ce modeste livre, où je me
suis efforcé de faire aimer un peuple qui mérite la
paix par une persévérance héroïque, et de faire
mieux connaître un homme, digne d'avoir été choisi
par ses compatriotes pour accomplir la révolution
philippine :

« Oh ! peuple intelligent d'Amérique ! les Philippins et leur armée inexercée ont admiré profondément le courage déployé par vos généraux et vos
soldats. Nous sommes faibles en comparaison des
appareils de titans de la politique césarienne am-
bitieuse de votre gouvernement et nous jugeons
difficile de résister à leur courageux massacre. Nos
ressources militaires sont limitées, mais nous con-
tinuerons cette lutte injuste, sanglante et inégale,
non par amour de la guerre que nous abhorrons,

mais pour défendre nos droits inaliénables de liberté et d'indépendance, si chèrement conquis dans la guerre avec l'Espagne, pour défendre notre territoire menacé par l'ambition d'un parti qui essaye de nous subjuguer.

» Oui, la guerre est affreuse : ses ravages nous remplissent d'horreur. Les malheureux Philippins succombent dans la mêlée des combats, laissant derrière eux des mères, des veuves, des enfants. L'Amérique pourrait être indifférente à toutes les calamités dont elle nous accable : mais ce qu'elle ne peut désirer, c'est de continuer à sacrifier ses propres fils, à répandre l'effroi et l'angoisse dans le cœur des mères, des veuves, de femmes américaines, pour satisfaire le caprice de poursuivre une guerre contraire à toutes les traditions léguées par Washington et Jefferson.

» Revenez donc, ô peuple des États-Unis à vos temps d'antique liberté ! Mettez la main sur votre cœur et répondez-moi : que diriez-vous si, dans le cours des âges, l'Amérique du Nord se trouvait elle-même dans la douloureuse condition d'un peuple faible et opprimé, si les Philippines, nation libre et puissante, alors en guerre avec un oppresseur, vous demandait de vous joindre à elle, en vous promettant de vous délivrer de ce joug si écrasant et si, après avoir défait ses ennemis avec votre aide, elle voulait vous subjuguer en vous refusant la libération promise ?

» J'affirme l'entière vérité de ces faits sur mon honneur de Président de la République, sur l'honneur d'une population de huit millions d'âmes, sur l'honneur d'un peuple qui, pendant plus de trois siècles, a sacrifié les biens et la vie de ses fils invaincus pour obtenir la reconnaissance des droits les plus légitimes de l'homme, la liberté et l'indépendance. »

PIÈCES ANNEXES

Nous l'avons dit à plusieurs reprises au cours de l'ouvrage qu'on vient de lire, notre ambition est de convaincre le lecteur autrement que par l'exposé plus ou moins véhément d'opinions personnelles. C'est sur pièces que nous voulons faire juger le monstrueux attentat dont est victime le peuple philippin.

Il nous paraît donc utile de mettre sous les yeux du public quelques documents d'un réel intérêt et qui achèveront certainement de former son jugement.

Voici d'abord le texte d'une brochure publiée par le Comité philippin de Hong-Kong et destinée à mettre en lumière la duplicité des envahisseurs.

Après quoi on lira avec intérêt les deux mémoires adressés en 1899, par Agoncillo au Sénat des États-Unis.

LE MILITARISME AUX PHILIPPINES

> ...Les Filipinos sont capables d'autonomie...
> Général MERRITT.

> ...et beaucoup mieux qualifiés pour se gouverner eux-mêmes que les habitants de Cuba.
> Amiral DEWEY.

I.

A l'heure où la question des Philippines atteint un point critique, où les partisans de l'expansion font tout pour calomnier les Filipinos en affirmant que reconnaître le gouvernement national Filipino, c'est livrer l'archipel à l'anarchie, où M. le sénateur Fovaker prétend que si elles ne sont occupées militairement, les Philippines sont en danger de désordre, d'anarchie, de dilapidation par le pouvoir ou de pillage par la plèbe, à cette heure et bien que les Filipinos puissent n'être pas encore qualifiés pour se gouverner eux-mêmes, le moment est venu de rappeler l'opinion des deux Américains qui commandèrent les deux branches de l'expédition envoyée par les Etats-Unis à Manille, le général Merritt et l'amiral Dewey, les actes des autorités américaines à Manille et les griefs qu'a créés aux indigènes la manière brutale dont on les a traités.

Le 2 octobre 1898, à Marseille, à bord du vapeur *Arcadia*, le correspondant du *New-York Herald* a attribué au général Merritt la déclaration suivante :

« C'est un pur mensonge que le bruit répandu par les Espagnols et la presse philibérienne que la population des Philippines est difficile à gouverner. Les Filipinos ne sont pas malaisés à gouverner. En dépit d'un gouvernement exécrable, ils sont encore très malléables.

» On les a calomniés effrontément.

» Les hommes sont obéissants et affectionnés; les femmes tout entières à leurs devoirs domestiques.

» Je n'ai pas rencontré Aguinaldo; mais on m'a dit, avant mon arrivée, qu'il était encombrant et vaniteux : il ne m'a jamais été gênant. »

Le lundi suivant, le même journal annonçait que le général Merritt était arrivé de Manille à Paris ce même jour et lui attribuait les observations suivantes :

« Les Filipinos me font la meilleure impression; je crois qu'une grande injustice a été commise envers la population indigène. J'ai trouvé les Filipinos parfaitement sensibles à tous les bons traitements, et je suis certain qu'ils se montreraient toujours reconnaissants si on était juste à leur égard.

» Ils sont très supérieurs, au point de vue du caractère, aux indigènes analogues que l'on rencontre en toute autre partie du monde.

» Ils sont, à mon avis, plus capables d'autonomie que les Cubains. Ce sont assurément des gens très maniables; leur disposition est douce et, comme je l'ai dit, ils apprécient les bons traitements. Les Filipinos, comme race, ont pas mal de sang malais, un peu de sang chinois, et peut-être de japonais : ils apprennent vite, sont grands imitateurs, et, sur ce point, présentent beaucoup des caractéristiques des Chinois ; ils sont capables de perfectionnement. Ils sont sincèrement très attachés à leurs prêtres indigènes, et, dit-on, bons catholiques. Ils ont des légistes et des médecins et hommes d'autres professions libérales, dont la position est honorable et qui supporteraient, favorablement même, la comparaison avec ceux d'autres pays.

» Ils ont de la dignité, de la courtoisie et de la réserve. S'ils fréquentaient quelques-unes de nos nations occidentales, j'ai la conviction qu'ils changeraient grandement de toutes manières. »

II.

En dépit de ces qualités exceptionnelles, les généraux Merritt et Anderson ont eu maille à partir avec les Filipinos, qui se sont plaints de leur conduite au Ministre britannique à Siam, M. John Barrett, quand celui-ci traversa Hong-Kong. M. Barrett répondit qu'« il reconnaissait la bonne foi des Filipinos », et il n'hésita pas à recommander leur appel comme une expression sincère du sentiment philippin. Cet appel était conçu dans les termes suivants :

« Nous, représentants à Hong-Kong de nos compatriotes des Philippines, en appelons au grand sens du Président Mac-Kinley et à l'esprit d'équité et de justice du peuple américain, esprit qu'il a toujours témoigné envers les pétitions des faibles et des opprimés.

« Tandis que le sort des îles est encore dans la balance, et que nous faisons tout ce qui est en notre pouvoir pour éviter un conflit entre les Américains et les Filipinos, attendant patiemment la clôture de la

Conférence de Paris, nous implorons l'intervention du Président, soutenu par la volonté du peuple, pour mettre un terme aux avances faites à nos chefs, à nos fonctionnaires, à nos soldats, à notre peuple par quelques-unes des autorités militaires et navales américaines et par certains soldats. Nous ne voulons aucun mal à l'amiral Dewey ni au général Otis, et nous présumons qu'on répandra à profusion, de par le monde, comme on l'a fait jusqu'aujourd'hui, des rapports rares par la censure de la presse alléguant que toutes les erreurs commises l'ont été par nous, et que les Américains nous traitent avec la plus grande douceur, mais il nous faut dire la vérité dans l'intérêt supérieur des deux parties, nous confiant au Président et au peuple américains qui veilleront à ce que justice soit faite.

» Nos chefs, en particulier Aguinaldo, ayant pleine confiance que l'Amérique nous fera à la longue justice, ont obligé les Filipinos à se soumettre sans lutte, mais aujourd'hui on entend des plaintes de tous côtés, et ces plaintes deviennent trop profondes pour passer inentendues. Qu'avons-nous donc fait que l'on nous traite en ennemis? Les Américains sont-ils nos amis? La tension devient plus grande chaque jour, à tout moment un coup de feu peut être tiré par quelque irresponsable soldat filipino ou américain. La flamme ainsi allumée ne saurait être éteinte que dans le sang de ceux qui nous sont chers, à ceux qui vous sont chers aussi, Américains.

» Nous supplions le Président et le peuple américains de nous aider à maintenir calmes nos compatriotes en prescrivant aux fonctionnaires américains de Manille de mitiger d'amitié, de justice, d'équité leurs actions. Nous suggérons qu'on demande à l'amiral Dewey, ou général Otis, au général Merritt, maintenant à Paris — premièrement : si depuis le commencement des hostilités jusqu'au moment présent, Aguinaldo et les Filipinos sous ses ordres n'ont pas accédé à toute requête des fonctionnaires américains ? Secondement : quand Manille fut prise, bien que ce fussent les Filipinos qui eussent refoulé les Espagnols dans Manille, investissant complètement la cité, occupant quelques-unes des routes qui commandent le port et les approches de Manille bien avant les Américains, est-ce que l'on n'a point comme oublié les Filipinos, est-ce que l'on n'a point négligé même de leur notifier en temps utile l'intention qu'avaient les Américains d'attaquer, même de les informer du rôle qu'ils devaient remplir, fût-ce de se tenir à l'écart ? Troisièmement : quand les Filipinos, observant l'intention d'attaquer, marchèrent à l'appui des Américains, est-ce qu'ils ne furent pas arrêtés par une force armée, et l'ordre ne leur fut-il pas donné de faire demi-tour, brusquement, cela au lieu de leur dire paisiblement qu'on n'avait pas besoin d'eux ? Cet acte inattendu aurait placé les Américains entre deux feux — celui des Espagnols et celui des Filipinos — si, dans l'excitation du moment, un seul fusil fût parti tout seul, et si les Filipinos ne s'étaient maîtrisés, n'avaient obéi aux Américains, quoiqu'on les privât des fruits de la victoire et de leur part au triomphe final, alors qu'ils avaient combattu jusqu'au pied des remparts et supporté les fatigues d'une campagne de trois mois. Quatrièmement : quand ils furent restés un mois dans le faubourg de la ville et y eurent tenu tranquillement garnison, est-ce qu'on ne leur a pas ordonné de s'éloigner, est-ce qu'ils n'ont pas obéi sans murmure, encore qu'ils n'eussent pas obtenu des Américains l'assurance qu'on ne rendrait pas aux Espagnols les postes évacués par eux à Manille ; et quand ils eurent cantonné pendant des mois à plus grande distance encore ; est-ce qu'on ne leur intima pas l'ordre de se retirer au delà même de la banlieue de la ville, là où il n'y avait ni quartier, ni abris pour les troupes et où il était difficile de se procurer des vivres ; est-ce qu'ils n'ont pas obéi à nouveau, encore que si les Espagnols avaient réoccupé la place, la campagne aurait été à recommencer ? Cinquièmement : est-ce qu'on peut soutenir les cruelles allégations qu'ils assassineraient, pilleraient, voleraient, incendieraient si on les laissait faire, quand ayant fait toute la campagne de Luçon, pris tous les points importants à l'extérieur de Manille, on sait qu'ils ont fait prisonniers des milliers de soldats espagnols et les ont traités avec humanité, sans qu'on eût jamais à déplorer d'autres actes que ceux qui dans toute campagne militaire sont commis en dépit des chefs par les chacals des camps ? Sixièmement : nous prions que l'on demande aussi aux fonctionnaires américains, si tous les Américains qui ont visité le quartier général Filipino à Malol , voyageant à l'intérieur des terres, explorant les camps et les lignes, impétrants des faveurs des fonctionnaires, ont jamais été traités autrement qu'avec politesse et cordialité.

» Nous invitons à ce qu'on considère d'autres points encore. Des bruits nuisibles et sans fondement sont constamment répandus par les partisans des Espagnols parmi les mécontents, et souvent on y ajoute foi sans enquête. A nos protestations on ne prend pas garde. On a saisi toutes nos canonnières parce qu'on avait fait courir la rumeur insensée que nous attaquerions les Américains. Nous demandâmes une explication, nous essayâmes de recouvrer nos canonnières, on ne nous répondit même pas. Nos

ennemis ravis, ce fut un encouragement à de faux
bruits encore. Ne devrait-on pas donner quelque raison sérieuse, quelque chose de plus qu'une simple rumeur, pour saisir ainsi tout à coup ce qui nous appartient ? A Manille on a montré toute considération aux
Espagnols, naguère ennemis des Américains, mais
les Filipinos, amis, alliés de ces derniers ont souvent
été traités en ennemis.

» Est-ce que cela cadre avec la notion que les Américains se font de la justice ?

» Le peuple filipino ne peut comprendre, malgré
que ses chefs lui disent de ne pas protester et que
tout finira bien. Les Américains nous demandent
de tenir les nôtres tranquilles, d'éviter toute confla-
gration en attendant la décision de la Commission de
la paix. Nous le ferons avec joie, mais nous demandons que le gouvernement de Washington donne aux
Américains des instructions semblables.

» Depuis le commencement des rapports, depuis
qu'on a à Singapour et à Hong-Kong pressé Aguinaldo
de revenir à Cavite et d'aider les Américains jusqu'à
la chute de Manille, nous avons agi d'après les avis et
au su des fonctionnaires américains. Pendant ce
temps nous avons conquis tout Luçon en dehors de
Manille ; les Américains nous reconnaissaient officieu-
sement et nous encourageaient ; mais quand Manille
fut prise et le but principal atteint, on ne nous connut
plus, on nous traita même comme indignes de confiance. Cela est-il juste ? Nous ne pouvons attribuer
le changement soudain d'encouragements amicaux et
de coopération qu'à des ordres donnés par le gouvernement de Washington aux fonctionnaires de Manille, d'éviter de compromettre le gouvernement américain en reconnaissant d'une manière quelconque les
Filipinos ou leur gouvernement. Ces fonctionnaires

se sont efforcés de remplir leurs instructions à la
lettre, croyant que leur ligne de conduite était d'ignorer absolument les Filipinos, oubliant les anciens rapports d'amitié et d'appui et les assurances que les
chefs américains avaient données à notre meneur, le
général Aguinaldo, assurances dont à son tour ce
dernier avait fait part au peuple sous ses ordres.

» En terminant notre humble, mais pressant appel
au Président et au peuple de la grande République
américaine, nous désirons insister sur notre confiance
absolue en tous deux, à affirmer clairement que nos
actions ne sont dictées par aucun sentiment d'animosité, mais dirigées contre l'état de choses qui existe
à Manille et non contre le gouvernement ou le peuple
américains, attester notre reconnaissance envers les
armes américaines pour avoir détruit la puissance
espagnole aux Philippines et permis le retour d'Aguinaldo, et exprimer l'espoir que l'Amérique adhérera à
sa résolution de ne pas rendre les îles à l'Espagne.
Nous attendons l'arbitrage de la Commission de la
paix, pour le grand sens de laquelle nous avons un
profond respect, nous attendons cet arbitrage avec encore plus d'intérêt que les Américains, car il touche à
notre patrie, notre bonheur, notre liberté, nos foyers.

» Et dans cette attente nous prions pour que
règnent la paix et une entente complète avec les Américains. »

III.

Le général Merritt oublia ses précédentes déclarations ; il s'efforça de morigéner les Américains dans
les termes dont rend compte l'interview qui suit :

« Il était impossible de reconnaître les insurgés. Je

me suis attaché à ne le pas faire, car je savais que cela amènerait des complications. Je crois qu'après mon arrivée l'amiral Dewey a adopté la même ligne de conduite.

» Ce qu'on a fait avant, ce n'est pas à moi de le critiquer. C'est de propos délibéré que je n'ai reconnu ni Aguinaldo ni ses troupes ; je ne les ai employés en aucune façon. Aguinaldo ne demanda à me voir que dix jours après mon arrivée. Je fus ensuite trop occupé pour le voir. Dans mes conversations avec les principaux Filipinos, je leur ai dit que les États-Unis n'avaient pas à faire de promesses, mais qu'ils pouvaient être assurés que le gouvernement et le peuple des États-Unis les traiteraient avec équité. Cela parce que c'est l'habitude des États-Unis de traiter avec équité tous ceux qui luttent et non pas parce que j'étais autorisé à leur faire aucune déclaration de ce genre. Nous n'avons délibérément pas notifié aux insurgés l'attaque de Manille, parce que nous n'avions pas besoin de leur coopération et n'avions pas l'intention de l'avoir. Nous craignions qu'ils pillent, saccagent, et, peut-être, assassinent. Les hommes et les sous-ordres d'Aguinaldo, dans leurs conversations avec des officiers américains, disaient fréquemment qu'ils se proposaient de couper la gorge à tous les Espagnols à Manille. Aguinaldo lui-même a écrit une lettre où il se plaint que les Filipinos aient été privés de leur part du butin. Je ne sais ce que cela veut dire, mais en tous cas je n'ai fait aucune attention à cette lettre et je ne pense pas que la question qu'on soulève aujourd'hui soit chose à discuter entre Aguinaldo et un représentant quelconque du gouvernement américain. »

IV.

Senor Agoncillo, représentant du gouvernement national filipino répondit au général Merritt comme suit :

« Le général Merritt ne nie pas les faits contenus dans l'appel des Filipinos ; au contraire, on peut conclure que cet appel est le résultat naturel de sa politique, laquelle est analogue à celle qu'adoptaient envers les Filipinos leurs ex-maîtres les Espagnols. Je crois qu'il ne faut en réalité attacher aucune importance aux déclarations du général, parce qu'il avoue qu'il n'était autorisé à rien dire en fait de promesses ni au sujet de la forme de gouvernement à établir aux Philippines. Le général Merritt proclame qu'il était impossible de reconnaître les insurgés, mais il avoue que l'amiral Dewey a adopté ce système seulement après l'arrivée du général Merritt, ce qui prouve que cette reconnaissance avait eu lieu avant, fait qu'il se refuse à critiquer. Il impute le blâme de cette reconnaissance à l'amiral Dewey, mais on ne démontre pas que le Président Mac-Kinley ait désapprouvé ce dernier. Le général Merritt se targue de ses refus répétés de recevoir le général Aguinaldo ou de prendre ses lettres en considération. Il n'en est pas moins vrai que l'amiral Dewey a constamment reçu le général Aguinaldo à bord de son vaisseau-amiral, et cela en lui faisant rendre les honneurs. Le général Anderson, commandant de Cavite, était présent à la réception à l'Athénœum Vrigal, et le général Green pendant la traversée de Hong-Kong à San Francisco à bord du transport américain *China*, m'a traité avec la plus grande considération. Il m'a toujours donné la place d'honneur, comme au représentant officiel et légal de la République philippine. De plus, le Président Mac-Kinley, accompagné de l'un des sous-secrétaires d'Etat aux Affaires étrangères, m'a reçu avec toute courtoisie à la Maison-Blanche. Quant à la déclaration du général Merritt qu'il n'a reconnu ni Aguinaldo ni ses troupes et que c'est délibérément qu'il ne notifia pas l'attaque de Manille, je ferai remarquer qu'Aguinaldo avait, avant cela, établi son gouvernement et avait en son pouvoir toute l'île de Luçon sans qu'opposition fût faite par le général Merritt. Bien au contraire, les autorités américaines locales avaient conclu avec lui des arrangements tels que ceux reconnus par la loi des nations entre les autorités et les fonctionnaires de ces différents Etats. Peut-être le général Merritt n'a-t-il pas eu besoin de la coopération des troupes filipinos, mais il oublie que l'amiral Dewey fournit à Aguinaldo, à l'arrivée de ce dernier à Cavite, cent cinquante fusils pour commencer les opérations contre l'armée espagnole et qu'Aguinaldo fut supplié par le commandant du *Petrel*, par les consuls de Singapour, Hong-Kong et Manille et par d'autres officiers, de conduire les Filipinos contre les Espagnols en combinaison avec les forces américaines, et que c'est dans ce but que lui-même et dix-sept membres de son état-major furent amenés de Hong-Kong à Manille sur un transport américain. Prétendre que l'armée américaine est seule responsable pour la soi-disant conquête de Manille et de Cavite et refuser aux troupes filipinos leur part de cette campagne, c'est injuste et contraire à la vérité.

» Senor Agoncillo dénie avec indignation les insinuations de pillage ou de crimes commis par les Filipinos. Le premier acte de l'amiral Dewey a été de remettre à Aguinaldo les prisonniers faits par les Américains dans la baie de Manille. Avant l'arrivée du général Merritt, les insurgés étaient en possession de toute la province de Cavite et d'une partie de Luçon. Après son arrivée ils continuèrent la conquête et remportèrent des victoires tant à Luçon qu'à Bisayas. Quoiqu'ils aient aujourd'hui 14,000 prisonniers, ils ne pillent, volent ou assassinent jamais personne ; ils ont, au contraire, toujours observé strictement les lois de la guerre, conformément aux principes de la civilisation moderne et n'ont jamais manqué d'agir en tout selon les principes d'humanité. Son honnêteté même devrait empêcher le général Merritt d'attribuer au général Aguinaldo, l'allié loyal de l'Amérique, une réclamation des Filipinos demandant leur part du butin. Son allusion aux Filipinos comme à « des enfants » n'est qu'un écho d'un brocard espagnol et il pourra à son tour découvrir, comme les Espagnols, son erreur trop tard. Maintenant qu'ils sont vaincus les Espagnols comprennent la grande, l'historique faute qui a causé la guerre soutenue par Aguinaldo depuis 1896. La compétence des Filipinos à se gouverner eux-mêmes est démontrée par l'Administration actuelle et par la légalité, l'ordre et la moralité qui prévalent dans les districts qu'elle gouverne. »

V.

Nous lisons dans le *Morning Post* du 24 novembre 1898 :

« Les Chefs filipinos.

» *Au Rédacteur en Chef* du Morning Post.

» Monsieur,

» J'ai lu dans votre journal l'importante déclaration du général américain Merritt, relative à la reconnais sance des insurgés filipinos. Il dit que « dans ses conversations avec les principaux Filipinos, il leur dit que les Etats-Unis n'avaient pas à faire de promesses », qu' « il était impossible de reconnaître les insurgés », que « l'amiral Dewey adopta la même ligne de conduite après son arrivée (à lui général Merritt) » et que « il n'a pas à critiquer ce qui avait été fait avant ». Par ces déclarations, au lieu de nier que les promesses avaient été faites et que la reconnaissance des insurgés était un fait accompli, le général Merritt confirme que ces promesses avaient eu lieu et cela avant son arrivée. En réalité ses paroles constituent une grave censure de l'amiral Dewey, le seul brave officier qui ait agi honnêtement pendant la campagne des Philippines et une démonstration publique de son dissentiment de la politique adoptée par le dit amiral, lequel, nous le devons supposer, agissait conformément aux instructions de son gouvernement. Le général Merritt affirme aussi que l'armée américaine « ne notifia délibérément pas aux insurgés l'attaque de Manille », et que son motif pour agir ainsi était « la crainte que les insurgés ne pillassent, volassent et peut-être assassinassent ». Il déclare aussi qu'à ce qu'on lui a dit (veuillez bien remarquer qu'il ne l'a jamais entendu dire par les insurgés eux-mêmes) que les hommes et sous-ordres d'Aguinaldo répétaient souvent qu'ils avaient l'intention de couper la gorge à tous les Espagnols de Manille. Je demande permission de réfuter de pareilles injures adressées aux propres alliés de l'armée américaine, alliés dont le chef, le général Aguinaldo, fut reçu à bord du vaisseau amiral américain après sa conquête de la province de Cavite et reçu avec tous les honneurs militaires dus à un général victorieux qui combattait pour l'étendard américain. Jamais

chef filipino n'a dit qu'il avait l'intention de couper
la gorge de qui que ce soit. Si jamais ils avaient eu
pareille idée, ils eussent pu commencer par les qua-
torze mille prisonniers espagnols qu'ils détenaient
et détiennent encore. En qualité d'insurgé filipino
j'en appelle à votre honneur pour publier le présent
démenti.

» Recevez, etc.

» F. MADRIGAL. »

Voici un paragraphe qui a paru dans presque toute
la presse américaine :

« L'amiral a du peuple philippin et de sa capacité
pour l'autonomie beaucoup meilleure opinion qu'on
ne le suppose généralement. Les Filipinos du groupe
nord, c'est-à-dire d'abord les habitants de l'île de
Luçon, puis, dans cet ordre, ceux de Cèbre, Parray,
Leite, Mindoro et Samar sont, en général, intelligents,
pratiques et beaucoup plus capables d'autonomie que
les habitants de Cuba.

» L'amiral Dewey connaît aussi intimement les
capacités des Cubains à cet égard qu'à peu près aucun
autre officier de marine, car il a eu personnellement
affaire à eux.

» L'amiral Dewey considère comme absolument nécessaire que soit envoyé à Manille un homme d'Etat
de premier rang pour faire une enquête approfondie
de la situation et examiner quelles sont les aspirations des républicains Filipinos. »

(*New-York Herald*, 20 décembre 1898.)

Il nous faut maintenant après ces coléreuses polémiques rappeler l'équitable action du président
Mac-Kinley, laquelle équivaut à un jugement après

entente des deux parties et de leurs témoins autorisés.

Le général Merritt a été rappelé de son poste de
capitaine général des Philippines, et on se dispense
de ses capacités et de ses services. Une Commission
a été nommée pour faire un rapport, conformément à
la suggestion de l'amiral Dewey.

Honneur à l'Amérique.

Les Filipinos sont capables d'autonomie...

(Général MERRITT.)

...et beaucoup mieux qualifiés pour se gouverner
eux-mêmes que les habitants de Cuba.

(Amiral DEWEY.)

A. R.

MEMORANDUM

RELATIF AU DROIT QU'A LA RÉPUBLIQUE PHILIPPINE A ÊTRE RECONNUE

Accompagnant une lettre à l'honorable Secrétaire d'Etat datée du 11 janvier 1899.

Pendant la presque totalité des cent dernières années, les indigènes des îles Philippines ont lutté à peu près incessamment, tant par organisation que les armes à la main, pour rejeter l'oppression d'un joug étranger. Sans passer longuement en revue les raisons qui les ont amenés à adopter cette ligne de conduite, il suffira de dire que depuis la prise des îles Philippines par le gouvernement espagnol, voici plus de trois cents ans les indigènes ont été privés de tout droit à se gouverner localement eux-mêmes, cela en dépit du « traité du sang » de 1565 qui accordait aux Philippines l'autonomie, et en dépit des libertés garanties par la Constitution de Cadix en 1814 ; on leur a refusé le privilège de lever et de percevoir leurs propres impôts, ou d'avoir la moindre part à l'emploi de ces taxes. Ils ont été sous la coupe de gouverneurs qui n'avaient rien de commun avec eux, envoyés, sans connaissance préalable, par une nation en pensée tout étrangère à eux. A la différence de l'île

même de Cuba on leur a dénié toute ombre de par-
ticipation aux affaires du gouvernement bien qu'ils en-
voyassent un député aux Cortès espagnoles.

Dans la lutte qu'ont soutenue les Filipinos depuis,
comme il a été dit, près de cent années, ils ont
dans une large mesure été influencés et guidés dans
leurs espérances, leurs aspirations et leurs actes par
la Déclaration d'Indépendance du peuple américain,
et particulièrement par cette clause de la Déclaration
qui promulgue que « tous les hommes naissent
égaux, doués par le Créateur de certains droits inaliénables, au nombre desquels sont le droit à la vie,
à la liberté et à la poursuite du bonheur ». Le même
document leur apprit de plus, en étudiant la législation
et la liberté américaines que « pour assurer ces droits
sont institués parmi les hommes les gouvernements
dont les pouvoirs légitimes proviennent du consentement des gouvernés ». Ils comprirent par suite qu'un
gouvernement colonial est, comme le dit la Déclaration
d'Indépendance, « destructeur de ces fins » et que par
conséquent c'est le droit d'un peuple de le « changer ou
de l'abolir et d'instituer un nouveau gouvernement,
dont les bases reposent sur ces principes et d'organiser
ses pouvoirs de la manière qui paraîtra le plus de
nature à assurer sa sécurité et son bonheur ». En étudiant plus à fond cette pièce ils découvrirent qu'elle
mettait en accusation le roi d'Angleterre pour avoir
maintenu chez les Américains « en temps de paix des
armées permanentes sans le consentement de leurs
législateurs » et pour avoir « affecté de rendre le gouvernement militaire indépendant de ou supérieur au
pouvoir civil ». Ils apprirent donc aussi à voir de
mauvais œil les armées de n'importe quelle nationalité dont la présence tendait à amoindrir, sans leur
consentement, leurs libertés civiques.

Se trouvant exposés à tous les griefs d'un gouvernement sans représentation, à des impôts injustes, à la présence de garnisons chez eux, à la subordination du pouvoir civil au pouvoir militaire, il se soulevèrent et enfin le 18 juin dernier, possédant la plus grande partie des îles Philippines, tandis que le gouvernement espagnol n'était reconnu que dans une zone relativement étroite, ils formèrent un gouvernement indépendant. En instituant ce gouvernement et en établissant la Constitution ils prévoyaient pour et assuraient au Peuple indépendant des îles Philippines les fins qu'avait eues en vue la Constitution des Etats-Unis, restauraient la justice, assuraient la tranquillité intérieure, faisaient provision pour la défense commune, aidaient au bien-être général et acquéraient les avantages de la liberté pour eux et pour leur postérité.

Au moment où fut promulguée cette Constitution, époque à peu près analogue relativement à leur révolution, à celle de l'adoption de la Déclaration de l'Indépendance de l'Amérique par rapport à la révolte des Etats-Unis, ils étaient plus maîtres chez eux que ne l'étaient les Américains quand ces derniers formulèrent la Déclaration d'Indépendance ; car les Espagnols ne possédaient alors qu'une faible portion des îles, tandis que les Filipinos étaient maîtres de presque toutes les grandes villes et du pays au delà.

Ils ont agi conformément à cette Constitution, ils en ont mis en pratique tous les préceptes, ils ont assuré la justice, levé des armées, organisé un service postal et rempli les autres fonctions légitimes de tout bon gouvernement. Leur position est aujourd'hui meilleure, je me permettrai de le faire respectueusement remarquer, en ce qui concerne la reconnaissance de leur autorité nationale, que ne l'était celle de la République américaine avant la ratification du traité entre l'Amérique et l'Angleterre ; car, comme l'on s'en souviendra, les armées anglaises occupaient des ports américains quand le traité de paix fut signé, tandis qu'aujourd'hui le gouvernement espagnol n'est reconnu nulle part aux îles Philippines, excepté dans une partie de l'île de Mindanao ; le gouvernement philippin règne partout, excepté dans la cité de Manille et dans la ville adjacente de Cavite.

Le seul fait que Manille est un port important n'affecte pas, nous dit-on, la juridiction de la République sur les îles et le droit de la République à être reconnue, car, comme disait M. Cass, Secrétaire d'État à M. Mc. Lane, en 1859, pour appuyer la reconnaissance par les États-Unis d'un gouvernement mexicain après une guerre civile, il n'était pas nécessaire que ce gouvernement fût en possession de la cité de Mexico. Il suffit qu'il soit obéi par la grande majorité du pays et ait des chances de continuer à l'être.

Puis-je vous soumettre respectueusement encore, étant donnés les arguments précédents, que la République philippine, instituée comme elle l'a été, exerçant les fonctions qu'elle exerce, maîtresse du territoire sur lequel elle a la juridiction, rentre dans la définition la plus stricte du mot « nation » ; car, dit le Traité de Législation internationale de Phillimore, « une nation est un peuple occupant d'une façon permanente un territoire défini, ayant un gouvernement commun à tous les habitants et personnel à eux pour l'administration de la justice et le maintien de l'ordre intérieur et capable d'entretenir des relations avec tous les autres gouvernements ». Kent dit dans ses *Commentaires* que « Cicéron et après lui Grotius ont défini un ennemi régulier, une puissance qui pos

sède les éléments constitutifs d'une nation tels que :
un gouvernement, un code de lois, un trésor national,
le consentement et l'adhésion de ses citoyens, et le
respect de traités de paix et d'alliance ».

Permettez-moi de vous suggérer encore et respectueusement que, d'après les doctrines américaines qui
vous sont plus familières qu'elles ne le sauraient être
à l'auteur de ces lignes, il n'y a pas eu un instant où
les Etats-Unis aient pu acquérir un titre à la possession des îles Philippines, excepté du consentement
des habitants et que ce consentement n'ayant pas été
donné et l'Espagne n'ayant, il faut l'avouer, aucune
juridiction pratique ni aucun pouvoir sur les îles
Philippines depuis le 18 juin 1898, elle n'a pas qualité
pour transférer titre de possession à n'importe quelle
autre nation.

S'il est vrai qu'à tout moment, depuis la date sus-
nommée, la République philippine a eu droit à être
reconnue comme une entité nationale distincte, alors
il est de toute évidence que, depuis cette époque, elle
a été, en fait strict, une entité nationale ; la reconnaissance n'est que la preuve d'un état de choses exis-
tant ; elle ne crée pas en soi une nation. J'ose donc
attirer votre attention, et cela très respectueusement,
sur les précédents établis par des Secrétaires d'Etat américains antérieurs, et en faisant ceci, je vous prie de
m'excuser de faire allusion à un sujet mieux connu
de vous que ne le peut espérer connaître le représentant des îles Philippines.

M. Adams, Secrétaire d'Etat, s'adressait au Président Monroë, en 1846, en ces termes : « Il y a une
période dans ces conflits révolutionnaires où les partis
qui luttent pour leur indépendance ont, à mon sens,
le droit de demander à être reconnus par les neutres,
et où la reconnaissance peut être accordée sans que

l'on se départisse des obligations de la neutralité. C'est l'époque où l'indépendance est acquise de fait et où les chances qu'a le parti opposé de recouvrer la souveraineté sont complètement désespérées. »

Puis-je soumettre à votre considération le fait que la récupération des îles Philippines par les Espagnols a été une absolue impossibilité à tout moment depuis la promulgation de la Constitution de la République philippine et que, par conséquent, selon les expressions mêmes de M. Adams, la République philippine a, depuis bientôt sept mois, été un gouvernement indépendant et comme tel ayant droit à être reconnu.

Plus tard, M. Adams, Secrétaire d'Etat, écrivait à M. Anderson : « Quand un souverain a raisonnablement l'espérance de maintenir son autorité sur des insurgés, la reconnaissance de l'indépendance de ces insurgés serait contraire à la loi des nations. Il en est autrement quand un souverain est mis manifestement hors d'état de soutenir la lutte. » Dans le cas présent, l'impuissance est complète. L'Espagne était, quand nous avons déclaré notre indépendance, en guerre avec une autre nation bien des fois supérieure à elle, et voici des mois qu'elle a été, au point de vue pratique, expropriée de sa possession des îles Philippines, hors une cité (Iloilo) qu'elle a aujourd'hui perdue.

Comme il n'y a eu, depuis près de sept mois, qu'un seul gouvernement *de facto* aux îles Philippines, je vous soumets respectueusement que le caractère de ce gouvernement, comme gouvernement *de facto*, même s'il n'était rien de plus, n'affecte pas défavorablement la question de sa reconnaissance, car, comme l'a déclaré M. Livingston, Secrétaire d'Etat, à sir Charles Vaughan en 1833 :

« Le principe et l'invariable coutume des Etats-

Unis est de reconnaître comme le gouvernement légal d'une autre nation celui qui, ayant acquis l'exercice effectif du pouvoir politique, peut être considéré comme expressément ou implicitement consenti par le peuple. »

M. Buchanan, secrétaire d'Etat, disait encore en 1848 : « Dans ses rapports avec les nations étrangères, le gouvernement des Etats-Unis a toujours, depuis son origine, reconnu les gouvernements *de facto*. Nous reconnaissons aux nations le droit de créer et de refondre leurs institutions politiques selon leur volonté et leur bon plaisir... Il nous suffit de savoir qu'un gouvernement existe et qu'il est capable de se maintenir : la reconnaissance par nous suit invariablement :

Le gouvernement de la République philippine est pleinement capable de se maintenir, cela a été amplement démontré. Il n'est d'aucune importance que l'Espagne n'ait pas, jusqu'ici, reconnu le gouvernement philippin, car, comme écrivait M. Webster, secrétaire d'Etat à M. Hulseman en décembre 1850 : « Il n'est pas nécessaire pour les neutres d'attendre la reconnaissance d'un gouvernement nouveau par la métropole. »

Il faut se rappeler qu'en dehors de la zone occupée par les armées américaines à Manille, il n'existe pas de gouvernement qui fasse opposition à celui de la République philippine ou qui, d'une façon quelconque, mette en question son autorité ou son droit de diriger les destinées des îles.

Je m'abstiens d'ajouter à la longue liste de citations similaires que l'on pourrait faire, mais je ne puis omettre une observation sur un passage d'une lettre de M. Clay, secrétaire d'Etat, à M. Middleton, datée de 1825 :

« C'est une tentative du Parlement britannique de

frapper d'un impôt non consenti par elles les ex-colonies anglaises, aujourd'hui les Etats-Unis, qui a causé la guerre de notre révolution et a amené l'établissement de cette indépendance et de cette liberté que nous prisons tant aujourd'hui. De la modération et de la mansuétude de la part de la Grande-Bretagne eussent pu atermoyer mais non empêcher la séparation finale. « Si donc les Américains avaient le droit, comme ils l'avaient sans aucun doute, de rejeter un joug étranger pour la raison indiquée par M. Clay, combien plus légitime encore l'acte des Filipinos; leurs impôts étaient excessifs et prélevés sans que le peuple fût représenté, on obligeait celui-ci à des corvées sans rémunération, et ses rapports avec le gouvernement qui percevait l'impôt, à la différence des rapports entre l'Amérique et l'Angleterre, étaient ceux de deux nations distinctes, ne descendant pas l'une de l'autre, mais sous l'influence de religions différentes, différentes de race, différentes de civilisation. Peut-on un instant supposer qu'avec toutes ces différences un gouvernement étranger, de quelque nation qu'il fût, ait pu être plus acceptable aux Filipinos que ne l'a été aux Américains celui de la Grande-Bretagne?

» Puis-je encore appeler votre attention sur ce fait que bien qu'ait été signé un traité de paix entre les Etats-Unis et le royaume d'Espagne, traité aux termes duquel l'Espagne cède sa souveraineté sur les îles Philippines aux Etats-Unis, en réalité l'Espagne n'avait aucune souveraineté à céder? Comme il a été dit plus haut, à l'époque de la signature un gouvernement indépendant, remplissant toutes les fonctions d'un gouvernement et ayant comme tel le droit d'être reconnu conformément aux règles les plus strictes énoncées par tous les secrétaires d'Etat américains était en possession de toutes les îles sauf le port de Manille au pouvoir des Américains et le port d'Iloilo où les Espagnols étaient assiégés. La possession de Manille par les Américains avait d'ailleurs été acquise par eux au moyen de la coopération des armées américaine et philippine, les Filipinos ayant coupé aux Espagnols la retraite de divers côtés tandis que les Américains attaquaient d'un côté seulement.

» L'Espagne ne pouvait livrer possession effective et pacifique de quoi que ce soit aux Américains; elle ne pouvait leur livrer aucun titre par un traité de paix; il y avait longtemps qu'on lui avait pris tous les édifices nationaux et les archives. Tout ce que l'Espagne avait à donner c'était une prétention, prétention qui n'aurait pu s'imposer qu'à l'aide d'armées et de flottes plus fortes que celles à son service. Tout ce que l'Espagne a donné aux Américains c'est donc simplement la faculté d'écraser les Filipinos, s'ils le peuvent, et d'établir chez eux une forme de gouvernement étranger, chose contre laquelle ils ont lutté pendant cent ans et qu'ils avaient enfin réussi à renverser. Il va sans dire que si, comme il est déclaré plus haut, l'Espagne ne pouvait rien céder aux Etats-Unis que des prétentions vides, il s'en suit que la ratification d'un traité de paix ne saurait conférer aux Etats-Unis des droits plus grands que ne le fît la signature du dit; car si l'Espagne ne pouvait conférer aux Etats-Unis le droit de possession des îles et du peuple des Philippines, la ratification d'un traité ne pouvait rendre valables des prétentions si nulles. Reconnaissant, comme les Américains l'ont fait par leur Déclaration d'Indépendance, par leur Constitution et par leur histoire pendant plus de cent ans, le droit absolu de toutes les nations à se gouverner elles-mêmes, libres de tous maîtres étrangers, je vous soumets avec la plus entière confiance le droit qu'ont les Filipinos à l'autonomie.

» En résumé permettez-moi de dire que :

» 1° Les doctrines et l'exemple de l'Amérique ont poussé les miens à désirer un gouvernement indépendant ;

» 2° Souffrant, comme le firent les Américains, d'un joug étranger ils se sont soulevés et ont chassé les maîtres étrangers ;

» 3° Ils ont établi et maintenu depuis sept mois une forme de gouvernement qui ressemble à celui des Américains en ce qu'il est basé sur le droit du peuple à se gouverner ;

» 4° Ce gouvernement a, selon les doctrines énoncées par de distingués secrétaires d'Etat américains, acquis le droit d'être reconnu par la République américaine ;

» 5° Le gouvernement espagnol, gouvernement chassé, n'ayant à l'époque de la signature du traité de paix possession que d'un seul port et le reste des Philippines, à l'exception de Manille, étant au pouvoir de la République philippine, et tous les signes de la souveraineté ayant été enlevés à l'Espagne, ce dernier pays ne saurait donner aux Etats-Unis aucun titre de propriété des îles Philippines ;

» 6° L'Espagne n'ayant aucun titre à donner, ses prétentions ne sont pas rendues plus valables par le fait de la ratification du traité de paix ;

» 7° Des faits si hauts il paraît découler que la reconnaissance de la première République d'Asie par la plus grande République d'Amérique serait conforme au droit, à la justice et aux précédents.

» Je ne puis terminer ce memorandum sans saisir

l'occasion de vous assurer de la gratitude que ressentent mes compatriotes envers les Américains pour l'aide qu'ils ont reçue d'eux dans la conquête de leur liberté, et de leur profond désir de donner de toute manière, sauf leur effacement comme nation, expression pratique à cette gratitude, et enfin d'espérer que, entre nos nations conscientes toutes deux de leur dignité, se resserrent et se renforcent au cours des années les liens d'amitié.

» Felipe Agoncillo. »

MÉMOIRE

AU

SÉNAT DES ETATS-UNIS

Accompagnant une lettre au Secrétaire d'Etat, en date du 30 janvier 1899.

L'intérêt de mon pays requiert, vu la mise en délibération du Traité de Paix par votre honorable Assemblée, que je vous présente quelques considérations portant sur les rapports entre les Etats-Unis et les îles Philippines.

Il y aurait impertinence de ma part, et je n'essaierai pas de faire de suggestions au sujet de la manière dont il convient de traiter le document en question. Il faut toutefois que l'on comprenne bien que comme représentant de la République philippine indépendante, je proteste que les Etats-Unis n'ont aucune juridiction, naturelle ou acquise, pour connaître en aucune manière et par aucun de leurs agents des droits de mon pays ou de mon peuple. Il n'en est pas moins vrai que l'on projette certaines mesures qui, d'après nos informations, serviraient, si l'on le juge nécessaire, de base à des opérations militaires contre la plus récemment fondée des républiques du monde; mesures qui, comme je le montrerai ici, ne reposent sur aucun fondement de justice.

De peur qu'on n'imagine qu'en m'adressant à vous j'excède les droits légitimes de ceux que j'ai l'honneur de représenter, on me pardonnera d'appeler votre attention sur le fait que la Constitution des Etats-Unis stipule en substance que nul, si humble soit-il, ne sera privé de sa vie, de sa liberté ou de ses biens excepté par procédure régulière de justice — c'est-à-dire après énonciation des chefs d'accusation, examen attentif de ces derniers par un tribunal compétent avoué d'autorité reconnue pour en connaître et débats auxquels l'accusé ou défendeur soit présent en personne ou par son conseil. Cette déclaration constitutionnelle n'est point l'origine mais l'expression d'un principe — un droit inhérent à la nature même — droit sacré qui ne reçoit aucun accroissement de valeur morale du fait d'être stipulé dans des écrits, et ne se doit pas moins appliquer parce que les circonstances font que celle qui en appelle à lui est une nation cherchant à faire reconnaître son indépendance.

Je ne puis croire qu'aucune mesure prise par la République américaine envers mon pays tende à dénier aux dix millions d'êtres humains que je représente un droit que le libre gouvernement américain reconnaît aux derniers des habitants de ce pays; je préfère penser que dans la chaleur de la lutte ce droit a pu être obscurci dans l'esprit des quelques-uns des citoyens américains, si éclairés et épris de liberté.

Ce qui justifie le discours que je vous adresse c'est mon anxiété que par suite d'inadvertance ou omission de ma part, ne soient jetées quelques fondations spécieuses en vertu desquelles ne soient mis en péril les droits de mes compatriotes et ne leur soient infligées des injustices qui n'aient ensuite leur contre-coup plus fort encore au préjudice du bien-être de l'Amérique.

En présentant les considérations que je désire aujourd'hui vous soumettre, il me faut d'abord, je crois, rappeler ce fait d'histoire : un grand nombre de mes compatriotes n'ont jamais été réduits en sujétion par la puissance espagnole et contre leurs libertés le bras oppresseur de l'Espagne n'a jamais été assez fort pour prévaloir ; le reste des miens ont, à cause de leur attachement à la liberté, été presque constamment en état d'insurrection contre le gouvernement espagnol ; et la lutte a duré plus ou moins ardente, mais continue pendant les cent dernières années.

On a eu en Amérique l'impression qu'au moment de la déclaration de guerre entre l'Amérique et l'Espagne, il n'y avait plus de révolution aux Philippines. Pour démentir cette assertion je n'en appellerai pas au témoignage de nos compatriotes, je préfère signaler à votre attention une lettre de M. Williams, consul général des États-Unis à Manille, lettre datée du 19 mars 1898 :

« La révolte n'a jamais été plus menaçante pour l'Espagne. Les rebelles obtiennent des armes, de l'argent ; ils se font des amis ; ils sont plus nombreux que les Espagnols, résidents et soldats, cela dans la proportion de cent contre un. »

Il écrivait encore le 24 mars 1898, faisant allusion à l'état de la lutte à cette époque :

« Le rapport du maître de vaisseau anglais (au Cap Bolineau) accuse environ quarante morts et quarante blessés. Après la capitulation les Espagnols ont entassé morts et blessés dans une maison et brûlé le tout. »

A la même date, il signale qu'un régiment espagnol tout entier a passé aux insurgés, et il ajoute :

« En ce moment cinq mille rebelles armés, qui ont campé depuis plusieurs jours près de Manille, ont reçu des renforts des montagnes et méditent d'attaquer la ville, ce soir. Tout est agitation ; il n'y a aucune sécurité. »

Le 28 avril 1898, M. Pratt écrivait à M. Day : « Avoir appris du général Aguinaldo l'état et l'objet du mouvement insurrectionnel actuel, mouvement, que, quoiqu'absent des Philippines, il dirige encore. »

Sans plus amples relations votre honorable assemblée ne niera pas qu'évidemment il existait un vaste mouvement révolutionnaire aux Philippines au moment où la guerre fut déclarée à l'Espagne par l'Amérique. Ce mouvement révolutionnaire avait à sa tête le général Aguinaldo, aujourd'hui Président du gouvernement philippin. M. Pratt écrivait à M. Day au sujet du général dans les termes suivants : « Le général Aguinaldo m'a fait l'impression d'un homme de haute valeur intellectuelle, de grand courage et tout à fait digne de la confiance qu'on a placée en lui » ; et il ajoutait : « Nul observateur attentif de ce que l'on a découvert aux Philippines pendant les quatre dernières années ne peut avoir manqué de reconnaître que le général Aguinaldo, plus que personne du monde, jouissait de la confiance des insurgés philippins et du respect tant des Espagnols que des étrangers résidant aux îles, tous prisant son esprit de justice et ses sentiments d'honneur. » M. Williams écrivait à M. Moore, le 18 juillet 1898 : « Le général Aguinaldo, Agoncillo et Sandico sont tous des hommes qui chacun dans sa sphère seraient à la tête des affaires dans quelque pays que ce soit. »

Le but des patriotes filipinos en faisant cette révo-

lution était d'assurer la complète indépendance de
leur pays ; leurs efforts reçurent l'encouragement des
Etats-Unis. Jamais on ne leur a dit que l'obtention et
le maintien de cette indépendance seraient considérés
comme des actes hostiles par l'Amérique ; ils n'ont
jamais rêvé que leur défense d'une pareille cause pro-
voquerait la concentration à leurs portes d'énormes
armées et flottes américaines.

Dès le 20 mai 1898, M. Pratt communiquait à
M. Day le manifeste des Filipinos qui commence
comme suit :

« Compatriotes, la divine Providence va mettre
l'indépendance à votre portée et d'une manière que
pourrait à peine espérer une nation libre et indépendante. »

Si les Etats-Unis avaient eu la pensée ou le désir
qu'une fois remportée, la victoire des Filipinos dût,
comme des fruits de la Mer Morte, tomber en cendres
entre leurs mains, alors assurément l'Amérique n'aurait pas dû garder le silence à cette époque.

Plus tard et le 10 juin 1898, le général Aguinaldo
fit appel directement au Président Mac-Kinley ; sa
lettre fut envoyée le 8 juillet, elle pressait les Etats-
Unis de ne pas essayer de livrer les Philippines à
l'Angleterre, mais de laisser à son pays « la liberté et
l'indépendance, même si vous faites la paix avec
l'Angleterre ».

Cette fois encore, on n'informa pas le général Aguinaldo que l'Amérique projetait, si possible, d'acheter
les îles Philippines à un tyran expulsé et cela sans
consulter les désirs des habitants qui avaient dès
lors établi et maintenaient avec succès un gouvernement à leur convenance.

Le 8 juin 1898 et avant la déclaration d'indépendance des Filipinos, les Filipinos de Singapour re-

mirent à M. Pratt, consul américain, un mémoire
dans lequel il était dit :

« Nos compatriotes qui vivent au pays et ceux
d'entre nous qui résident ici — fuyant le mauvais
gouvernement et la tyrannie de l'Espagne dont souffre
notre bien-aimée patrie — espèrent que les Etats-
Unis, votre nation, continuant sa politique d'humanité, appuieront efficacement le programme arrêté
entre vous, Monsieur, et le général Aguinaldo dans
ce port de Singapour, et nous assureront notre indépendance sous la protection des Etats-Unis. »

Le consul Pratt ne nia point cette version de son
entente avec le général Aguinaldo. Le Département
d'Etat fut informé de cette affaire avant le 20 juillet
1898, et s'il invita M. Pratt à la prudence, ne désavoua
pas ses actes auprès des parties les plus intéressées,
mais, au contraire, laissa ces dernières continuer à
croire, comme elles avaient déjà tant de motifs de le
faire, que le résultat de la lutte serait pour leur pays
natal l'indépendance.

En outre, et pendant une période de quatre mois,
des navires entrèrent et sortirent du port de Manille
battant pavillon de la République philippine et sa-
lués par les vaisseaux de guerre américains; et cela
eut lieu sans aucune objection jusqu'au mois d'octobre 1898.

J'ai, dans une communication au secrétaire d'Etat,
saisi l'occasion de montrer que, d'après la législation
internationale reconnue sans une seule exception par
le gouvernement américain, la République philippine
a, depuis bien des mois, le droit d'être reconnue
comme nation, puisqu'elle possède, et cela depuis
juin 1898, un gouvernement à la fois *de facto* et *de
jure*, capable de faire respecter ses lois à l'intérieur, de tenir ses engagements envers les autres

gouvernements et de se maintenir contre l'Espagne.

Avant la nomination des commissaires de la Paix, le 13 septembre 1898, les fonctionnaires américains avaient pleinement reconnu et communiqué à leur gouvernement le fait qu'il n'était plus possible pour l'Espagne de recouvrer, en aucun cas, possession des Philippines : point dont il se faut essentiellement souvenir quand il s'agit de déterminer s'il faut reconnaître une nouvelle nation indépendante.

Dans un Mémoire relatif aux îles Philippines, daté du 27 août 1898, le général F.-V. Greene déclare :

« Le gouvernement espagnol est complètement démoralisé, et le pouvoir est mort à ne pouvoir ressusciter. L'Espagne serait dans l'impossibilité de gouverner ces îles si nous les rendions. »

Le 29 août, le major J.-F. Bell faisait au général Merritt le rapport suivant :

« Je n'ai rencontré personne qui, au courant de l'état des choses dans ces îles et en Espagne, croie que l'Espagne puisse jamais à nouveau soumettre ces îles à son gouvernement. »

De ce qui précède, il appert que la nation philippine avait conquis son indépendance et se l'était assurée sans crainte de la perdre jamais aux mains des Espagnols, avant même la signature du protocole. La preuve en est fournie par le Document exécutif nº 62, actuellement devant le Sénat; document qui contient de nombreux renseignements relatifs à la productivité des îles Philippines, à leur richesse minière et agricole, mais fort peu de prévisions relatives à la probabilité du maintien d'un gouvernement américain dans ces îles, abstraction faite des désirs de leurs habitants, et aucun témoignage de ce que sont ces désirs, bien qu'on y trouve la preuve que le gouvernement américain a su, dès le début, que les

Filipinos luttaient avec succès pour l'Indépendance et qu'il contienne copie de la Déclaration d'Indépendance de la République philippine et des lois promulguées en conséquence, démonstration que le gouvernement savait qu'il existait un gouvernement républicain régulièrement constitué et organisé, maître des îles et ayant à sa tête le général Aguinaldo.

J'ai déjà fait allusion au fait que l'Espagne n'avait pas pouvoir de livrer possession des îles Philippines aux Etats-Unis, puisqu'elle avait été expulsée de ces îles par la juste colère des habitants. Pour mieux établir ce point, je me permets d'appendre au présent mémoire une carte de l'archipel philippin, indiquant les îles principales possédées par les diverses nations et montrant qu'en ce moment l'Amérique occupe effectivement cent quarante-trois milles carrés de territoire, avec une population de trois cent mille âmes; le gouvernement philippin gouverne 167,845 milles carrés, avec une population de 9,395,000 âmes et qu'il ne se trouve que quelques garnisons espagnoles éparses dans des îles d'une superficie de 51,630 milles carrés avec une population de 305,000 âmes. Les chiffres des possessions espagnoles doivent être diminués et les chiffres de celles du gouvernement philippin augmentés du fait que les habitants des îles où il reste encore des troupes espagnoles ont, en réalité, confiné ces dernières dans les étroites limites des villes de garnison.

L'Espagne ayant donc été chassée, comme je l'ai dit, et les habitants ayant institué un gouvernement à leur convenance qui maintient l'ordre dans les territoires à lui soumis, quelle raison peut alléguer n'importe quelle autre nation pour se mêler des affaires de mon pays ou pour refuser de se conformer à

son égard aux obligations de la législation internationale? L'Espagne pouvait-elle conférer à n'importe
quelle nation un titre de propriété plus valable que
le sien? Elle ne pouvait livrer possession, puisqu'elle
ne l'avait pas; et tout ancien droit de propriété auquel
elle émettait des prétentions avait été perdu pour
elle du fait de l'anéantissement de son pouvoir sur
mon pays. Elle ne pouvait créer, ni par traité ni autrement, au sujet des Philippines un droit quelconque, sinon celui de les conquérir, et si c'est à
ce droit que l'on prétend, il existe, non point par
suite de cession de la part de l'Espagne, mais par
suite de sa force intrinsèque, et il est tout aussi
valable pour n'importe quelle nation qu'il peut
l'être pour les Etats-Unis. Si donc l'Amérique prétend au droit de faire la guerre à mes compatriotes
pour les conquérir et détruire une autre république, l'Allemagne, la France, l'Angleterre ou n'importe quelle autre nation puissante en peut faire
autant.

On peut alléguer que les Etats-Unis ont acheté de
l'Espagne par traité « tous les bâtiments, entrepôts,
casernes, forts, constructions, voies publiques et
autres propriétés immobilières qui de par la loi appartiennent à la couronne d'Espagne ». Mais l'Espagne
ne pourrait céder aucun droit à des propriétés de
cette nature au préjudice du gouvernement philippin, vu que, d'après toutes les autorités en matière
de droit international, les propriétés publiques vont
au conquérant du pays et ne sauraient être transférées par une nation expulsée à un gouvernement
étranger au détriment des droits de la nation, qui par
conquête a obtenu possession du pays. Il suit donc
que les monuments publics, etc., énumérés comme
cédés par l'Espagne aux Etats-Unis, ne sauraient

avoir été cédés de la sorte, mais de droit et selon la jurisprudence internationale appartiennent au successeur de la puissance espagnole, c'est-à-dire au gouvernement philippin, représentant du peuple indépendant de ces îles.

Pour élucider la discussion sur le point de savoir si le gouvernement américain pouvait acquérir de l'Espagne par traité aucun droit sur les Philippines, je suis par bonheur à même d'appeler votre attention sur plusieurs notables et exacts précédents américains, et je ne saurais demander pour mon pays meilleure fortune que de voir la République américaine, telle qu'elle est aujourd'hui constituée, s'en tenir aux principes de droit international posés par quelques-uns de ses fondateurs, auxquels je fais appel avec la plus entière confiance.

Quand advint, en 1792, la nécessité pour le gouvernement américain de nommer des commissaires pour négocier un traité avec la Cour d'Espagne, M. Thomas Jefferson écrivit, entre autres choses, le 18 mars 1792, ceci :

« L'Espagne était expressément tenue de livrer les possessions dont elle s'était emparée dans les frontières de la Géorgie (pendant la guerre de Révolution, comme alliée des Etats-Unis) à la Grande-Bretagne, si elle les avait conquises sur la Grande-Bretagne, et celle-ci les devait livrer aux Etats-Unis ; ou plutôt, elle aurait dû les livrer aux Etats-Unis comme étant, *quoad hoc*, en lieu et place de la Grande-Bretagne. Et elle était tenue, selon le droit naturel, de les livrer aux Etats-Unis pour des raisons plus fortes encore, c'est-à-dire comme aux véritables et seuls propriétaires de ces territoires dont elle avait pris possession dans un moment de péril, sans avoir eu cause de guerre avec les Etats-Unis, auxquels ils ap-

partenaient, et sans avoir déclaré la guerre à ces derniers, mais tout au contraire agi envers eux en amis
et associés. » Wattel, l. 3, 132. — Il est plus évident
encore qu'une guerre entre deux-nations telles que
l'Espagne et la Grande-Bretagne ne pouvait donner
ni à l'une ni à l'autre le droit de s'approprier les territoires d'une tierce nation, fût celle-ci neutre, à plus
forte raison quand elle est alliée, comme les Etats-
Unis l'étaient avec l'Espagne [1]; et il cite Grotius, Puf-
fendorf, Wattel.

Le 10 août 1795, M. Pinckney écrivait au duc de
Alludia :

« Mais on a dit (à propos de la prétention de l'Espagne au droit de garder des territoires dans les frontières des Etats-Unis, territoires dont elle avait obtenu
possession pendant la guerre avec la Grande-Bretagne) que l'Espagne avait la prétention de dépasser
de par droit de conquête les limites ci-dessus mentionnées, vu que, pendant la guerre, ses troupes se
sont emparées d'une certaine portion de territoire au
delà de cette limite. La réponse à cette prétention est
aussi simple et concluante que celle qui vient d'être
développée et qui est que le territoire doit nécessairement avoir appartenu avant la guerre soit aux Etats-
Unis soit à la Grande-Bretagne. S'il appartenait aux
Etats-Unis, il est très clair que l'Espagne ne peut
avoir le droit de conquête sur le territoire d'une nation
avec laquelle elle n'était pas en guerre, et je ne veux
pas un seul moment admettre une idée si irrespectueuse pour l'Espagne que d'imaginer qu'elle pouvait
se prétendre l'amie des Etats-Unis, les avoir secourus
pendant la guerre, leur avoir même prêté de l'argent

1. Documents d'Etat américains, relations extérieures, vol. I,
p. 262.

pour la soutenir et en même temps les dépouiller de ce qui leur appartient [1]. »

Comme on le verra, si on veut bien examiner de près les citations précédentes, les cas cités sont de tous points parallèles à celui qui nous occupe. L'Espagne était, pendant la Révolution américaine, en guerre avec la Grande-Bretagne, dont les Etats-Unis cherchaient à se séparer, comme les Filipinos cherchaient à se séparer de l'Espagne pendant la récente guerre des Etats-Unis avec cette dernière ; et elle avait, par la force des armes, conquis possession de certaines portions des Etats-Unis. L'Amérique lui dénia victorieusement le droit de les garder. La seule différence possible entre les deux cas est que dans le premier on prétendait à possession par droit de conquête et que, dans le cas des Philippines, les Etats-Unis prétendent à possession par suite de cession par une puissance expulsée ; mais que le titre apparent soit basé sur le droit de conquête ou sur celui de cession, M. Jefferson et M. Pinckney démontrent claire-ment qu'il est contraire au droit international qu'une nation, faisant cause commune avec une autre, tente de spolier son alliée. M. Pinckney estimait pareille idée irrespectueuse pour l'Espagne et ne pouvait ima-giner qu'elle prétendît être l'amie des Etats-Unis, les avoir aidés tout en essayant de les voler.

La correction des vues de M. Jefferson et de M. Pinck-ney est démontrée par la décision de la Cour suprême des Etats-Unis dans l'affaire Harcourt contre Gail-liard, 12 Theaton, p. 523 : « La guerre, dit la Cour suprême, est un procès débattu l'épée à la main, et quand la question à trancher est le droit originaire à

____

1. Documents d'Etat américains, relations extérieures, vol. I, p. 538.

un territoire, les cessions de territoire faites *flagrante bello* par la partie qui est vaincue ne sauraient devenir valides que par les stipulations d'un traité. »

Nous avons devant nous un cas de cession de territoire que l'Espagne s'engage à faire, tandis qu'existe l'état de guerre entre elle et les îles Philippines, cession que la Cour suprême des Etats-Unis a déclaré, dans un cas analogue, ne pouvoir devenir valide que par les stipulations d'un traité, c'est-à-dire, dans le cas dont il s'agissait, un traité entre l'Angleterre et l'Amérique, et dans le cas dont il s'agit aujourd'hui, un traité entre les îles Philippines et l'Espagne.

Je résumerai ce qui précède comme il suit :

1. Les Etats-Unis n'ayant pas reçu des habitants des îles Philippines l'autorité pour promulguer des lois affectant ces derniers, la législation des Etats-Unis pour les Filipinos n'a, je le suggère respectueusement, aucune validité à l'égard de mes compatriotes.

2. Les autorités américaines citées démontrent que la révolution philippine n'avait jamais été plus menaçante qu'immédiatement avant la rupture Hispano-Américaine ; 5,000 révolutionnaires étaient campés près de Manille trois semaines avant la déclaration de guerre par l'Amérique et cette armée agissait, bien qu'il fût absent de sa personne, sous la direction du général Aguinaldo, en lequel les représentants consulaires des Etats-Unis avaient la plus haute confiance.

3. Le but de la révolution était l'indépendance. Les Etats-Unis au, courant de cette vérité, encouragèrent les révolutionnaires à croire que le but serait atteint. Cela est prouvé par les citations tirées des archives du Département d'Etat et par les incidents ci-haut relatés.

4. La République philippine avait le droit d'être reconnue par les Etats-Unis comme nation indépendante antérieurement à la signature du protocole avec l'Espagne, les Etats-Unis sachant que l'indépendance philippine avait été déclarée en juin, qu'un gouvernement *de facto* et *de jure* avait été établi, ces faits leur ayant été communiqués aussitôt qu'ils eurent lieu par des documents et rapports écrits envoyés par leurs fonctionnaires.

5. Le gouvernement américain a eu en sa possession depuis des mois, comme il est ici prouvé, des preuves de l'indépendance effective des Filipinos.

6. L'Espagne ne pouvait livrer possession des Philippines aux Etats-Unis, ayant été chassée elle-même par les habitants de ces îles; et de fait, au moment présent, les Etats-Unis ne tiennent qu'un camp retranché, maître de 143 milles carrés avec 300,000 âmes tandis que la République philippine représente les destinées de près de 10,000,000 de personnes, habitant une superficie de près de 200,000 milles carrés.

7. L'Espagne n'ayant aucune possession (hors quelques points de garnison secondaires) et aucun droit de possession des Philippines ne pouvait conférer le droit de les gouverner.

8. L'achat par l'Amérique des monuments publics aux Philippines est sans validité parce que les îles, ayant été perdues par l'Espagne et conquises par la République philippine, ce dernier gouvernement avait acquis déjà par droit de conquête le domaine public.

9. Les secrétaires d'Etat de votre pays (y compris M. Jafferson et M. Pinckney) ont dénié à une alliée de l'Amérique le droit d'acquérir par conquête sur la Grande-Bretagne aucun territoire américain pendant que l'Amérique luttait pour son indépendance. La Cour suprême des Etats-Unis a confirmé cette opinion.

Nous dénions similairement aux Etats-Unis le droit d'acquérir le territoire philippin par cession de l'Espagne pendant que les Filipinos sont encore en guerre avec cette puissance.

Je conclus cette communication en exprimant l'anxieuse espérance que les représentations que je me suis permis de vous faire recevront votre très sérieuse considération avant que vous votiez définitivement au sujet du traité qui contient des clauses de tant d'intérêt pour les miens, et si vous le faites, comme vous le ferez, je n'en doute pas un moment, dans l'esprit qui a toujours caractérisé vos délibérations quand il s'est agi de questions affectant la vie ou la liberté des individus ou des nations, j'ai l'espérance que les justes et hautes aspirations de més compatriotes seront promptement reconnues et approuvées par votre honorable assemblée.

Soumis respectueusement.

Signé : FELIPE AGONCILLO.

FIN.

TABLE DES MATIÈRES

CHAPITRE VII

LES DÉBUTS D'UNE RÉPUBLIQUE.

CHAPITRE VIII

LA PRÉPARATION D'UN COUP DE THÉATRE.

CHAPITRE IX

LA GUERRE.

CHAPITRE X

SOUVENIRS DE VOYAGE.

CHAPITRE XI

LE BILAN D'UNE CONQUÊTE.

PIÈCES ANNEXES

VERSAILLES, IMPRIMERIE CERF, 59, RUE DUPLESSIS.

www.ingramcontent.com/pod-product-compliance
Lightning Source LLC
LaVergne TN
LVHW050142030726
842520LV00002B/278